PRÉPA SANTÉ

Annales corrigées

Concours Psychomotricien Ergothérapeute

Olivier Perche
Professeur
de français

Françoise Plaire
Professeur
de biologie

Stéphanie Saliot
Professeur
de physique

Enseignants à l'IRSS
(Institut régional sport et santé), Rennes

ELSEVIER
MASSON

Maquette : Favre & Lhaïk

ISBN : 978-2-294-71322-4

ELSEVIER MASSON SAS – 62, rue Camille-Desmoulins
92442 Issy-les-Moulineaux cedex

Présentation de l'ouvrage

Cet ouvrage d'entraînement et d'annales est un outil de travail efficace pour tous ceux qui préparent le concours d'entrée en école de psychomotriciens et d'ergothérapeutes.

Les 4 parties qui le composent correspondent aux épreuves de français, de biologie, de physique et de tests psychotechniques.

Le candidat y trouvera :

• une méthodologie complète de l'épreuve et des conseils pratiques pour réussir le concours ;

• un large éventail de sujets complets corrigés proposés aux concours les plus récents pour un entraînement méthodique.

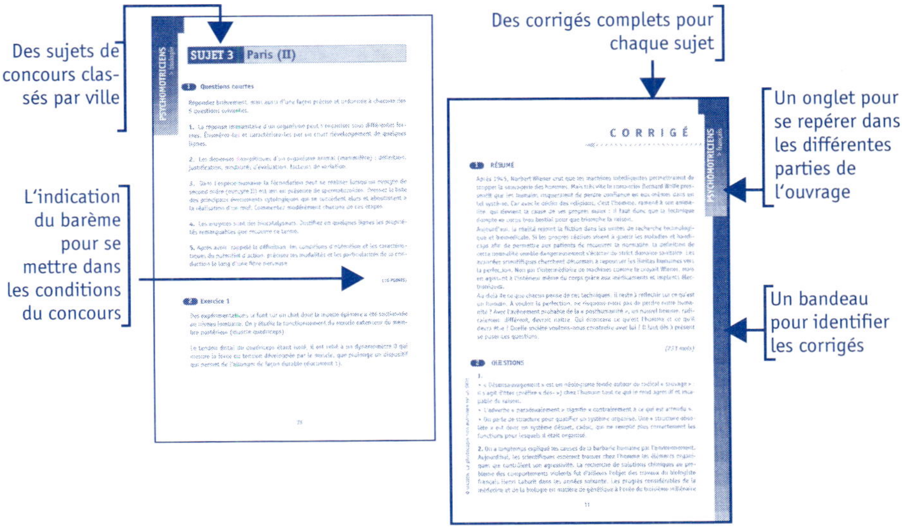

Sommaire

② L'épreuve de biologie

③ L'épreuve de physique

④ L'épreuve de tests psychotechniques

Concours d'entrée psychomotriciens

1 • PROFESSION

La rééducation psychomotrice vise à rétablir les fonctions physiques, mentales et affectives perturbées par l'intermédiaire du corps et du geste. Le psychomotricien utilise des techniques de relaxation dynamique, d'éducation gestuelle, d'expression corporelle ou plastique, ainsi que des activités rythmiques, de jeu, d'équilibration et de coordination.

Missions

Le psychomotricien est officiellement habilité à accomplir, sur prescription médicale et après examen neuropsychologique du patient par le médecin, les actes professionnels suivants :

- bilan psychomoteur;
- l'éducation précoce et la stimulation psychomotrice;
- la rééducation des troubles du développement psychomoteur ou des désordres psychomoteurs;
- la contribution, par des techniques d'approche corporelle, au traitement des déficiences intellectuelles, des troubles caractériels ou de la personnalité, des troubles des régulations émotionnelles et relationnelles et des troubles de la représentation du corps d'origine psychique ou physique.

La prise en charge psychomotrice vise donc :

- à restituer au patient les moyens d'agir sur son environnement et sur lui-même;
- à développer ses potentialités perceptives, cognitives et motrices afin d'augmenter son autonomie et ses facultés adaptatives;
- à développer ses compétences individuelles et sociales.

Il est rare que le psychomotricien travaille seul. Il exerce en étroite collaboration avec d'autres professionnels des secteurs médical (neurologue, pédiatre, psychiatre...), paramédical (ergothérapeute, kinésithérapeute, orthophoniste...) et social (éducateur, assistant de service social voire instituteur...).

Conditions de travail

Le psychomotricien peut exercer à titre libéral ou salarié. Les actes de rééducation psychomotrice ne sont pas actuellement remboursés par la Sécurité sociale. Cela ne favorise pas l'exercice de la profession en clientèle privée. Le plus souvent, le psychomotricien exerce à titre salarié dans des centres ou établissements publics : centres médico-psychopédagogiques, dispensaires d'hygiène mentale, instituts médico-éducatifs, hôpitaux psychiatriques, maisons de retraite...

Qualités requises

Il est contre-indiqué d'exercer cette profession si l'on éprouve des handicaps physiques ou sensoriels dans la mesure où les techniques thérapeutiques s'appuient sur le corps et le mouvement.

La rééducation n'est efficace que si le psychomotricien réussit à entretenir une relation de confiance avec le patient. Il doit donc être capable d'écoute, de compréhension et de disponibilité.

Parce qu'il est fréquemment amené à travailler en équipe, le psychomotricien doit être capable de communiquer et de collaborer avec d'autres intervenants.

Quiz

1. Le psychomotricien peut être amené à travailler avec les autres professions :

a. paramédicales b. médicales c. sociales

2. On compte actuellement en France environ :

a. 2 000 psychomotriciens b. 4 000 psychomotriciens c. 6 000 psychomotriciens

3. Le salaire d'un psychomotricien peut atteindre, en fin de carrière :

a. 1 500 euros b. 2 000 euros c. 3 000 euros

4. Les actes de rééducation psychomotrice ne sont pas remboursés par la sécurité sociale lorsque le praticien exerce à titre libéral :

a. vrai b. faux

5. En quelle année la psychomotricité est-elle reconnue comme profession paramédicale :

a. 1972 b. 1976 c. 1988

6. Le nombre de places dans les instituts de formation en psychomotricité se situent chaque année aux alentours de :

a. 100 places b. 400 places c. 600 places

7. Les études préparant au diplôme d'état se déroulent durant :

a. 2 ans b. 3 ans c. 4 ans

8. Le nombre d'heures de stage accomplies durant ces études est de :

a. 580 heures b. 870 heures c. 1 090 heures

9. Pour financer ses études (hors université), un étudiant (non salarié) peut faire une demande de bourse auprès :

a. de la DRASS b. de la DDASS c. du Conseil Régional du lieu de formation

10. Le psychomotricien peut préparer le diplôme de cadre de santé après une expérience professionnelle de :

a. 2 ans b. 3 ans c. 4 ans

Réponses

1. a, b, c. **2.** c. **3.** b. **4.** a. **5.** c. **6.** b. **7.** c. **8.** c. **9.** b, c. **10.** c.

2 • FORMATION

Déroulement des études préparant au diplôme d'État

Les études s'étalent sur 3 ans (2 170 heures), comprenant 1 090 heures d'enseignements théoriques et 1 080 heures de travaux pratiques et de stages dispensés à temps plein dans des centres de formation publics ou privés agréés par le ministère chargé de la santé et par le ministère chargé de l'enseignement supérieur et de la recherche (instituts médico-éducatifs, écoles, centres d'aide par le travail, hôpitaux psychiatriques...)

Les principaux enseignements portent sur l'anatomie, la physiologie, la psychomotricité, la pédiatrie, la psychiatrie de l'enfant et de l'adolescent.

Pour se présenter à l'examen final en vue de l'obtention du diplôme d'État, l'étudiant doit avoir validé l'ensemble des modules de formation ainsi que les stages. Le diplôme d'État de psychomotricien est délivré par la Direction régionale des affaires sanitaires et sociales (DRASS).

Possibilités d'aides financières

- Bourse d'études du ministère chargé de la santé attribuée par la direction départementale des affaires sanitaires et sociales (uniquement pour les centres de formation non universitaires).
- Maintien du traitement au titre de la promotion professionnelle hospitalière pour les agents de la fonction publique hospitalière.
- Maintien du salaire au titre de la formation professionnelle.
- Rémunération de formation professionnelle accordée par le conseil régional du lieu du centre de formation.

Coordonnées des écoles

- Université de BORDEAUX II, 146 rue Léo Saignat, 33076 BORDEAUX (public).
Recrutement au terme d'une première année de médecine
Tél. : 05 57 57 10 10. www.u-bordeaux2.fr

- ISRP, 9 bis rue Bouquet de Longchamp, 75116 PARIS (privé)
Tél. : 01 47 04 22 03. www.isrp.fr

• Faculté de médecine Pitié-Salpétrière, 91 boulevard de l'Hôpital, 75634 PARIS (public) cedex 13
Tél. : 01 40 97 98 44. www.chups.jussien.fr

• Université Paul Sabatier, 133, route de Narbonne, 31062 TOULOUSE cedex (public)
Tél. : 05 62 88 90 42. www.ups-tise.fr

• Institut de Formation Psychomotriciens, 57 rue Salvador Allende, 59120 LOOS (privé)
Tél. : 03 20 17 21 40. www.institutpsychomot-nord.com

• Écoles de psychomotriciens, 8 avenue Rockefeller, 69373 LYON (public)
Tél. : 04 78 77 75 39. www.istr.univ-lyon1.fr

• ISRP, 13 rue Chope, 13004 Marseille (concours commun avec isrp Paris)
www.isrp.fr

3 • LE CONCOURS D'ENTRÉE

Conditions d'accès

• Être âgé d'au moins 17 ans au 31 décembre de l'année des épreuves d'admission.
• Être titulaire du Baccalauréat ou d'un titre reconnu équivalent.
• Avoir passé avec succès les épreuves suivantes d'un concours d'admission :
– biologie : durée 2 heures (notée 20 points). Programmes de référence : première et terminale S ;
– contraction de texte : durée 2 heures (notée 20 points) ;
– épreuve complémentaire possible notée sur 10 points (entretien ou tests psychotechniques).

Les concours se déroulent généralement entre avril et juin. Se renseigner auprès des centres de formation pour prendre connaissance des dates des épreuves, du contenu précis du programme de référence, ainsi que du montant des droits d'inscription.

À noter : le centre de formation de Bordeaux ne recrute que des candidats ayant validé une première année de médecine.

Certains diplômes (premier cycle d'études médicales validé, licence ou maîtrise de psychologie, licence de sport, diplôme d'ergothérapeute, de masso-kinésithérapeute, infirmier, orthophoniste et éducateur spécialisé) permettent un accès direct en deuxième année d'étude de psychomotricien, à la condition que les candidats obtiennent une moyenne générale de 10 (sans note inférieure à 8) à un examen écrit portant sur les modules théoriques de la première année de formation. Se renseigner auprès de la DRASS.

Épreuves principales

Même si les épreuves du concours (2 heures de biologie, 2 heures de français) sont définies par un texte officiel, les écoles conservent une certaine liberté dans le choix des sujets.

Habituellement, en biologie, l'École de Lille propose deux questions de cours; Toulouse, une question de cours et un exercice; Lyon, un questionnaire à choix multiples; La Pitié Salpétrière, une partie QCM et une partie exercice(s) ou questions de cours; L'ISRP, enfin, associe de courtes questions de cours et des exercices.
En français, toutes les écoles proposent un résumé, mais certaines lui associent quelques questions complémentaires : il peut s'agir d'une discussion, de questions de vocabulaire ou de questions de compréhension du texte.
Certains sujets ou certaines parties de sujets (Lyon, Pitié-Salpétrière) ne quittent pas les centres de concours, c'est pourquoi nous ne pouvons malheureusement pas vous les proposer dans cet ouvrage.

Épreuves complémentaires

Depuis quelque temps, aucun centre n'organise plus d'épreuves de tests psychotechniques.
Le centre de Lyon organise, en plus des épreuves écrites, un entretien d'admission.
Il convient néanmoins de se renseigner auprès des centres de concours qui pourraient décider de rétablir l'une ou l'autre de ces épreuves.

Concours d'entrée ergothérapeutes

1 • PROFESSION

L'ergothérapeute sollicite les fonctions déficitaires et les capacités résiduelles des personnes traitées, pour leur permettre de maintenir, de récupérer ou d'acquérir une autonomie individuelle, sociale ou professionnelle. L'approche de l'ergothérapie est donc moins spécifique (l'organe affecté) que globale (comment pallier la lésion au quotidien?).

Missions

L'ergothérapeute procède, sur prescription médicale, à une évaluation des possibilités gestuelles et des capacités de récupération du malade. Ce bilan lui permet de concevoir un programme d'activités (jeux, exercices) et/ou un appareillage visant à acquérir ou récupérer les gestes usuels du patient.

Il peut aussi trouver avec ce patient des solutions pratiques qui lui permettent de s'adapter à son environnement, humain et matériel, pour qu'il bénéficie de la plus grande autonomie possible dans la vie quotidienne.

Conditions de travail

L'ergothérapeute exerce le plus souvent comme salarié dans des établissements publics ou privés : Les centres de rééducation et de réadaptation, les services hospitaliers, les maisons de retraite, les dispensaires d'hygiène mentale, les centres de post cure, les structures de soins à domicile...

Rares sont, pour le moment, les professionnels installés en libéral. Cependant, la législation est en cours de révision sur la reconnaissance et le remboursement par la Sécurité sociale des actes de soins effectués par les ergothérapeutes libéraux.

Qualités requises

Dans la mesure où l'ergothérapeute est intégré au secteur pluridisciplinaire de la rééducation et de la réadaptation, il doit posséder l'aptitude au travail en équipe.

Un bon sens du contact, du tact et de la patience sont également nécessaires pour établir avec le patient un climat de confiance.
Un goût pour les activités manuelles et un sens créatif sont indispensables à l'exercice de la profession.

Quiz

1. L'ergothérapeute peut être amené à travailler avec les autres professions :
a. paramédicales b. médicales c. sociales
2. Dans quel secteur d'activité l'ergothérapeute peut-il être amené à travailler :
a. services hospitaliers b. maisons de retraite c. mutuelles
3. L'ergothérapeute peut exercer en libéral :
a. vrai b. faux
4. Le nombre d'ergothérapeutes en France se situe aux alentours de :
a. 1 000 b. 4 000 c. 7 000
5. Le salaire net d'un ergothérapeute peut atteindre, en fin de carrière :
a. 1 300 euros b. 1 500 euros c. 2 000 euros
6. Sur les 3 714 heures de formation dans les écoles d'ergothérapie, le nombre d'heures dévolues aux stages est de :
a. 830 b. 1 560 c. 2 120
7. Les études préparant au diplôme d'état d'ergothérapeute se déroulent durant :
a. 2 ans b. 3 ans c. 4 ans
8. Pour financer ses études (hors université), un étudiant en ergothérapie (non salarié) peut faire une demande de bourse auprès :
a. de la DRASS b. de la DDASS c. du Conseil Régional du lieu de formation
9. L'ergothérapeute peut préparer le diplôme de cadre de santé après une expérience professionnelle de :
a. 2 ans b. 3 ans c. 4 ans
10. Chaque année, le nombre d'élèves en école d'ergothérapie est d'environ :
a. 800 b. 1 300 c. 2 200

Réponses

1. a, b, c. **2.** a, b, c. **3.** a. **4.** b. **5.** c. **6.** b. **7.** b. **8.** b, c. **9.** b, c. **10.** a.

2 • FORMATION

Déroulement des études conduisant au diplôme d'État

Les études s'étalent sur 3 ans (3 714 heures), dans des instituts agréés par le ministère chargé de la santé, comprenant notamment 1 870 heures d'enseignements théoriques et 1 560 heures d'enseignements cliniques et de stages. Les trois années de formation sont réparties en deux cycles.

Un premier cycle d'un an, comportant six modules. Cinq modules de formation théorique portent sur la méthodologie, la formation à la relation, l'anatomie, la physiologie et la technologie. Un sixième module regroupe les stages et les travaux dirigés.

Un deuxième cycle de deux ans comprenant neuf modules. Les élèves étudient la technologie, la psychologie-pédagogie, les affections neurologiques, la psychiatrie, les diverses pathologies, la gérontologie, l'appareillage. Des stages et travaux dirigés complètent ce cycle.

Les candidats ayant validé l'ensemble des modules et des stages de la formation se présentent aux épreuves finales du diplôme d'État d'ergothérapeute, délivré par la Direction régionale des affaires sanitaires et sociales (DRASS).

Possibilités d'aides financières

- Bourse d'études du ministère chargé de la santé attribuée par la direction départementale des affaires sanitaires et sociales.
- Maintien du traitement au titre de la promotion professionnelle hospitalière pour les agents de la fonction publique hospitalière.
- Maintien du salaire au titre de la formation professionnelle.
- Rémunération de formation professionnelle accordée par le conseil régional du lieu de l'école.

Coordonnées des écoles

- IFCS PELLEGRIN, rue Francisco Ferrer, 33076 BORDEAUX (public)
Tél. : 05 56 79 56 79

- École d'ergothérapie, 12 rue Jean-Louis Bertrand 35000 RENNES (privé)
Tél. : 02 99 59 30 57. www.ifpek.org

- ADERE, 52 rue VITRUVE, 75020 PARIS (privé)
Tél. : 01 43 67 15 70. www.ifeadere.com

- Université Paris Val de Marne, 200 avenue du général De Gaulle, 94 000 CRÉTEIL (public)
Tél. : 01 45 17 16 05. www.univ-paris12.fr

- École d'ergothérapie, 1672 rue de St Priest, 35097 MONTPELLIER cedex (privé)
Tél. : 04 67 10 79 99. www.ergotherapiemontpellier.com

- École de kinésithérapie, 57 bis rue De Nabecor, 54000 NANCY (privé)
Tél. : 03 83 22 24 60. www.ergo-nancy.com

- Écoles d'ergothérapeutes, avenue du Phare, 62 602 BERCK (privé)
Tél. : 03 21 84 86 39. www.ifergo-berck.com
- IFE Alençon, 25 rue de Balzac, BP 56, 61002 ALENÇON (privé)
Tél. : 02 33 80 08 80. www.ifmk-alençon.com

• IFE Lyon, université Claude Bernard, 8 avenue Rockfeller, 69373 LYON cedex (public)
Tél. : 04 78 77 70 83. www.istr.univ-lyon1.fr

3 • LE CONCOURS D'ENTRÉE

Conditions d'accès

• Être âgé d'au moins 17 ans au 31 décembre de l'année des épreuves d'admission.
• Être titulaire du Baccalauréat ou d'un titre reconnu équivalent.
• Remplir l'une des conditions suivantes :
– être élève de classe terminale, sous réserve de l'obtention du baccalauréat français ;
– justifier d'une expérience professionnelle de cinq ans ayant donné lieu à cotisation à la sécurité sociale ou d'une activité assimilée pendant la même durée : le service national, l'éducation d'un enfant au sens de la loi n° 80-490 du 1er juillet 1980, l'inscription à l'agence nationale pour l'emploi en qualité de demandeur d'emploi, la participation à un dispositif de formation professionnelle destiné aux jeunes à la recherche d'un emploi ou d'une qualification, l'exercice d'une activité sportive de haut niveau au sens de la loi n° 84-610 du 16 juillet 1984.
• Avoir passé avec succès les épreuves suivantes d'un concours d'admission :
– tests psychotechniques : durée 1 heure (notés sur 20 points) ;
– une contraction de texte : durée 1 heure (notée sur 20 points) ;
– une épreuve de biologie et physique : durée 1 heure (notée sur 20 points), portant sur une partie du programme de première et de terminale S.

Se renseigner auprès des instituts pour prendre connaissance des dates des épreuves, du contenu précis du programme de référence, ainsi que du montant des droits d'inscription.

Des conditions spécifiques d'admission sont actuellement expérimentées à Bordeaux, Lyon et Nancy (l'admission en institut de formation en ergothérapie n'est pas déterminée au moyen des épreuves précitées mais en fonction du rang de classement obtenu par les candidats à l'issue d'une année préalable et obligatoire de PCEM1 adapté).

Les épreuves

Certains sujets ne sortent plus des centres de concours : c'est le cas de toutes les épreuves de Rennes et Montpellier.

Les tests psychotechniques ne sont laissés nulle part à la disposition des élèves : ceux que nous vous proposons dans le présent ouvrage ont été conçus à partir des informations fournies par les candidats.

PARTIE 1

L'épreuve de français

Comment aborder l'épreuve de français

1 • CONCOURS D'ENTRÉE DE PSYCHOMOTRICIENS

L'épreuve de français au concours d'entrée en école de psychomotricité dure 2 heures. Chaque école propose au moins un résumé, mais certains établissements ajoutent une ou plusieurs questions complémentaires sur le texte. Il peut s'agir, comme à la Pitié-Salpétrière, de questions d'observation similaires à celles qui sont données dans les épreuves du texte argumentatif au baccalauréat. D'autres centres de concours ajoutent au résumé des questions de vocabulaire (ISRP, Lille), et parfois même une discussion (Lille).

2 • CONCOURS D'ENTRÉE D'ERGOTHÉRAPEUTES

Quelles que soient les écoles, le candidat est appelé à résumer un texte dans un temps limité à 1 heure. C'est très court, car les textes expriment parfois des idées complexes qu'il faut contracter en peu de mots (de 100 à 150 maximum avec une marge de 5 ou 10 %).

Ce qui est testé dans cet exercice, c'est donc autant la rapidité que l'esprit de synthèse, la capacité de reformulation et l'aisance stylistique.

3 • LE RÉSUMÉ

Dans la mesure où la contraction de texte reste le dénominateur commun à toutes les écoles, nous aborderons plus particulièrement cet aspect de l'épreuve.

Qu'est-ce qu'un résumé ? C'est la restitution condensée mais fidèle d'un texte en un nombre limité de mots ou de lignes.

Le candidat doit reformuler dans le même ordre les idées essentielles de l'auteur sans changer le système énonciatif (pronom, temps des verbes, etc.) et en s'abstenant d'explication (l'auteur montre que...) ou de commentaire personnel. Il lui faut exprimer dans son propre langage les assertions du texte sans recourir à un montage de citations, même si, par exception, une formule ou un mot significatif peut être repris entre guillemets.

Il convient avant tout de bien lire le texte pour en comprendre le sens et en cerner l'organisation logique. Cette étape, trop souvent bâclée par les candidats angoissés par le temps, reste essentielle pour que le résumé ne soit pas une succession hachée d'idée mises bout à bout mais un nouveau texte logiquement articulé et homogène.

Lorsque le plan et les connecteurs (en effet, de plus, cependant, or, etc.) sont repérés, le candidat peut dégager les idées principales contenues dans chaque partie précédemment découpée.

C'est le moment clé de l'épreuve : il ne faut en aucun cas résumer des mots mais s'astreindre à reformuler des idées. Car le résumé n'est pas la traduction d'un texte : il ne s'agit pas de trouver des synonymes aux mots et groupes de mots pour les emboîter ensuite dans des phrases ! L'expérience montre qu'une telle méthode aboutit le plus souvent à un « résumé » haché, mal organisé et, pour tout dire, illisible. Le travail consiste plutôt à abstraire, dans une formulation simple et claire (mais sans réduire ni trahir la pensée de l'auteur !), chaque idée essentielle repérée par le candidat. Les exemples, cela va sans dire, ne doivent pas être cités.

Si le texte est bien compris, l'organisation logique repérée et toutes les idées reformulées, le candidat peut passer à la rédaction sur sa copie. Respectez le nombre de mots exigés, écrivez lisiblement et gardez quelques minutes pour vous relire : la syntaxe et l'orthographe entrent dans les critères d'évaluation.

Sujets complets psychomotriciens

SUJET 1 Loos (I)

La polémique qui s'est engagée par presse interposée entre le directeur de Sciences Po et la Conférence des grandes écoles, au sujet de quotas réservés aux boursiers dans leurs concours d'accès, montre bien le trouble des opinions devant la crise structurelle de l'enseignement supérieur et la désorientation des familles politiques. Réputé pour ses idées progressistes, Richard Descoings se fait le défenseur véhément de la politique annoncée par la ministre de l'enseignement supérieur, au risque de faire passer pour d'affreux réactionnaires tous les tenants de grandes écoles, où l'on compte classiquement une bonne proportion d'esprits libres, plutôt classés à gauche. La réalité est évidemment plus complexe et moins manichéenne.
Naguère fleurons de l'élitisme républicain et d'un certain brassage social par la sélection progressive des meilleurs élèves de l'enseignement public, les grandes écoles tendent à devenir, avec les mêmes mécanismes de recrutement, le refuge des enfants de la bourgeoisie intellectuelle. Elles en sont plutôt le réceptacle involontaire que l'artisan délibéré.
La première cause réside dans la dégradation de l'enseignement supérieur universitaire, qui n'a, ni pu, ni su, à partir des années 1980, faire face à la massification de ses effectifs et aux changements pédagogiques qu'imposait une origine plus populaire de ses étudiants. Devant ce constat, la stratégie des parents les plus avisés, sinon les plus fortunés, était claire : faire en sorte que leurs enfants accèdent aux meilleures filières du secondaire, bac S en priorité, puis aux classes préparatoires.
Dans le même temps, confrontés à cet afflux, les grands lycées de Paris et de province intensifiaient pour les mêmes raisons la sélection à l'entrée de leurs classes préparatoires. La lourde procédure informatique de choix mise en place justifiait le résultat, plus qu'elle ne l'infléchissait. Au total, le jugement est sans appel : les grandes écoles actuelles constituent un filtre d'iniquité sociale, et elles se privent d'un sang nouveau issu de couches culturellement différentes. Sur ce point, Richard Descoings a raison. Où l'avis est plus contestable, c'est sur le changement radical que constituerait un recrutement particulier pour les élèves issus de

milieux moins favorisés. De bons spécialistes affirment, sur la foi des expériences américaines et de Sciences Po Paris, que la procédure ne fait pas baisser le niveau. Dont acte. Mais le témoin n'est-il pas biaisé ? Les meilleures universités des États-Unis, publiques comme privées, mettent en effet en œuvre des actions généreuses de bourses et de prêts pour couvrir les frais d'inscription et d'entretien élevés d'étudiants motivés et peu fortunés, et attirer des élèves issus de tous les établissements d'enseignement secondaire des États concernés. Elles pratiquent ainsi une politique volontariste de brassage social et ethnique, qui n'est pas sans s'apparenter au busing bien connu pour les lycées (transfert quotidien d'adolescents de quartiers pauvres vers des institutions pédagogiques de zones plus aisées).

Mais ces procédures de **discrimination positive** relèvent d'une autre culture du mérite individuel et de l'aide collective, laissée plus à l'initiative des acteurs de la société civile que de l'institution officielle. Dans **une France marquée historiquement par l'égalité et par l'État**, il n'est pas assuré que la greffe massive prenne et n'entraîne pas des réactions de rejet, pires que le mal.

Pour Sciences Po, l'analyse est différente. Son directeur fait état de sa cote en progrès auprès des bacheliers et des entreprises. Mais ne la doit-elle pas avant tout au dynamisme de ses formations et à l'affaiblissement de ses concurrents universitaires ? Ni grande école trop sélective, ni université trop dévalorisée, l'Institut d'études politiques de Paris joue sur ce statut ambigu pour séduire et rassurer. Les modifications de son recrutement pèsent finalement de peu de poids face à ces tendances fondamentales. **Et pour intéressants et vertueux que soient le repérage de bons éléments dans les zones d'éducation prioritaire (ZEP) et leur soutien pédagogique ultérieur, ils ne constituent qu'un traitement homéopathique de la crise globale du système éducatif. À la limite, ils pourraient même reconstituer une nouvelle filière d'injustice sélective.**

Il est donc grand temps, ne serait-ce que pour accéder aux vœux de « fraternité » du président de la République, que les oppositions stériles sur un sujet grave cessent, et qu'on arrête de reporter sur les autres la responsabilité d'une faillite inquiétante du système éducatif, qui procède avant tout de la longue myopie à cet égard de la société française dans son ensemble. Les grandes écoles ne doivent pas être le bouc émissaire de la crise de l'université et, dans les conditions actuelles, personne ne gagnerait à les banaliser dans l'enseignement supérieur, sauf à croire qu'il suffit d'une rivière pour dessaler l'eau de mer. Toute l'histoire française montre qu'elles gardent leur légitimité, à condition qu'elles retrouvent, à côté des universités et en collaboration avec elles, leur vocation de formation égalitaire d'une partie des élites de la nation, et cessent d'être la confirmation de sa stratification sociale. Mais la solution n'est pas dans un système de quotas de boursiers, fussent-ils d'objectifs plus que de normes, dans les classes préparatoires ou dans les concours de recrutement, mais dans une réforme sans précédent de l'efficacité globale de notre formation, de l'école à la faculté.

De la même façon, toute réforme de l'université, de l'autonomie aux pôles d'excellence, est vouée à l'échec, si ne sont pas rétablies au plus vite au collège et au lycée les conditions d'un enseignement de masse équitable et efficace pour tous et dans tous les lieux de la République. Comme au football, les Coupes du monde se gagnent dans les entraînements dominicaux des petits clubs de la Ligue. Il ne sert à rien de traiter l'exception pour changer la règle.

Au total, puisse le débat actuel être l'occasion de convaincre que la « société de la connaissance », que l'on veut promouvoir, n'exige pas seulement des milliards du grand emprunt, mais la conscience politique des gisements inexploités dans le gâchis actuel de l'éducation nationale. Il faut y mettre de la volonté, et aussi de l'imagination dans la révolution des méthodes pédagogiques dans tous les ordres d'enseignement (primaire, secondaire et supérieur) et dans l'évaluation régulière et rapprochée de leur efficacité : enseignements systématiques en petits groupes, voire en soutien individuel, renforcement de l'encadrement, vérifications continues des progressions, éradication progressive de l'échec et du retard scolaires. Le prix à payer en est lourd, bien plus évidemment que quelques bourses supplémentaires ou quelques places offertes dans un concours parallèle d'entrée dans des grandes écoles. Mais il est à la mesure du retard pris depuis des décennies et des défis que nous impose le XXIe siècle.

« Reformer les grandes écoles ou l'université ? »,
article de Guy Burgel paru dans *Le Monde* du 8 janvier 2010.

1 Résumé (8 points)

Contractez le texte en 200 mots. Une marge de plus ou moins 10 % est autorisée.
Indiquez le nombre de mots en bas de votre contraction.
On appelle *mot*, toute unité typographique signifiante séparée d'une autre par un espace ou un tiret.
Exemples : *c'est-à-dire* = 4 mots
J'espère = 2 mots
Après-midi = 2 mots
Mais : *Aujourd'hui* = 1 mot
Socio-économique = 1 mot ; puisque les deux unités typographiques n'ont pas de sens à elles seules
A-t-il = 2 mots ; car « t » n'a pas de signification propre.
Attention : un pourcentage, une date, un sigle = 1 mot.

2 Vocabulaire (2 points)

Étudiez les expressions soulignées dans le texte.
a) discrimination positive
b) une France marquée historiquement par l'égalité et par l'État

3 Discussion (10 points)

« Et pour intéressants et vertueux que soient le repérage de bons éléments dans les zones d'éducation prioritaire (ZEP) et leur soutien pédagogique ultérieur, ils ne constituent qu'un traitement homéopathique de la crise globale du système éducatif. À la limite, ils pourraient même reconstituer une nouvelle filière d'injustice sélective. » Que pensez-vous de cette analyse ?

CORRIGÉ

1 RÉSUMÉ

La question des quotas d'élèves défavorisés dans les grandes écoles suscite un débat qui transcende les habituels clivages politiques.

Les grandes écoles républicaines permettaient la réussite des plus méritants ; Aujourd'hui, elles ne jouent plus ce rôle. Car la détérioration des universités, incapables d'absorber les masses de bacheliers, a incité les parents à pousser leurs rejetons vers les établissements d'excellence ; les classes préparatoires, de leur côté, ont élevé le niveau de recrutement. Résultat : plus aucun brassage social au sein des grandes écoles.

Pourtant, dès lors que les élèves boursiers sont soutenus et aidés, comme le montre l'expérience américaine, le niveau reste le même. Sauf qu'aux USA, le soutien est individuel. En France, il vient de l'État et se veut collectif dans une perspective égalitariste.

La réussite des expériences menées à Science Po Paris est liée à la spécificité de cette école, et ne représente qu'une part infime du problème. Les grandes écoles ne sont pas responsables de la faillite de tout le système et elles ont un rôle à jouer. Mais les quotas ne sont pas la solution : il faut revoir toute l'organisation scolaire en amont. Pareille révolution suppose de la volonté, de l'imagination et des moyens. Une vraie politique, à la hauteur des défis et plus ambitieuse que les quotas.

(218 mots)

2 VOCABULAIRE

La discrimination positive. Le terme désigne une politique de favoritisme à l'égard d'un groupe social donné à cause d'un désavantage dont ce groupe serait victime. Il s'agit de créer une inégalité pour réparer une injustice. On parle de « discrimination positive » vers les personnes handicapées (dans le monde du travail), les femmes (en politique par exemple) ou, comme ici, les bons élèves des quartiers défavorisés.

Une France marquée historiquement par l'égalité et par l'État. La France porte pour devise trois mots essentiels qui ont façonné son histoire : la liberté, la fraternité et l'égalité. Cet égalitarisme s'est forgé lors de la Révolution de 1789 et ancre sa naissance dans la fameuse nuit du 4 août qui vit la constituante abolir les privilèges. « Tous les hommes naissent libres et égaux en droit » affirme la déclaration des Droits de l'Homme et du Citoyen... Par ailleurs, à la différence des Anglo-Saxons qui privilégient l'initiative individuelle, les Français ont tendance à se tourner vers l'État pour résoudre leurs difficultés.

3 DISCUSSION

Introduction

Guy Burgel se montre extrêmement circonspect, dans cet article extrait du *Monde*, à propos des politiques de discrimination positive et de repérage des bons élèves issus des catégories populaires. Sans nier la nécessité d'un « coup de pouce » à donner aux élèves de ZEP (on dit désormais « RAR » pour « réseau ambition réussite »), l'auteur considère que ce type de politique reste insuffisant, sans envergure, voire, en certains cas, nuisible et contreproductive. Dans le concert de louanges et l'unanimisme qui entoure cette initiative, que penser de la position critique de l'auteur ?

1. L'école et la fin de l'ascenseur social

a. L'école républicaine : des principes justes et équitables

La volonté de donner leur chance aux enfants issus des quartiers sensibles part de ce constat : l'école, jadis lieu de mobilité sociale, est devenue plus inégalitaire que jamais. Les médias ne cessent de recourir à l'image d'un ascenseur social bloqué pour désigner le phénomène. Cette métaphore est limpide et manifeste que, dans la république « méritocratique » qui est la nôtre, c'est l'école, et non la naissance, qui censément distribue les cartes du jeu social, élève les plus méritants (ceux qui ont du talent et qui travaillent) ou « déclasse » les moins assidus. Dans les faits ? Le système éducatif français ne permet plus d'assurer cette mobilité. Pourtant, depuis 1882, l'enseignement en France est obligatoire et gratuit au nom de la justice sociale et du droit au savoir pour tous. Par ailleurs, grâce à la démocratisation de l'école, le nombre de bacheliers a considérablement augmenté pour former au moins 60 % d'une classe d'âge. Les catégories populaires ont pu s'élever dans l'échelle des catégories socioprofessionnelles grâce à cette ouverture que les générations précédentes ont moins connue. Alors que s'est-il passé ?

b. L'école républicaine : une mission détournée

Certes les études supérieures se sont ouvertes aux catégories populaires. Mais cette démocratisation agirait, selon certains analystes, comme un trompe-l'œil. La massification scolaire entraîne un fort taux d'échec à l'université pour ceux qui ne sont pas préparés, au plan social, à s'aventurer vers des études longues. A côté d'une « école de masse » mal dotée et peu lisible, se perpétue en France une école élitiste, vouée aux meilleurs, qui capte les subventions et offre les vrais débouchés (HEC, Sciences Po, Polytechnique, Arts et métiers...) Comme l'avaient déjà montré Bourdieu et Passeron dans les années 60, l'école dite « républicaine » ne corrige pas totalement, loin s'en faut, les inégalités... Elle aurait même tendance à les perpétuer (les familles disposant d'un bon capital culturel et financier ont en général une bonne connaissance des programmes et savent, quand il le faut, contourner les cartes scolaires « défavorables »). Les bons élèves entourés socialement tirent leur épingle du jeu « scolaire » dont ils maîtrisent mieux les règles que les autres...

2. La promotion des élèves méritants : une solution parmi d'autres

a. La discrimination positive : une inégalité assumée pour réparer une injustice avérée

Les élèves issus des quartiers sensibles n'ont désormais aucune chance, s'ils se plient aux exigences réelles des concours d'entrée dans les établissements d'excellence, de décrocher le moindre sésame... L'école est plus sélective que jamais et les meilleures places sont invariablement dévolues aux enfants d'enseignants, de cadres et de professions libérales. Les autres, sans les codes et les acquis nécessaires (séjours linguistique pour un usage parfait de l'anglais, culture générale élitaire, maîtrise de l'orthographe et de la syntaxe...) doivent fournir des efforts considérables pour se mettre à niveau. Non qu'ils soient moins intelligents ou moins motivés que les autres : simplement ils n'ont pas « baigné » dans le bon environnement culturel. Dès lors donner un coup de pouce, c'est peut-être créer une inégalité mais c'est aussi rattraper une injustice ! Guy Burgel reproche à cette forme de « discrimination positive » de constituer un « traitement homéopathique » qui pourrait créer une nouvelle « injustice sélective ». Certes le dispositif ne concerne qu'une poignée d'élèves ; certes les effets d'affichage laissent dans l'ombre les centaines de milliers d'enfants en déshérence qui quittent le système sans formation ni diplôme... Mais est-ce une raison pour ne rien faire ?

b. Les nécessités d'une politique amitieuse vers les catégories populaires

On ne saurait se contenter de cette « mesurette » des quotas et de l'« affirmative action » pour effectuer une politique de rattrapage. Repérer les bons élèves des quartiers difficiles, c'est bien ; soutenir les plus médiocres et mettre des moyens vers ceux qui sombrent, c'est essentiel. Il faudra que l'école se remette en question : les élèves du lycée ont changé, sont issus des différents milieux, de différentes religions, de différentes nationalités ou groupes ethniques... Peut-être l'école républicaine, telle que nous l'avons connue, doit-elle se réformer pour devenir une école plus démocratique, ouverte sur le monde et son époque. Les catégories populaires sont éloignées des codes qui permettent de réussir scolairement. Pourquoi ne pas favoriser, dans ce cas, la culture des quartiers ? L'arabe première langue, le sport à fort coefficient, les activités manuelles, pratiques et artistiques au même niveau que les maths et le français... La promotion des élèves des quartiers sensibles est une initiative médiatique : elle ne doit pas éluder les efforts vers la masse de jeunes en difficultés.

Conclusion

Dans un contexte de progression des inégalités devant la réussite scolaire, des directeurs d'établissement prestigieux ont estimé nécessaire de donner un coup de pouce aux élèves motivés et talentueux des quartiers sensibles. Faciliter l'accès à certains, c'est certes créer une inégalité, mais cela revient aussi à réparer une injustice. Le problème, c'est que cette politique peut confiner à l'affichage, à l'effet d'annonce, et laisser dans l'ombre la masse des enfants qui sortent de l'école sans diplômes ni compétence.

Guy Burgel a raison, de ce point de vue, de se montrer critique à l'égard des politiques de discrimination positive : elles partent souvent d'un bon sentiment mais se traduisent par des résultats médiocres voire contreproductifs. Cependant le contexte appelle une réaction et des remises en question. À défaut de changer fondamentalement les choses, peut-être cette initiative aura-t-elle eu le mérite de lancer un débat salutaire.

SUJET 2 Loos (II)

1 Résumé

Vous résumerez ce texte en 180 mots. Une marge de 10 % en plus ou en moins est admise.
Vous indiquerez à la fin de votre résumé le nombre de mots employés.

(8 POINTS)

Au début du XXe siècle, l'idée qu'une maladie puisse se développer après un choc traumatique n'était pas évidente. Pourtant les symptômes observés chez les combattants de la Première Guerre mondiale poussèrent à s'interroger : certains soldats revenus du front étaient apathiques, et revivaient inlassablement la même scène vécue sur le champ de bataille. Les psychiatres commencèrent à parler de névrose de guerre et Sigmund Freud en fera le pivot de la pulsion de mort. Mais pour beaucoup, le névrosé de guerre était un fraudeur, un simulateur ou un lâche, animé par un désir conscient ou inconscient, de se soustraire au combat. Derrière de telles interprétations, une vision particulière de la morale dominait : un soldat doit être dur au mal, capable d'affronter avec courage l'horreur de la guerre...
La Seconde Guerre mondiale changea la donne. Les récits terribles que firent les rescapés des camps de concentration transformèrent résolument l'idée que l'on se faisait des traumatismes psychologiques. Des études sur ces rescapés, comme celle de Bruno Bettelheim, attirèrent l'attention sur la culpabilité lancinante de celui qui n'accepte pas d'avoir survécu au milieu de tant de morts – ce que l'on nomma le « syndrome du survivant »[1]. Dans les années 1980, l'Association américaine des psychiatres, dans sa nouvelle classification des troubles mentaux (dite *DSM-III*), introduit la notion de « stress post-traumatique ». Tout événement traumatisant peut engendrer un trouble psychologique : le névrosé est devenu une victime. C'est la naissance de la « victimologie » en psychiatrie.
Parallèlement, la notion de victime fait son entrée dans le droit. Pour l'avocat Thierry Lévy, le fait que la victime d'un dommage dispose de certains droits n'est pas nouveau et se comprend parfaitement. Ce qui pose problème, ce sont les dérives du système juridique actuel, dans lequel les victimes se voient reconnaître des droits excessifs. Il y aurait désormais des catégories types de victimes : si, lors d'un procès, le plaignant entre dans une de ces catégories, alors sa parole est sacralisée. La défense de l'accusé devient donc impossible, tout le monde étant inconsciemment persuadé de sa culpabilité[2].
L'un de ces portraits types de victimes pourrait être l'enfant ayant subi des abus sexuels, dont l'affaire d'Outreau donne l'un des exemples les plus édifiants. L'enquête fut dramatisée : aux rumeurs succédèrent les dénonciations, puis la parole des enfants, dont les experts reconnurent « *l'entière crédibilité* »... Résultat : 17 personnes accusées, alors qu'il n'y avait pas l'ombre d'une preuve tangible ! Les inculpations abusives qui suivirent (avant l'acquittement général de décembre 2005) doivent être imputées, affirment les magistrats Antoine

1. R. Rechtmann, « Du traumatisme à la victime », *in* D. Fassin et P. Bourdelais (dir.), *Les Constructions de l'intolérance. Études d'anthropologie et d'histoire sur les frontières de l'espace moral*, La Découverte, 2005.
2. T. Lévy, *Éloge de la barbarie judiciaire*, Odile Jacob, 2004.

Garapon et Denis Salas, à une idéologie désormais établie selon laquelle « l'agresseur ment et la victime dit vrai[1] » : celle-ci aurait donc tous les droits. Mais l'on peut aller plus loin dans la dénonciation d'une « litanie victimaire ». Le sociologue Guillaume Erner dénonce, dans *La Société des victimes*, un nouvel ordre moral qui s'instaure et confère à la victime un statut sacré, puisqu'elle serait une version laïcisée des martyrs et des saints[2]. La victime, en prenant la parole publiquement pour dire sa souffrance, susciterait la compassion d'autrui, ce qui lui permettrait d'être reconnue. Les frontières morales auraient donc bougé en moins d'un siècle : si avant, on était respecté parce qu'on taisait sa souffrance, aujourd'hui on est reconnu parce qu'on la dit.
Conséquence de ce nouvel ordre moral : des individus peuvent instrumentaliser la souffrance d'autrui pour servir leurs fins personnelles. Il faut dire que l'on assiste peut-être à l'émergence d'une sorte de substitut aux espérances messianiques globales, qui privilégie la compréhension de l'histoire à travers des drames personnels, familiaux ou communautaires, à un moment de crise du politique et de montée de l'individualisme. Ainsi se mettent en place des « communautés de victimes », grâce auxquelles certains crimes d'État longtemps tus peuvent aujourd'hui être reconnus (par exemple le massacre de 300 algériens le 17 octobre 1961 à Paris). Mais l'on court alors le risque d'arriver à cette « *concurrence des victimes* » dont a parlé Jean-Michel Chaumont, où chaque communauté revendique, plus que les autres, les palmes de la souffrance[3]. La mémoire devient-elle dès lors une « *religion civile* », comme l'écrit Enzo Traverso[4], où chaque groupe se définit avant tout par les blessures du passé ?
Par ailleurs, les médias feraient des victimes leurs fonds de commerce, écrit encore G. Erner : ce qui se vend, c'est la compassion – les informations, et non plus seulement la « mauvaise presse », se sont spécialisées dans les faits divers ou dans l'image voyeuriste de la victime souffrante. Enfin, les politiques eux aussi joueraient désormais sur la fibre victimaire, comme dans le cas de la mairie de Toulouse qui recueillit, *via* des « cellules d'écoute », la parole des « victimes » après l'explosion de l'usine AZF le 21 septembre 2001 : la catégorie était devenue très large puisque tous les habitants de la ville ayant entendu le bruit ou perçu le souffle furent considérés comme des victimes[5].

Régis MEYRAN, « Le effets pervers de la victimisation »,
Sciences humaines, janvier 2007

---

1. A. Garapon et D. Salas, *Les Nouvelles Sorcières de Salem, Leçons d'Outreau*, Seuil, 2006.
2. G. Erner, *La Société des victimes*, La Découverte, 2006.
3. J.-M. Chaumont, *La Concurrence des victimes. Génocides, identité, reconnaissance*, La découverte, 2002.
4. E. Traverso, *Le Passé, modes d'emploi. Histoire, mémoire, politique*, La Fabrique, 2005.
5. S. Latté et R. Rechtmann, « Enquête sur les usages sociaux du traumatisme. À la suite de l'accident de l'usine AZF à Toulouse », *Politix*, n° 73, mars 2006.

2 Questions

1. Expliquez le sens des mots ou expressions :

- une version laïcisée des martyrs et des saints ;
- instrumentaliser la souffrance d'autrui.

(2 POINTS)

2. Discussion :

Débattez de la question posée par l'auteur de l'article : « La mémoire devient-elle dès lors une "religion civile", comme l'écrit Enzo Traverso, où chaque groupe se définit avant tout par les blessures du passé ? »

(10 POINTS)

CORRIGÉ

1 RÉSUMÉ

L'idée qu'il puisse exister des traumatismes liés aux horreurs de la guerre prend germe durant le premier conflit mondial. Malgré tout, le soldat victime de névroses restait encore perçu comme simulateur ou lâche. Il faut attendre 1945 et le retour des captifs des camps, pour que la notion de traumatisme s'impose dans les nosographies psychiatriques jusqu'à inaugurer, depuis les années 1980, une nouvelle science : la victimilogie.

Cette reconnaissance juridique du statut de victime ne va pas sans poser problème. Aujourd'hui, on compatit tellement au traumatisme des plaignants que les accusés sont stigmatisés et systématiquement perçus comme coupables.

Pire : les victimes, sacralisées, doivent déballer leurs souffrances pour être pleinement respectées dans le nouvel ordre moral.

La manipulation victimaire devient le pendant logique de cette tendance. On se replie sur les traumas personnels ou communautaires pour n'avoir pas à penser les grandes questions sociales. Certes, le phénomène permet à certains groupes, bafoués dans leur histoire, de se voir enfin définis comme victimes. Cependant, les communautés se livrent une concurrence dont l'enjeu est la reconnaissance de la plus grande souffrance. Médias et politiques accompagnent cette tendance, qui profite à leurs intérêts.

(195 mots)

2 QUESTIONS

Les « **martyrs** » et les « **saints** » forment des exemples de la piété sur lesquels s'appuient les religions pour servir de modèles aux fidèles. Une « version laïcisée » de ce phénomène consisterait à transformer les victimes (d'accidents ou d'agression) en symboles édifiants de la morale sociale.

Instrumentaliser la souffrance consiste à manipuler des victimes pour en retirer des bénéfices ou des avantages (sur un plan politique ou médiatique).

3 DISCUSSION

La question du communautarisme empoisonne de plus en plus régulièrement nos sociétés : il paraît en effet difficile aux divers groupes qui composent notre République de vivre harmonieusement ensemble quand leur histoire, souvent traumatisante, reste à ce point tourmentée et conflictuelle. Le passé, pour bien des communautés, ne passe pas. Il constituerait même un traumatisme originel dans lequel le groupe tirerait une part de son identité. C'est tout le sens de la question posée par Enzo Traverso qui se dessine ici : « La mémoire devient-elle une religion civile où chaque groupe se définit avant tout par les blessures du passé ? »

Faire de la mémoire une « religion civile », c'est entretenir un culte autour de sa propre histoire, c'est se « relier » (telle est l'étymologie du mot « religion ») dans la vénération d'un passé commun. Il s'agit de puiser dans les événements traumatisants qui fondent l'histoire du groupe pour communier et assurer la cohésion communautaire. Les « blessures du passé » définissent bien ces traumatismes sur lesquels certains groupes reviennent incessamment, comme s'il fallait revivre un trauma originel douloureux pour se souder et perpétuer son identité. Comment reprocher aux communautés juives d'entretenir la flamme de la Shoah quand une partie de la mémoire du peuple juif a disparu en déportation ? Comment, avec au moins 1 500 000 morts, les Arméniens pourraient-ils oublier le génocide perpétré par le gouvernement des Jeunes Turcs entre 1915 et 1917 ? Les peuples qui ont vécu la colonisation ne sont-ils pas fondés à entretenir la mémoire de ce traumatisme ? À propos de l'esclavage, nos « territoires » des Caraïbes n'ont-ils pas le droit de demander des comptes ?

Les traumatismes de l'histoire affectent les groupes et les communautés comme un événement tragique (viol, agression...) revient à la mémoire d'un individu. Un travail de deuil peut s'avérer nécessaire pour apaiser le présent. À défaut de « liquider » les traumas, au moins peut-on apprendre à vivre avec en les verbalisant, en les faisant sortir de cet inconscient où ils sont refoulés. Les commémorations et les rites que des communautés organisent (on pense au 10 mai qui, depuis 2006, rend hommage aux victimes de l'esclavage dans le commerce triangulaire) jouent ce rôle de pacification. On sait que les communautés qui ne peuvent faire ce travail de deuil vivent des situations de frustration qui entraînent le repli et les tensions. On songe aux Harkis, que les blessures de la décolonisation algérienne n'ont pas fini de faire souffrir. Du côté des indépendantistes cette fois, les Algériens (ou Français d'origine algérienne) continuent à demander reconnaissance par la France du massacre des manifestants (au moins 200 morts) à Paris le 17 octobre 1961. Sur certaines questions, les communautés sont à « fleur de peau » : elles vivent leur traumatisme dans une tension parfois conflictuelle. Certains groupes extrémistes en profitent même pour attiser ce « mal-être » et entretenir la haine. Ils se nourrissent des blessures du passé pour fonder l'identité collective dans la rancune et l'agressivité. Reconnaître la réalité d'un traumatisme permet d'étouffer les vindictes communautaristes. C'est tout le sens de la reconnaissance par le gouvernement français de sa responsabilité dans la déportation des Juifs de France ; c'est aussi l'objectif de l'officialisation d'une date anniversaire qui commémore les victimes de la traite « négrière ».

Il est normal qu'un groupe se rassemble autour de ses blessures pour mieux les conjurer et préparer l'avenir. De la même manière qu'un individu n'avance pas tant qu'il est tourmenté par ses traumatismes, une communauté se doit de pacifier ses relations avec elle-même et les autres afin d'évoluer dans la sérénité.

Cependant, la douleur ne doit pas devenir un élément consubstantiel, définitoire, presque exclusif de la communauté. Quand la mémoire reste rivée sur les heures sombres, quand seules comptent, aux yeux du groupe, les blessures dont il a souffert, alors les pires dérapages sont à craindre.

Il convient en effet de mettre en garde une république comme la France, fondée sur l'égalité et la fraternité, contre les risques de repli communautaire. La mémoire devient l'alibi dont certains groupes se servent pour se couper des autres. Les fondamentalistes ou extrémistes ont souvent intérêt à réactiver la mémoire douloureuse pour continuer à exister dans la société. Des indépendantistes caribéens reposent en permanence la question de la culpabilité de la métropole dans l'esclavage pour nourrir leur discours dans ce trauma originel. Ils exploitent le passé douloureux pour s'imposer dans le conflit. Certes, le passé nous définit et nos racines nous inscrivent dans une identité. Cependant, nous vivons au présent et préparons l'avenir. La mémoire doit relier les êtres, non les diviser. Or nous assistons, depuis quelque temps, à un phénomène inquiétant dans notre société : ce que d'aucuns ont appelé la « concurrence mémorielle. » De quoi s'agit-il ? D'une tendance, commune à certains groupes dits « minoritaires », à s'arc-bouter sur leur histoire pour ériger leurs blessures historiques en traumatismes « supérieurs » plus intenses que ceux des autres communautés. Cette guerre des mémoires, comme on l'a appelée, s'est révélée au cours de certains événements, dont le fameux épisode Dieudonné : l'humoriste s'était plaint d'une tendance des juifs à mettre en avant les crimes nazis pour justifier, au nom de leur statut de victimes, leurs propres exactions en Israël. Il avait opposé les mémoires (celle des noirs et de l'esclavage contre les blancs, celle des Palestiniens et de leur guerre perdue contre les « colons » juifs) et entraîné les communautés dans d'absurdes et criminelles rivalités.

Cette guerre des mémoires a entraîné une surenchère dans la « judiciarisation » des mémoires : désormais, les historiens n'ont plus la liberté de s'exprimer sur certains événements au nom du respect dû aux victimes. La loi Gayssot contre le révisionnisme visait à empêcher les antisémites de nier l'Holocauste sous de fallacieux arguments, le plus souvent pseudo-scientifiques. Les députés ont fait voter une loi empêchant la négation du génocide arménien, puis la nécessité (loi Taubira) de rendre à la question de l'esclavage des noirs toute sa place dans les programmes scolaires... Cette tendance à légaliser l'histoire fige les idées dans une discipline qui a besoin de liberté pour énoncer des vérités, fussent-elles malheureuses pour les victimes.

L'évocation des traumatismes ne doit pas devenir le prétexte à des rivalités entre communautés. Notre société, profondément empreinte d'empathie, n'hésite pas à reconnaître à tout groupe le statut auquel il a légitimement droit. Cependant, au nom de ce respect, la société éclate, se divise et se déchire sous le poids des concurrences victimaires. Certaines organisations politiques ont intérêt, pour continuer à exister et apparaître comme les « vrais » défenseurs de la communauté, à perpétuer la mémoire des traumatismes et à jouer la dissension. Notre société doit impérativement rester vigilante contre cette absurde concurrence des mémoires.

SUJET 3 Paris (I)

1 Résumé

Vous résumerez ce texte en 170 mots. Une marge de 10 % en plus ou en moins est admise.
Vous indiquerez à la fin de votre résumé le nombre de mots employés.

Dans toute l'histoire de l'esprit humain, l'étonnement a joué un rôle considérable et déployé de précieuses vertus. Non qu'il ait été suffisant ; mais il a été indispensable. C'est parce qu'un homme, ou plusieurs, se sont étonnés de certaines absurdités ou improbabilités choquantes admises autour d'eux que des progrès ont été faits dans la connaissance de la réalité. Il faut, bien entendu, que l'étonnement devienne actif, qu'il n'ait pas honte de lui-même, qu'il ose demander des comptes. Et, s'il n'a pas à s'incliner devant des croyances traditionnelles, il n'a pas non plus à désarmer devant des théories neuves ou des hypothèses, pour la seule raison qu'elles sont neuves, ou bouleversantes.
C'est ainsi qu'aux époques – dont les plus anciennes sont déjà très reculées – où fut avancée l'hypothèse de la rotondité de la Terre, il était très légitime de soulever l'objection des antipodes ; ou plus tard, quand on en vint au mouvement de la Terre sur elle-même et autour du soleil, de demander comment cette giration rapide pouvait se produire sans projeter dans l'espace tout le mobilier terrestre et sans même se faire sentir des êtres vivants qui y participent.
Ces étonnements, quand ils ne prenaient pas la forme d'interdictions dogmatiques ou de persécutions de la pensée libre, ne pouvaient guère que tourner au profit de la recherche et de la découverte. Ils signalaient des points obscurs ou des points faibles. Ils obligeaient les savants novateurs à justifier leurs assertions, à mieux les prouver.
Ce serait encore le cas à l'heure actuelle si à l'ancien préjugé contre la nouveauté n'avait pas succédé un préjugé aussi fort en sa faveur. S'étonner met en péril l'amour-propre : « Pour quel imbécile, ou quel retardataire incurable ne vais-je pas me faire prendre ? » Cet amour-propre inhibant se développe en cercles concentriques autour du spécialiste intéressé. Les savants, d'une obédience toute voisine, trouveraient déjà de mauvais goût de jouer les importuns. Les gens éclairés, situés plus ou moins loin, ne se sentent pas qualifiés pour intervenir. Et leur avis, dans la mesure où ils ont l'occasion d'en indiquer un, ne peut être que : « Puisque tant de personnes éminentes et bien mieux placées que moi ont l'air de trouver cela tout naturel, c'est que cela doit être naturel ; et que ma petite gêne tient à des habitudes de pensée surannées et vulgaires. »
Or l'étonnement dont nous parlons est une forme d'émotion intellectuelle qui accompagne le fait de penser quelque chose avec force et plénitude. Même dans la vie quotidienne et devant les affirmations les moins abstruses[1] cette force et cette plénitude font souvent défaut chez l'homme moyen. Déclarez devant un certain nombre de personnes : « Le curseur Untel a fait l'autre jour le trajet de Lyon à Valence, à pied, en une heure cinquante-huit... », vous serez surpris de voir combien peu de vos auditeurs protestent que c'est rigoureusement impossible. La plupart accueillent votre affirmation distraitement, et ne se donnent

1. *Les moins abstruses : les plus claires.*

pas la peine de la penser dans les termes et conditions de la réalité qu'ils connaissent. À plus forte raison de leur sens critique entre-t-il en sommeil dès que l'affirmation leur vient d'une autorité scientifique, s'exprimant ès qualités, et de plus noyant, comme il est de coutume, la crudité de son affirmation dans la sauce d'un jargon spécial (...).
L'étonnement actif et qui réclame des comptes a pratiquement disparu.

Jules ROMAINS, *Pour raison garder*, éditions Flammarion, 1960

(15 POINTS)

2 Questions

Expliquez le sens dans le texte des expressions suivantes :

- « interdictions dogmatiques » ;
- « se développe en cercles concentriques ».

(3 POINTS)
(ORTHOGRAPHE : 2 POINTS)

CORRIGÉ

1 RÉSUMÉ

Depuis toujours, c'est parce que les hommes ont su s'étonner que les croyances et certitudes les plus illogiques ont pu être remises en question. Pour être efficace, l'étonnement devait être formulé de manière énergique et ne pas hésiter à s'appliquer aux innovations théoriques. Dès lors, sauf s'il prenait la forme de résistance dogmatique au progrès, l'étonnement servait la recherche en pointant les faiblesses théoriques des savants. Il les forçait à affûter leurs arguments.
Aujourd'hui, cependant, plus personne n'ose remettre en question les hypothèses innovantes. Les scientifiques eux-mêmes répugnent à s'étonner de ce que formule un confrère par peur de paraître rétrogrades. Ceux qui ne sont pas spécialistes, de leur côté, ne se croient pas suffisamment qualifiés pour se permettre une remarque. Et pourtant l'étonnement est indissociable de la puissance réflexive d'une pensée. Il suffit parfois de formuler une aberration devant une assemblée pour que nul ne s'étonne du caractère absurde du propos, surtout si celui qui l'énonce est un savant. Le véritable étonnement n'existe plus.

(179 mots)

2 QUESTIONS

- « Interdictions dogmatiques » : le dogmatisme consiste à affirmer des idées sans les discuter. Quand l'étonnement prend la forme d'interdictions dogmatiques, il vise à bâillonner toute hypothèse qui pourrait contredire la vérité établie.

• « Se développe en cercles concentriques » : des cercles concentriques représentent des anneaux de tailles différentes mais de centre de courbure identique. Utilisée métaphoriquement dans le texte, l'expression désigne la manière dont les individus réagissent aux découvertes selon qu'ils se trouvent proches ou éloignés des milieux scientifiques.

SUJET 4 Paris (II)

1 Résumé

Vous résumerez ce texte en 170 mots. Une marge de 10 % en plus ou en moins est admise.

Vous indiquerez à la fin de votre résumé le nombre de mots employés.

(14 POINTS)

Rappelons rapidement les quelques données qui ont un impact sur les relations entre la fille et son père. L'autonomie politique, professionnelle et financière des femmes françaises n'a pas un demi-siècle ! On l'oublie trop souvent. Il faut attendre 1944 pour que la fraternité républicaine puisse se décliner au féminin : les femmes obtiennent le droit de vote. En même temps que citoyennes, elles deviennent des ménagères « libérées » du travail domestique. Les machines et les robots sont censés les soulager de ces corvées, tout en suscitant le goût de la consommation. Cela devient nécessaire, car les femmes travaillent de plus en plus. L'accès aux professions demandant une qualification a été rendu possible par l'accès à l'enseignement secondaire et supérieur, où les femmes réussissent en moyenne mieux que les hommes. Mais il faudra attendre 1965 pour que la loi reconnaisse enfin aux femmes mariées le droit d'exercer une activité professionnelle sans l'autorisation de leur époux. Les femmes investissent surtout les professions du secteur public, où elles trouvent une sécurité professionnelle qu'elles recherchent, et où elles bénéficient de meilleures promotions que dans le privé. En 1972, l'égalité du salaire entre hommes et femmes devient <u>force de loi</u>.

Par ailleurs, l'évolution des conditions de la maternité contribue à accroître l'autonomie des femmes. Les progrès de la médecine permettent de réduire la mortalité infantile. On assiste à une baisse du nombre de procréations : la gestation occupe de moins en moins de temps dans la vie des femmes. À partir des années 70, le baby-boom est terminé : la fécondité descend en dessous du taux de 2,1 enfants par femme, chiffre nécessaire pour que la population se maintienne à un niveau stable. De plus, avec l'apparition de la contraception, il y a eu passation de pouvoir : les femmes ont désormais l'initiative de la conception. Elles vont bientôt rêver de faire des enfants toutes seules.

La conjugalité connaît les effets de ces changements. Le divorce devient plus fréquent, il atteint aujourd'hui 30 % des couples. Les <u>conjugalités</u> se diversifient : les femmes sont mariées, pacsées, vivent en <u>concubinage</u> ou en union libre. Sur 14,7 millions de femmes françaises vivant en couple aujourd'hui, 2 millions ne sont pas mariées. Les naissances hors mariage connaissent le développement que l'on sait, pour un bon nombre dans le cas de <u>couples</u> également dits « <u>naturels</u> ». En 1994, 40 % des enfants naissaient hors mariage, et 17 % ne vivaient pas avec leurs deux parents. Parmi ces derniers, 85 % vivaient avec leur mère.

Après avoir employé les femmes dans le service public, après leur avoir réservé un certain nombre de prestations comme les allocations familiales, la protection de la petite enfance, le développement du travail social, l'État a eu à cour de protéger les femmes après une <u>dissolution conjugale</u>. Ce qui a amené certains auteurs à parler d'État-mari. État, mari des citoyennes et protecteur de leurs enfants à la place du père réel.

Ces quelques constats nous permettent-ils de penser que la femme est émancipée ? L'évolution est significative, mais le discours triomphaliste tenu récemment par la presse, selon lequel les femmes seraient aujourd'hui restituées dans leurs droits, selon lequel nous vivons sous le matriarcat, ne sert qu'à masquer une réalité contraire. Si la famille a beaucoup évolué, et avec elle les rôles respectifs de l'homme et de la femme, redéfinis récemment par la loi vis-à-vis des enfants, la place de la femme dans le champ social laisse subsister des inégalités.
La condition des femmes a évolué, mais leur position relative vis-à-vis des hommes est restée stable. Le couple d'opposition homme-femme se déplace, mais subsiste.

La condition des femmes s'améliore, leur inégalité se maintient.
Si les filles réussissent mieux que les garçons au baccalauréat et sont plus nombreuses en université, certains domaines restent réservés à une majorité masculine : dans les lycées techniques, elles s'orientent plus vers des métiers humains et sociaux (commerce, secrétariat, santé) que des métiers techniques. Elles sont minoritaires dans les classes préparatoires et, à l'université, elles sont peu présentes dans les disciplines scientifiques.
Au niveau professionnel, leur choix semble guidé par trois principes. Le premier est que les emplois qui leur conviennent le mieux sont ceux apparentés aux fonctions domestiques : enseignement, santé, services, activités symboliques (art et littérature, presse). Le deuxième veut que, à qualification égale, les hommes sont préférés pour détenir une fonction d'autorité, les femmes restant cantonnées aux rangs hiérarchiques inférieurs. Le troisième principe veut que les hommes gardent le monopole des métiers techniques.
On peut donc affirmer que, si la condition sociale des femmes s'améliore, le différentiel avec les hommes persiste.

Jean-Claude LIAUDET, *Telle fille, quel père ?*, L'Archipel, 2002

2 Questions

Définissez les expressions et termes soulignés : force de loi, conjugalités, concubinage, couples naturels, dissolution conjugale, matriarcat.

(7 POINTS)

CORRIGÉ

1 RÉSUMÉ

Les rapports père/fille ont changé parce que le statut des femmes a évolué dans notre société.
Depuis seulement un demi-siècle, l'émancipation féminine est devenue une réalité. Sur un plan politique, les femmes peuvent voter ; en matière professionnelle, elles ont su égaler, voire surpasser les hommes et acquérir les mêmes droits qu'eux. Dans les familles, grâce à la baisse de la mortalité infantile et à l'accès aux contraceptifs, les femmes ont pu contrôler leurs maternités. L'émancipation féminine a aussi transformé l'organisation familiale : les divorces augmentent et les manières de nouer des liens matrimoniaux se diversifient. Les femmes ont pu se libérer de la tutelle patriarcale grâce au soutien de l'État. Faut-il pour autant en conclure que les sexes sont devenus pleinement égaux ?
Ce serait se leurrer : sur un plan scolaire, malgré les incontestables réussites féminines, certaines filières prestigieuses restent réservées aux garçons ; professionnellement, les emplois des femmes ont un lien avec les tâches domestiques, leurs salaires sont inférieurs à ceux des hommes et certaines fonctions leurs sont encore interdites. Malgré les avancées, des inégalités perdurent.

(183 mots)

2 QUESTIONS

• **Force de loi :** l'égalité entre les sexes n'est pas facultative mais obligatoire, autrement dit « forcée » par la loi.
• **Conjugalités :** Le mot désigne les diverses manières de s'unir, de se lier au plan matrimonial.
• **Concubinage :** le concubinage désigne le fait, pour un couple, de vivre ensemble sous un même toit.
• **Couples naturels :** Les couples dits « naturels » dont parle l'auteur sont formés d'un homme et d'une femme, ce qui exclut les unions homosexuelles et les familles monoparentales.
• **Dissolution conjugale :** il s'agit d'un divorce (dans le cadre du mariage) ou, plus généralement, d'une rupture dans le lien matrimonial.
• **Matriarcat :** le mot désigne le modèle social par lequel les femmes détiennent une large part du pouvoir.

SUJET 5 Paris (III)

1 Résumé

Vous résumerez ce texte en 140 mots. Une marge de 10 % en plus ou en moins est admise.
Vous indiquerez à la fin de votre résumé le nombre de mots employés.

(12 POINTS)

Notre société est hypocrite et lâche ; nous voulons tous la beauté, la jouissance et le bonheur ; nous refusons de regarder la proximité de la mort et de la souffrance. Nous refusons le regard de celui qui sait qu'il va partir. Si nous tolérons encore la famine au Soudan, c'est que nous pouvons éteindre la télévision ou regarder un match de football. Mais nous ne tolérons plus ni la mort ni la déchéance de nos amis, de nos parents ; ils sont trop près de nous. Alors nous réclamons pour nous le droit de leur administrer une mort propre.

Une loi, réclamée au nom de ceux qui veulent mourir dans la dignité, est souvent une excuse pour ne pas être dérangés par nos proches qui s'en vont trop lentement. Si nous acceptons une loi sur l'euthanasie, pourquoi garder en vie les arriérés mentaux, les vieillards atteints de la maladie d'Alzheimer ?

Et d'ailleurs, à partir de quand un handicap devient-il inacceptable ? La voici cette rencontre entre « le cœur et la raison » que je redoute tellement. Côté cœur, ce vieillard qui, petit à petit, s'isole du monde, s'enfonce dans la folie et qui fait pitié ; côté raison, l'économie bien sûr ! Soigner ce vieillard incurable et qui va mourir coûte cher.

À une époque où il nous est répété chaque jour que la santé coûte trop cher – les économistes nous le disent – les dépenses de santé sont les plus élevées dans les derniers mois de la vie. Supprimons ces derniers mois, les économies seront énormes.

Rendre service au malade tout en rendant service à la société, quelle belle conjonction ! Quelle terrifiante conjonction !

D'ailleurs, pourquoi ne pas prévenir au lieu de guérir ? Dans peu d'années, la science va permettre de trier les embryons ; la société va ainsi pourvoir « éviter » la naissance d'individus qui auraient été programmés génétiquement pour « faire » un cancer actuellement incurable, ou pour développer une maladie physique ou psychique inacceptable. Ce triage pourrait être proposé au nom d'une « pitié » préventive. (...)

Il faut (...), bien entendu, refuser certaines formes d'acharnement thérapeutique. Il est indécent de pratiquer l'acharnement thérapeutique vis-à-vis de certains malades ou de vieillards, que l'on maintient artificiellement en vie. Évitons cependant d'être trop simplistes. Combien de personnes, ayant fait un infarctus ou après un coma traumatique, ont été sauvées par la réanimation et ont repris une vie normale, alors qu'elles étaient jugées perdues. Il ne faut pas de loi autorisant l'euthanasie. La loi est manichéenne. Or la médecine refuse la règle du tout ou rien, d'une loi, fût-elle dictée par de bonnes intentions. Soigner, c'est être présent à côté d'un malade au début comme à la fin. Soigner, c'est aussi empêcher de souffrir et ne pas s'acharner sur un corps qui s'éteint.

Il ne faut pas de loi, car légiférer, c'est avant tout maintenir certaines valeurs fondamentales qui façonnent une nation. La modernité d'une nation, c'est aussi

accepter de prendre en charge les handicapés et les vieillards, ce n'est pas éliminer ceux qui pourraient gêner et qui coûtent cher.
Nous entrons dans un monde qui va offrir à l'homme un pouvoir gigantesque sur sa propre destinée, comme sur celle de l'Univers. C'est aujourd'hui qu'il faut impérativement un rappel à l'éthique et à la morale.

Professeur Bernard DEBRÉ, Hôpital Cochin,
Le Monde du 6 mars 2000

2 Questions

1. Reformulez en une phrase la thèse défendue par l'auteur.

(1 POINTS)

2. Reformulez deux des arguments utilisés par l'auteur (une phrase par argument).

(4 POINTS)

3. Quels est le ton de la phrase : « rendre service au malade tout en rendant service à la société, quelle belle conjonction ! » ? Quel peut en être l'effet sur le lecteur? (Répondez en deux phrases.)

(8 POINTS)

CORRIGÉ

1 RÉSUMÉ

C'est parce que nous avons peur de la mort que nous demandons la légalisation de l'euthanasie. Invoquer la dignité est un prétexte pour n'avoir pas à supporter la prise en charge des personnes en fin de vie, voire de tout individu handicapé ou sénile. Si l'émotion nous pousse à demander l'arrêt des souffrances d'un malade incurable, la raison dicte de le supprimer tant il coûte cher au système social. D'ailleurs, quand la médecine saura prédire les maladies grâce à la génétique, la sélection des embryons sera légitimée pour des raisons analogues.
S'il faut refuser l'acharnement thérapeutique, toute légalisation de l'euthanasie, forcément décalée par rapport à la réalité médicale, doit être proscrite. Dans une société moderne, on ne supprime pas ceux qui souffrent. Les valeurs morales doivent donc accompagner les formidables perspectives qui s'ouvrent à l'homme.

(147 mots)

2 QUESTIONS

1. Selon Bernard Debré, l'euthanasie ne doit faire l'objet d'aucune législation qui en autoriserait l'application.

2. Pour étayer sa thèse, l'auteur énonce de nombreux arguments. On pouvait en choisir 2 parmi les suivants :

- l'euthanasie n'est qu'un prétexte pour n'avoir pas à supporter la prise en charge d'un proche en fin de vie ;
- parce que les malades en fin de vie coûtent cher au système social, on cherche à les supprimer afin de réaliser de substantielles économies ;
- des dérives sont à craindre, surtout dans le cadre des avancées d'une médecine prédictive capable de déterminer les futures maladies ;
- la réalité médicale est trop complexe et incertaine pour qu'une loi puisse trancher de manière catégorique ;
- une société moderne doit être capable de prendre en charge la souffrance, non de supprimer la personne qui souffre.

3. La tonalité de cette phrase est ironique, puisque l'auteur énonce le contraire de ce qu'il pense (cette conjonction n'est pas « belle » mais, comme il l'écrit immédiatement après « terrifiante »).
Le lecteur est amené à douter du bien-fondé d'une solution apparemment parfaite mais finalement entachée d'arrière-pensées immorales.

SUJET 6 ISRP (I)

1 Résumé

Résumez le texte suivant en 180 mots +/– 10 %.

(14 POINTS)

Il existe trois grandes origines des secrets de famille. Tout d'abord, les événements gardés secrets parce qu'ils tombent sous le coup de la loi sociale (ceux-ci peuvent ne provoquer ni angoisse ni honte chez leur porteur, si ce n'est celle d'être « découvert »). Ensuite, les événements dissimulés en raison de la honte qui les accompagne. Enfin, les évènements vécus par un parent qui ne peut en parler du fait de la trop grande angoisse qu'ils suscitent en lui. Ces dernières situations relèvent plutôt des non-dits que des secrets proprement dits. Néanmoins, dans tous les cas, celui qui garde le silence sur un événement présente une organisation psychique caractéristique du Secret. Par ailleurs, le fait qu'il existe, ou non, une honte chez le porteur de secret s'efface à la génération suivante. Un enfant qui pressent qu'un parent lui cache quelque chose pense en effet toujours que ce parent a un secret honteux. La honte entoure donc toujours le secret à la seconde génération. Envisageons maintenant les conséquences les plus probables d'un secret grave sur plusieurs générations.

Celui qui garde un secret douloureux est toujours partagé en deux : d'un côté, il aimerait pouvoir le révéler pour s'en libérer ; d'un autre côté, il ne peut s'y résoudre de crainte de porter atteinte aux autres partenaires du secret. À l'origine, son silence peut ne toucher qu'un événement dont il ne peut pas ou ne veut pas parler. Mais petit à petit, pour éviter de se trahir, il risque de taire un grand nombre d'informations se rapportant, de près ou de loin, au secret initial. Par ailleurs, cette *tension intérieure* du porteur de secret – entre la part de lui-même qui veut préserver le secret et celle qui voudrait s'en libérer en la confiant – le conduit à le révéler de façon parcellaire et incomplète, par bribes ou allusions obscures et constamment démenties. Il en résulte des perturbations de sa relation avec ses enfants et ceux-ci en subissent d'importantes conséquences dans leur fonctionnement psychique. Par exemple, un parent peut manifester de l'affection à un enfant puis, subitement, le rejeter de façon inexplicable parce que cet enfant, à son insu, a accompli un geste ou prononcé une parole qui a réveillé un secret douloureux ; ou bien un parent peut tenir des propos contradictoires pour tenter de cacher un secret à un enfant qui l'a surpris en train d'en parler à un autre adulte, etc. C'est ainsi qu'une mère était prise de fortes angoisses toutes les fois où il était question des groupes sanguins dans un roman, dans un film, à la télévision ou dans les conversations courantes : la confrontation de ceux de son mari et de son fils lui avait confirmé que le second n'était pas né du premier (elle l'avait eu avec son amant) et elle vivait dans l'inquiétude permanente que ce secret soit découvert !

Alors que les événements à l'origine du secret étaient « indicibles » pour ceux qui les avaient vécus, ces mêmes événements deviennent « innommables » pour la seconde génération. Entendons par là qu'ils ne peuvent faire l'objet d'aucune représentation verbale. Leurs contenus sont ignorés et seule leur existence est pressentie et interrogée. C'est dans cette seconde génération que peuvent apparaître des troubles spécifiques de l'apprentissage sans perturbation grave de la personnalité ou s'accompagnant de perturbations légères.

À la troisième génération, l'événement « indicible » puis « innommable » devient littéralement « impensable ». L'enfant, puis l'adulte qu'il devient, peut percevoir en lui-même des sensations, des émotions, des potentialités d'action ou des images qui lui paraissent « bizarres » et qu'il lui est impossible d'expliquer par sa vie psychique propre ou son histoire familiale.
Comme à la génération précédente, l'ensemble de ces distorsions est lié aux perturbations de la communication, aussi bien précoces que tardives, entre l'enfant et ses parents. Mais ces perturbations ont des effets plus graves qu'à la génération précédente. En effet, si le parent porteur du secret est pour son enfant comme *un miroir porteur d'une opacité localisée*, le parent qui a lui-même été soumis à un parent porteur de secret, et dont la personnalité a été déformée à son insu, est pour son enfant comme *un miroir déformant*. Les effets du secret ne sont plus cernables et localisables comme à la génération précédente. Ils sont diffus et imposent des déformations dont le parent de la seconde génération du secret n'a pas la clef.
Ces enfants (dont les grands-parents étaient porteurs de traumatismes non surmontés et indicibles) peuvent développer les mêmes troubles qu'à la génération précédente, mais aussi des troubles beaucoup plus graves. Le caractère général de ceux-ci est qu'ils sont apparemment dénués de tout sens. Il s'agit en particulier de troubles psychotiques, de formes de délinquance ou de toxicomanie qui constituent autant d'obstacles dans les apprentissages de la vie.
Passée la troisième génération, les secrets, sauf cas de gravité extrême, tendent à se dissoudre dans l'ensemble des attitudes caractérisant la personnalité globale de l'individu. À vrai dire, ils laissent souvent la place à de nouveaux secrets... constitués sous l'effet des précédents ! En effet, tout individu soumis aux effets d'un secret – et cela même s'il n'en est pas clairement conscient – est tenté de créer ses propres secrets ! Faute de maîtriser les secrets dont il est la victime, il tente d'organiser et de contrôler ses secrets à lui ! Confrontés à l'existence d'un secret dont ils sont condamnés à ne jamais rien savoir, les enfants de la troisième génération du secret créent... de nouvelles situations de secrets ! Ils tentent de donner un sens – maîtrisé par eux – a une situation qui en était jusque-là dépourvue. Un secret de famille anodin en cache donc bien souvent un autre, parfois très grave, dans les générations précédentes. Les nouveaux secrets créés par une génération en réaction à un secret familial font oublier les précédents même s'ils en sont pourtant la conséquence indirecte. Un secret risque toujours d'en cacher un autre !

Serge TISSERON. *Secrets de famille : mode d'emploi.*
Éd. Ramsay, 1996, p. 47-52.

2 VOCABULAIRE

a. Expliquez les formules suivantes (3 points) :
- tension intérieure,
- miroir porteur d'une opacité localisée.
- miroir déformant

b. Donnez un synonyme de chacun de ces termes (3 points) :
- parcellaire,
- à son insu,
- distorsion.

CORRIGÉ

1 RÉSUMÉ

Un secret de famille peut naître, chez un parent, de la volonté de taire un délit, de la crainte de l'opprobre ou de l'angoisse suscitée par certains événements. Dans tous les cas, les générations suivantes soupçonneront que la chose dissimulée est honteuse. Un grave secret entraîne différentes conséquences.

Son porteur est tiraillé entre le désir de se libérer et la peur des effets de cet aveu. Il révèlera néanmoins certaines informations, mais lacunaires, créant des distorsions avec son entourage. Il ne veut pas en parler. Ses enfants, quant à eux, ne pourront pas verbaliser un événement qu'ils ne font que pressentir. Certains troubles psychologiques résulteront de ce hiatus. Quand les parents laissent des mystères, les enfants grandissent dans le trouble que suscitent les modèles parentaux restés opaques. Une fois adultes, les répercussions peuvent être graves chez ces personnes, tant pour elles-mêmes que pour leurs propres enfants.

Les secrets s'évanouissent, normalement, avec les générations suivantes. Ou bien ils entraînent une tendance au non-dit chez ces petits-enfants inconsciemment nourris par l'occultation.

(177 MOTS)

2 VOCABULAIRE

a. Expressions

– Une tension intérieure désigne un trouble psychologique, un conflit en soi-même qui résulte de désirs contradictoires.

– Le parent est assimilé à un miroir en ceci qu'il se pose en modèle pour ses enfants. Mais ce modèle peut comporter des zones d'ombres, cette « opacité localisée », comme l'appelle Serge Tisseron et qui correspond aux secrets de famille.

– Un miroir est dit déformant quand il distord la réalité en ne la montrant pas telle qu'elle est. Le parent, affecté par cette anamorphose lié au secret, propose à son enfant un modèle différent de ce qu'il devrait être.

b. Synonymes

– Parcellaire signifie fragmentaire

– A son insu veut dire sans qu'il le sache, sans qu'il s'en rende compte.

– Une distorsion désigne une déformation.

SUJET 7 ISRP (II)

1 RÉSUMÉ

Résumez le texte proposé en 170 mots
(marge de 10 % en plus ou en moins).

(14 POINTS)

« Un enfant si je veux, quand je veux et comme je veux ». Ainsi définie, la maternité relève du choix et d'une décision mûrie ; elle se situe dans l'ordre du désir et de la raison, elle n'a rien à voir avec l'instinct qui tient de la pulsion, elle distingue fortement la femme, être pensant, de tout autre mammifère.

La formule est dans l'air du temps, mais née des rangs féministes, elle soulève scepticisme et ironie. Elle perturbe l'opinion courante qui affirme que les femmes sont faites pour être mères. Pour sortir des rangs féministes et accéder au statut d'idée reçue, il va lui falloir faire ses preuves et interroger ; d'abord, le mot « instinct ». Qu'on le qualifie de biologique, naturel ou animal, l'instinct, inscrit dans les gènes, est partagé par l'ensemble d'une espèce. Fort de cette définition généralisatrice, il y eut des accusateurs, de tout temps, pour *pointer du doigt* « les mauvaises mères » et leur manque d'attention et de soins aux enfants, pire que leurs coups portés contre eux. Elles sont condamnées sans appel par la communauté villageoise et la justice qui se montrent pourtant indulgentes envers les mères infanticides auxquelles l'abandon du séducteur, la misère, l'ignorance, donnent des excuses. La « mauvaise mère », elle, n'en a pas ; elle est un monstre puisqu'elle est dénuée d'instinct maternel, constitutif de l'être-femme.

Cette lecture des comportements ne remet donc pas en cause l'existence d'un instinct maternel. Mais, la forte présence des marâtres dans la littérature, qui plus est dans les romans d'inspiration autobiographique, les Mme Vingtras et autre Folcoche (la mère de Jules Vallès et celle d'Hervé Bazin), jette le trouble. Les statistiques l'amplifient par la *mise en exergue* du recours aux pratiques contraceptives dès le XVIIIe siècle. Utilisées d'abord par les hautes classes de la société, elles ne sont donc pas le résultat de la pauvreté qui obligerait des femmes à faire taire leur instinct maternel : ces femmes refusent la maternité et ses implications. En effet, l'instinct ne s'arrête pas à la pulsion procréatrice, il est *censé* animer la femme du génie maternel qui fait d'elle la nourrice, l'éducatrice, l'institutrice, l'infirmière, pour conduire l'enfant jusqu'à l'âge adulte, baigné dans l'amour maternel, instinctif donc. Pourtant on se souvient des lamentos de mères qui, à travers les siècles, déplorent l'obligation de ces tâches, avouent leur désintérêt pour la fonction, se désespèrent d'avoir dû renoncer à leur vie *d'antan* sur l'autel de l'amour maternel ; on n'a pas oublié les voix célèbres ou anonymes qui sans toujours nier les « joies de la maternité » parlent de tant de sacrifices et d'oubli de soi, de celles qui déclarent « je ne veux pas d'enfants ». Autant de mots incompatibles avec la définition d'un instinct : comment parler d'un instinct quand il ne concerne pas toutes les femmes, que les comportements féminins face à la maternité et à l'enfant varient selon les classes sociales, les milieux, les pays, les croyances ?

Ces constats invitent à interroger le passé car si l'amour maternel a une histoire, il ne peut être un instinct. La société affirmait déjà avant le XVIIIe siècle que la

femme est faite pour être mère et que ce devoir naturel et social contribue à la force de l'État, l'enfant n'était pas spontanément objet d'amour. Pour saint Augustin, l'enfant fait peur par sa définition théologique : il est entaché du péché, faible d'esprit et vicieux de caractère. Il n'existerait donc alors aucun sentiment spécifique de l'enfance. La forte mortalité infantile sous l'Ancien Régime y contribue sans doute : ne pas s'attacher à un être en sursis permet de se protéger de la souffrance de sa mort. Il en résulte que les douleurs des mères en deuil ont tôt fait d'être qualifiées d'excessives. La majorité, par gêne ou par coutume, met son enfant en nourrice, à peine né, et l'abandon est fréquent. Peu donnent le sein, d'autant plus que l'Église rejette l'allaitement comme un acte voluptueux et la société des biens nés y voit un acte impudique et vulgaire. Au XVIIIe siècle, la mise en nourrice s'est généralisée à toute la société urbaine ; les médecins ne la déplorent pas, ils ne se préoccupent pas de l'enfance avant le XIXe siècle. Le désintérêt dominant des mères plaide donc contre l'existence d'un instinct maternel. En effet, si ce constat ne signifie pas qu'il n'y eut pas des mères aimantes, on ne peut généraliser leur comportement et parler d'instinct.
Puis vint donc Rousseau ; pédagogues, prêtres, médecins et moralistes lui *emboîtent le pas* et réclament maternité et soins, en écho aux exigences politiques d'alors. Les femmes sont priées d'être mères, de donner la mamelle, de renoncer à la mise en nourrice, d'éduquer leurs enfants et de les aimer plus que tout. Pour faire admettre ce nouveau programme de vie, la maternité et les mères sont sublimées. On ne peut s'y tromper, cet artifice relève de la construction culturelle : en deux siècles, la majorité des femmes est passée de l'indifférence au culte de l'enfant-roi pour lequel et par lequel elles vivent et dont la perte est irremplaçable. De plus, l'insistance à leur faire respecter le modèle de la bonne mère permet de penser que l'instinct maternel n'existe pas. Pourquoi applaudir les mères, les louer pour leur esprit de sacrifice, parler avec les catholiques de « mission providentielle » de la maternité, et de devoir social avec les laïcs, leur réclamer des preuves d'amour, les qualifier de saintes, si les femmes ne font que suivre leur instinct ? Pourquoi enfin éduquer les femmes à être de bonnes mères si, comme l'affirme encore en 1927 le philosophe Alain, « l'amour maternel est le seul amour qui soit pleinement de nature, parce que les deux êtres n'en font d'abord qu'un » ?
De ces contradictions, notre idée va faire son lit. Mais, pour oser s'affirmer au XXe siècle, il lui faut encore surmonter le *diktat* de la psychanalyse.

Yannick Ripa. *Les Femmes*,
Le Cavalier Bleu, 2002.

2 VOCABULAIRE

a. Définissez les expressions suivantes : *pointer du doigt, mettre en exergue, emboîter le pas.* **3 points**

b. Donnez un synonyme pour chacun des termes ou groupes de mots suivants : *censé, d'antan, diktat.* **3 points**.

CORRIGÉ

1 RÉSUMÉ

Les féministes ne sont pas parvenues à convaincre l'opinion que le désir d'enfant est rationnel et n'a rien à voir avec l'instinct maternel. Car cette idée selon laquelle les femmes seraient naturellement faites pour devenir de bonnes mères reste profondément ancrée : les mamans défaillantes sont d'ailleurs stigmatisées et considérées comme monstrueuses.
Pourtant, les nombreux cas de marâtres comme le recours à la contraception invalident la thèse d'un instinct maternel ou de procréation. Depuis toujours, en effet, certaines femmes revendiquent le droit de ne pas enfanter ou materner.
L'amour maternel, aujourd'hui considéré comme instinctif, s'inscrit pourtant dans une histoire. Jusqu'au XVIIIe, les femmes s'attachent d'ailleurs peu à leurs enfants, dont beaucoup décèdent prématurément, la plupart des bébés sont placés en nourrice et les cas d'abandon sont légion.
Ce sont les pédagogues, relayés par les instances de socialisation, qui fabriquent cette figure de la mère protectrice, nourricière. Pourtant, il est contradictoire d'applaudir les bonnes mères et de motiver les autres à le devenir si toutes les femmes portent déjà la maternité dans leurs gènes.

(178 mots)

2 VOCABULAIRE

a. Expressions

• Pointer du doigt signifie dénoncer publiquement, mettre en accusation. En l'occurrence les mères qui ne se conforment pas aux exigences sociales sont stigmatisées et jetées en pâture à l'opinion publique.
• Mettre en exergue consiste à mettre en évidence, à jeter un coup de projecteur sur un comportement ou une pratique.
• Emboîter le pas de quelqu'un signifie suivre cette personne, l'imiter dans son comportement ou ses préceptes.

b. Synonymes

• Censé signifie supposé.
• D'antan signifie d'autrefois.
• Un diktat est une injonction, une décision autoritaire et indiscutable.

SUJET 8 Toulouse (I)

Vous résumerez ce texte en 165 mots (+ ou – 10%). Vous indiquerez le nombre de mots utilisés et vous aurez soin de faire figurer, tous les 20 mots, un trait vertical.

Qu'est-ce que la culture ? Vous avez chacun votre définition, je suggère celle-ci : la culture est une prise de conscience par l'individu de sa personnalité d'être pensant, mais aussi de ses rapports avec les autres hommes et avec le milieu naturel. De telle sorte qu'un homme cultivé est un homme qui se conçoit et qui, en même temps, se situe ; ce n'est pas un anarchiste, ce n'est pas un individu isolé, il est membre de sa collectivité, il est membre de l'univers, il est membre de l'espèce humaine ; il a des rapports avec la terre, avec les autres hommes et il cherche à les connaître. Dans ces conditions, la culture est une conception personnelle de la vie en tant que conçue par un individu. Pour être cultivé, il n'est pas nécessaire d'être instruit livresquement. Ce qui est important, c'est l'opération de la prise de conscience de la personnalité et celle qui consiste à se situer. Je vous dirai tout à l'heure qu'à mon avis, un artisan, un paysan de la tradition française, est, par essence, un homme cultivé ; beaucoup plus cultivé que tel Américain, mécanisé au maximum, chef d'industrie que je considère comme inférieur en tant qu'être humain.

Ce serait donc une erreur de considérer la culture comme une affaire de livres, comme une affaire de bibliothèque ou de strict enseignement, c'est beaucoup plus profond que cela. Cependant, c'est principalement par les livres et par l'enseignement que l'on peut apprendre la culture.

Comment est-ce qu'on l'acquiert ? D'abord par l'observation personnelle, par la réflexion personnelle et lorsque votre métier comporte la culture, alors l'expérience du métier est la fondation de la plus belle culture qui soit au monde, la vieille culture de l'artisan, du paysan qui connaît sa terre, ses instruments, son climat, les possibilités de son domaine et ses limitations ; j'appelle cela une culture, même si le paysan ne savait pas lire. Pour moi, la réflexion personnelle est à la base de la culture et celui qui ne réfléchit pas individuellement a beau être un homme chargé de science, il ne sera pas un homme cultivé.

D'autre part, la lecture est un élément absolument essentiel pour connaître ce que les grands penseurs ont imaginé de la vie et des hommes, de même que la conversation. Cette dernière est un élément fondamental de la culture et même, dans certains cas, elle peut remplacer la lecture. Dans une ville comme Paris, il est plus difficile de lire qu'en province ; les hommes de province sont beaucoup plus cultivés que les Parisiens par la connaissance qu'ils ont de la littérature parce qu'ils disposent de leurs soirées. Mais le Parisien se rattrape dans une certaine mesure par la conversation, conversation mondaine dans le sens le plus général, conversation avec les collègues, et des collègues d'une formation différente de la sienne. Elle vous sort de votre milieu, par le contact avec des gens qui ont une formation autre que la vôtre. Mais que vous appreniez par la lecture ou par la conversation, par les yeux en lisant ou par l'oreille en écoutant, c'est toujours une affaire de contact.

Enfin, pour être un homme cultivé, il faut avoir assimilé, consciemment ou inconsciemment, tout l'apport séculaire de la civilisation, tout ce que la tradition des siècles antérieurs a donné à l'homme. Cette assimilation peut se faire par la lecture, par l'enseignement, par la conversation, par une espèce d'osmose, en respirant dans un certain climat ; de la même manière que l'enfant est formé par l'atmosphère familiale et par les conversations qu'il entend à la table de famille, l'homme appartenant à une civilisation est formé par l'air même qu'il respire, par les maîtres qu'il a, par les amis qu'il rencontre, j'en reviens donc toujours à cette conception que l'opération essentielle ici, c'est la prise d'individualité quel que soit le moyen par où vous l'obtenez.

André SIEGFRIED
« Technique et culture dans la civilisation du XXe siècle »,
conférence du 6 janvier 1953,
publiée par le Centre National
de Documentation Pédagogique

CORRIGÉ

La culture définit la conscience qu'un individu possède de lui-même, ainsi que de ses rapports aux autres et à l'environnement. Cette personne n'est un être isolé ; elle est inscrite dans un territoire, une société, une humanité, en bref un milieu dans lequel elle peut se situer. La culture n'est dès lors plus question de rang social ou de connaissance livresque, même si le livre reste un vecteur privilégié d'acquisition des savoirs.
La culture s'acquiert d'abord par une connaissance fine de son environnement immédiat, de son terroir, ce qui fait du paysan un être particulièrement cultivé, même s'il ne sait ni lire ni écrire ; elle se développe ensuite par contact, à travers la lecture ou les conversations ; elle est enfin affaire de liens entre un homme et la civilisation, chargée d'histoire, dans laquelle il s'inscrit et qui le nourrit. Dans tous les cas l'individualité est au centre du réseau qui forme la culture.

(164 mots)

SUJET 9 Toulouse (II)

Vous résumerez ce texte en 230 mots. Une marge de 10 % en plus ou en moins est admise.
Vous indiquerez à la fin de votre résumé le nombre de mots employés.

La victoire de l'équipe de France en coupe du monde, la violence des bandes dans les banlieues... La vie des groupes fait parfois les titres de l'actualité. Selon le tour que prennent ces événements, les représentations que l'on se fait du groupe seront, soit positives, soit au contraire négatives.
Avant d'être un objet scientifique, le groupe est, en effet, un objet de croyances. Le nous idéal est un groupe dont l'action surmonte les impuissances individuelles – « l'union fait la force » – par la mise en commun des énergies, des enthousiasmes, des capacités, et grâce à la solidarité entre les membres. Mais quand le groupe n'est pas idéalisé, il fait peur. L'individu redoute d'y être contraint, malmené, nié, entraîné malgré lui. De façon plus large, transparaissent couramment à son égard méfiance et suspicion. Les connotations péjoratives présentes dans les termes de sectes, clans, bandes, rangs, cliques sont associées dans l'imaginaire collectif à l'idée de secret, de violence, de transgression. Le groupe devient alors une menace. [...]
Quand il est question de définir le groupe, on s'accorde plus volontiers sur des définitions négatives (ce qu'il n'est pas) que sur des définitions affirmatives. Il est ainsi classique de signaler que tout regroupement de personnes ne constitue pas forcément un groupe, qu'il peut se réduire à un agrégat, c'est-à-dire à un ensemble d'individus unis par la simple proximité physique, mais sans liens entre eux, comme par exemple dans une file d'attente. Si le groupe se différencie d'une simple collection de personnes, ce ne peut être que par l'établissement d'une ou de plusieurs liaisons entre elles. Un premier type de lien est imaginaire : c'est parce que les désirs et les rêves des membres entrent en résonance que le groupe se forme. Un autre type de lien dérive de la technique, de procédés ou de savoirs-faire partagés qui créent des liens fonctionnels entre les personnes. [...] La liaison se constitue également par l'adhésion commune à un système de valeurs. Si ce type de lien est particulièrement explicite dans des groupes, confessionnels par exemple, en fait, il existe dans tous les groupes par le biais du système de normes qui le régit. Il n'y a pas de groupe sans normes, et, réciproquement, les normes sont produites par des collectifs.
Ainsi l'agrégat des personnes qui forment cette file d'attente au bureau de poste se transformera en groupe lorsque, se mettant à interagir entre elles, ces personnes échangeront leurs représentations du service public et s'organiseront pour engager ensemble une action de contestation visant à obtenir que plus de guichets soient ouverts. C'est donc dans l'interdépendance de ses membres qu'un groupe se forge. Encore faut-il voir que cette interdépendance implique une triple détermination fonctionnelle, normative, et imaginaire. Ce constat s'applique à toute une série de situations (prise d'otages, panne d'ascenseur, etc.) qui semblent transformer brusquement une collection d'individus hétérogènes en un collectif capable d'une action commune.
Dans ce qui précède, le groupe a été défini par l'interaction et l'interdépendance, c'est-à-dire défini de l'intérieur. Or, ce qui se passe dans un groupe, la manière dont il se forme, s'organise, se structure, dépendent pour une bonne part de ce

qui se passe à l'extérieur du groupe, et, en particulier, de ses rapports avec d'autres groupes. C'est ce qu'a magistralement démontré le philosophe Jean-Paul Sartre, dans son analyse de la Révolution Française[1]. Sans la famine, explique-t-il, ce groupe (des insurgés) ne se serait pas constitué. Mais d'où vient-il qu'il se définisse comme organe de lutte commune ? Pourquoi ces hommes ne se sont-ils pas disputé les aliments comme des chiens, comme il arrive parfois ? C'est l'encerclement de Paris par les troupes du roi qui a transformé la horde des affamés en groupe. Et c'est contre un autre groupe, le gouvernement qui tentait une politique de force, contre les « *dragons* » que le peuple de Paris s'est armé. On le voit, le groupe ne peut être défini sans rapport d'extériorité. C'est particulièrement frappant dans l'analyse sartrienne, où la délimitation du groupe est figurée concrètement par l encerclement. Mais tout groupe s'établit en rapport avec d'autres groupes, et définit son fondement, son identité, sa raison d'être, même si ce n'est pas immediatement apparent. Ainsi, à la Poste, la transformation de la file d'attente en groupe s'opère par rapport à une autre entité, aux intérêts antagonistes, l'entreprise publique La Poste qui cherche à faire des économies. Dans une entreprise, le groupe des grévistes s'oppose aux non-grévistes. Certes, le processus de différenciation grâce auquel un groupe se forme par rapport à d'autres n'est pas forcément aussi conflictuel que dans les exemples évoqués mais il est toujours à l'œuvre. [...]

Enfin l'intégration dans des groupes et l'appartenance catégorielle participent de la définition de soi qu'élabore l'individu. Dans cette perspective, la dépersonnalisation, qui est, certes, un des processus qui sous-tend les phénomènes de groupe, n'implique rien de négatif. Elle ne correspond pas en effet à une perte d'identité mais à un changement d'optique. En effet, notre groupe se transforme en levier de nos pensées et de nos actions. Et pour chacun de nous, être membre d'un groupe n'est pas secondaire, mais au contraire constitutif de notre identité.

Dominique Oberlé (maître de conférence à l'université Paris Nanterre),
extrait du « Dossier » de la revue *Sciences Humaines* n°94, mai 1999
Vivre ensemble : le groupe en psychologie sociale.

1. Jean-Paul Sartre, *Critique de la raison dialectique*, Gallimard, 1960.

CORRIGÉ

Le jugement porté sur le groupe dépend plus de la représentation qu'on s'en fait que de la réalité qu'il recouvre. Il peut être positif, quand la puissance du lien communautaire est capable de transcender l'individu, ou négatif, lorsque la crainte de l'écrasement individuel lui confère un caractère menaçant.

Par définition, le groupe n'est pas seulement une juxtaposition d'éléments. Il faut que les personnes entretiennent des liens qui les réunissent. Ainsi, des entités disparates peuvent-elles se souder parce qu'elles partagent les mêmes envies ou détiennent des compétences communes. Elles peuvent encore se réunir autour des mêmes valeurs. Si le cas des communautés religieuses est de ce point de vue exemplaire, le phénomène s'étend à tous les groupes nécessairement organisés par un système normatif. Une pluralité de personnes ne formera dès lors un groupe que si les événements les obligent à faire cause commune pour devenir interdépendants.

Le groupe ne se définit pas seulement de l'intérieur, mais aussi de l'extérieur, dans le rapport qu'il entretient avec les autres communautés qui l'entourent. Ainsi, comme ce fut le cas lors de la Révolution française, un groupe peut-il se former en réaction contre le groupe qui l'opprime. Ce phénomène distinctif, qui ne passe pas nécessairement par un conflit violent, contribue à définir chaque communauté.

Finalement, loin d'écraser l'individu, le groupe reste le lieu où la personne peut constituer son identité et l'exprimer pleinement.

(238 mots)

Sujets complets ergothérapeutes

SUJET 1 Berck-sur-Mer (I)

Résumé

Vous résumerez ce texte en 110 mots. Une marge de 10 % en plus ou en moins est admise.
Vous indiquerez à la fin de votre résumé le nombre de mots employés.

QU'AVONS-NOUS FAIT DE LEURS VINGT ANS?

Lancinante, parfois insupportable, la question se pose et s'impose à nous avec chaque jour plus d'acuité. Elle obsède les meilleures consciences, culpabilise nombre de parents, trouble les enseignants et les éducateurs et déroute les politiques. En imposant le silence aux intéressés.
Ils sont nés dans des familles éclatées, parfois atomisées, ont été plongés dans un système éducatif en perpétuelle mutation, abordent le chemin tortueux des petits boulots et de l'Agence pour l'emploi (...)
Ils désertent les mouvements associatifs, fuient les formations politiques classiques et tournent le dos aux syndicats pour planter le nez dans les étoiles et rêver d'une société plus solidaire, d'une terre mieux protégée, d'une approche plus humaniste des grands problèmes de la planète.
Ils savent que l'amour peut être mortel, la crise durable et la guerre toujours possible à deux pas des frontières. Qu'avons-nous fait de leurs vingt ans?
Acteurs directs ou indirects, nous observons à bonne distance, comme des apprentis ethnologues, cette génération pas comme les autres. Ne sachant trop que dire ni que faire. Refusant d'y reconnaître le fruit de nos amours.
Ils ne forment pas vraiment une population homogène mais expliquent sans haine ni complexe leurs différences sociales, culturelles ou géographiques.
Ils font taire leurs divergences pour faire cause commune face au mêmes « galères », aux mêmes écueils sur lesquels – drogue ou sida – leur jeune vie peut venir s'échouer.

Ils refusent nos références pour parler d'une même voix d'un monde bien à eux, sans vouloir des vieux schémas en faillite ni savoir par quoi les remplacer.
Leurs doutes puisent leurs racines plus dans leurs interrogations intérieures que dans un quelconque rejet de la société qui les entoure. Bien incapables, souvent, de contester des règles qu'ils ont beaucoup de difficultés à comprendre.
Ils forment, entre dix-huit et vingt cinq ans, une génération en mal d'héritage, à qui rien de solide, rien de crédible, rien d'enthousiasmant ne semble avoir été légué. Une génération en manque d'histoire et de racines pour inventer son avenir. Une génération en quête de repères, qui cherche des bornes et des balises pour tracer son itinéraire. Une génération qui, pour l'heure au moins, n'aspire ni à bousculer ni à combattre, mais qui réclame un peu d'écoute, un minimum de dialogue, des clés pour comprendre et espérer, des cartes moins brouillées pour choisir son chemin et peser sur son propre destin.
Ce parcours au cœur d'une génération désenchantée est plus ambitieux qu'un constat et moins catégorique qu'un réquisitoire : il se veut un cri, où l'amertume le dispute à l'espérance.

Gérard Bardy *(Droits réservés)*

CORRIGÉ

RÉSUMÉ

La question de la jeunesse déstabilise les adultes. Le rapport des jeunes à la famille, à l'éducation ou au travail est devenu instable et ils fuient les luttes pratiques pour embrasser l'idéal humaniste. Tout en restant conscients des problèmes de notre temps.
Nous, les adultes, les observons, pantois, incapables d'assumer nos responsabilités. Malgré leurs différences, ils se regroupent contre les fléaux qui les frappent. Ils rejettent les anciens modèles, sans en construire de nouveaux car ils ne peuvent refuser un monde qu'ils ne comprennent pas. Les jeunes n'ont pas de futur parce que rien ne leur a été transmis. Ils réclament de l'aide pour comprendre et se repérer. Ils sont tiraillés entre dépit et espoir.

(121 mots)

SUJET 2 Berck-sur-Mer (II)

Résumé

Vous résumerez ce texte en 140 mots. Une marge de 10 % en plus ou en moins est admise.
Vous indiquerez à la fin de votre résumé le nombre de mots employés.

En cette fin du XXe siècle, dans les pays dits industrialisés, lire, écrire, compter – les trois composantes universelles de l'alphabétisation – passent pour des compétences normales que tout un chacun doit nécessairement maîtriser. D'autant que la scolarité est, dans l'ensemble de ces pays, généralement obligatoire et gratuite, parfois depuis plus de cent ans, et que c'est à l'école, précisément, qu'il incombe d'inculquer ce savoir. L'idée qu'une personne, qui a fréquenté l'école des années durant, puisse se retrouver à l'âge adulte dans l'incapacité de lire – dans des sociétés où l'écrit est pratiquement indispensable à la survie quotidienne – paraît invraisemblable au point qu'elle continue, aujourd'hui encore, de susciter stupeur et incrédulité.

Être analphabète, dans un pays ou l'analphabétisme a été battu en brèche depuis plusieurs décennies, suppose que l'on supporte des handicaps autrement plus lourds que dans une population où il demeure encore largement majoritaire. Sujets à une forme insolite de mise à l'écart, les analphabètes des sociétés industrialisées en ont souvent conçu de la honte. Et comme ils se cachaient, on a tardé à les voir.

[...] Qui sont les analphabètes dont il est question ici? Ce sont des adultes qui ont été scolarisés et qui, d'une manière ou d'une autre, ont été en contact avec l'écrit. Il se peut qu'ils connaissent l'alphabet, qu'ils sachent même déchiffrer quelques mots, fût-ce avec difficulté, qu'ils écrivent un peu, même mal, qu'ils connaissent les chiffres et parviennent à effectuer quelques opérations, mais les rudiments qu'ils possèdent dans ces différents domaines sont insuffisants pour leur permettre d'évoluer avec aisance dans la vie de tous les jours. Ils ne sont pas analphabètes dans l'absolu, mais en fonction de ce qu'exige la société où ils vivent. C'est pourquoi l'on parle plus couramment d'« analphabétisme fonctionnel », notion relative dont le contenu concret peut varier, considérablement dans le temps et d'un pays à l'autre, voire d'une région à l'autre.

Ces analphabètes fonctionnels ne sont pas apparus soudainement. Il existe un analphabétisme propre aux sociétés occidentales contemporaines, où la modification des structures de l'emploi s'est traduite par des exigences accrues quant aux niveaux de formation et de qualification.

Dans les sociétés rurales, largement pourvoyeuses d'emplois manuels ou non qualifiés, les analphabètes trouvaient à s'intégrer socialement et professionnellement. Il n'en va plus de même dans les sociétés industrialisées dont l'économie, à l'horizon 2000, repose de plus en plus sur les secteurs tertiaire et quaternaire. La disparition massive des emplois non qualifiés, jointe à la hausse continue des exigences en formation, laisse des analphabètes fonctionnels sur le sable. Qu'une entreprise effectue une compression de personnel, qu'elle vienne à fermer ses portes ou que l'on y introduise de nouvelles technologies, et des travailleurs hier compétents et efficaces se retrouvent dévalués, incapables d'entreprendre une reconversion faute de savoir suffisamment bien lire, écrire

et compter. Leur nouvelle étiquette d'analphabètes fonctionnels les condamne aux files d'attente des agences pour l'emploi et à une forme ou une autre d'assistance sociale.
Ce n'est donc pas par hasard que l'analphabétisme fonctionnel a été redécouvert au début des années 70 – époque du premier choc pétrolier, du début de la crise économique mondiale et de la spectaculaire monter du chômage, en particulier chez les jeunes.

J.-P. VÉLY *(Droits réservés)*

CORRIGÉ

RÉSUMÉ

Aujourd'hui, en occident, nul n'imagine qu'on puisse ne pas être alphabétisé car l'école, qui dispense les connaissances de base, est accessible à tous depuis longtemps. Cependant l'analphabétisme est devenu un handicap dans nos sociétés fondées sur l'écrit. Ceux qui le vivent se sont exclus, honteux, et nous n'avons pas su les repérer.
Ils sont adultes, sont passés par l'école et savent quelques bribes de lettres et de chiffres. Mais cela s'avère insuffisant pour vivre correctement de nos jours. On parle d'« analphabétisme fonctionnel » pour qualifier le caractère relatif de leurs lacunes, liées à l'organisation nouvelle du travail qui requiert plus de diplômes que jadis.
Ceux qui trouvaient des emplois sans qualification ont été rejetés vers l'aide sociale. Incapables de se recycler, ils sont devenus analphabètes. Il est logique que cet « analphabétisme fonctionnel » apparaisse avec la crise économique et sociale.

(135 mots)

SUJET 3 Berck-sur-Mer (III)

Résumé

Vous résumerez ce texte en 120 mots. Une marge de 10 % en plus ou en moins est admise.
Vous indiquerez à la fin de votre résumé le nombre de mots employés.

Notes « comprises à l'envers », « erreur stupide de jugement », réunions qui s'éternisent ou tournent au dialogue de sourds faute d'une utilisation assez précise de la langue... on n'en finirait pas de dresser l'inventaire des signes d'un déficit en culture générale dans les entreprises.

Le problème n'est pas nouveau. Mais l'absence de culture générale est en train de devenir un handicap pour toutes les catégories de salariés. Car il devient de plus en plus nécessaire à chacun d'élargir son horizon mental pour faire un usage pertinent de ses connaissances professionnelles, techniques, scientifiques, voire commerciales ou de gestion.

Les chefs d'entreprise se sont ainsi mis à parler de « culture d'entreprise ». Si l'expression est trop ambitieuse pour ce qu'elle recouvre, elle est le signe à ne pas négliger d'une évolution importante : la culture est bel et bien en train d'investir le monde de l'entreprise, ou du moins, elle frappe à la porte d'une manière de plus en plus pressante, exigeante, multiforme.

D'une part, les entreprises sont tenues désormais, pour survivre, de mobiliser non plus seulement des bras et des stocks de connaissances, mais tout le dynamisme créateur des humains qui les constituent. D'autre part, la mondialisation des échanges, l'âpreté de la compétition économique, le poids croissant des opinions publiques imposent de plus en plus aux entreprises de prendre en compte les grandes réalités sociales, politiques, culturelles.

Les entreprises sont ainsi mises au défi, comme le souligne Bruno Lussato, animateur du Centre culturel pour entreprise des Capucins à Montfort-l'Amaury (Yvelines), « de faire une place grandissante à la pensée qualitative alors qu'elles fonctionnaient jusqu'ici essentiellement sur le raisonnement quantitatif ». Et le langage, véhicule de cette nouvelle complexité, prend soudain une importance considérable. D'où, notamment, une floraison de stages sur la « communication ». Mais force est de constater que ce qui pourrait être culture s'y dégrade souvent en recettes pour « motiver », canaliser, faire dire ce qu'on veut entendre. « Tous tiennent les mêmes propos, ressassent les mêmes mots », constate, effaré, un psychanalyste appelé à intervenir dans une entreprise. On est passé, conviennent les plus lucides, de l'entreprise de type militaire à « l'entreprise-couvent, où l'on ensoutane[1] tout le monde, où l'on fait réciter la prière du matin et du soir... »

Quant aux formations dispensées aux cadres pour réduire leurs lacunes dans le domaine des lettres, des arts et des sciences humaines, elles ne font souvent qu'augmenter le flot d'informations qui déjà les submerge. Car on manque moins, dans l'entreprise, des connaissances, fussent-elles littéraires, que de ce qui est au cœur même de la culture : la capacité de critiquer et d'innover, l'aptitude à assumer l'ampleur, la complexité, l'incertitude du réel.

Marie-Claude Betbeder, *Le Monde*, 10 octobre 1990

1. « ensoutaner » : revêtir d'une soutane (robe de prêtre).

CORRIGÉ

RÉSUMÉ

Les lacunes en culture générale commencent à poser des problèmes aux entreprises. L'ouverture d'esprit des salariés est en effet devenue essentielle pour utiliser au mieux leurs compétences professionnelles. La culture confère un esprit créatif et permet de penser globalement dans une économie mondialisée et médiatisée. Le langage devient dès lors un instrument essentiel, même si les formations en communication continuent à uniformiser le discours dans les entreprises. Quant aux stages de culture générale, s'ils sont inutiles, c'est que l'entreprise a moins besoin d'un savoir encyclopédique que de ce qui est au fondement même de la culture : la capacité à comprendre la réalité du monde.

(110 mots)

SUJET 4 Créteil (I)

Résumé

Le texte est à résumer en 150 mots.
Une marge de 5 % en plus ou en moins est admise.
Le nombre total de mots devra figurer en fin de copie.
Il est précisé qu'un mot monosyllabique (à, de, le, un, etc.), un mot élidé (s', l', d', etc.), un nombre, comptent chaque fois pour un mot.

Pour convertir les rapports de force en rapports de droit, le droit du Travail doit reposer sur un trépied juridique constitué par l'organisation, l'action et la négociation collectives. Si l'un de ces trois pieds vient à manquer, la situation est déséquilibrée et le Droit ne parvient plus à métaboliser les ressources de la violence. C'est ce qui se passe aujourd'hui : la liberté d'entreprendre a été émancipée des cadres juridiques nationaux tandis que la liberté syndicale et le droit de grève y demeurent enfermés. Non seulement ce contexte déséquilibre les relations entre syndicats et grandes entreprises, mais il rend le droit de grève largement inopérant. Tout d'abord parce que la masse grandissante des travailleurs précaires ne peut pas faire grève. Et ensuite parce que la grève n'a de sens que dans un face à face entre un employeur clairement identifiable et une collectivité de salariés placée sous ses ordres. Or cette relation binaire fait aujourd'hui souvent défaut. Les collectivités de travail sont fragmentées par l'externalisation, la sous-traitance et l'intérim. Et l'employeur est souvent différent des véritables décideurs, qui peuvent fuir leurs responsabilités et se cacher derrière l'écran des différentes sociétés placées dans leur dépendance économique. La grève tend alors à devenir l'arme des forts tandis que les faibles en sont de fait privés. Les pilotes d'Air France peuvent faire grève, mais pas les bagagistes sous-traités de Roissy. Ne pouvant plus se manifester dans le champ social, les tensions nées de l'exploitation du travail ne trouvent plus à s'exprimer que sur des bases identitaires. La dégénérescence corporative du syndicalisme et le repliement sur des revendications identitaires (religieuses, ethniques, sexuelles...) sont les deux faces d'une même médaille. Il conviendrait donc de réformer les droits d'action collective pour rendre aux plus faibles une capacité collective d'agir sur leur propre sort. Plus largement, il faudrait explorer les formes d'actions collectives ternaires, qui mobilisent aussi les consommateurs ou les investisseurs et sont une arme adaptée aux formes actuelles d'exercice de la liberté d'entreprendre. Et ouvrir ainsi largement la palette d'actions collectives internationales, susceptibles de faire contrepoids à la libre circulation des marchandises et des capitaux.

Recourir au concept de capacité permettrait ainsi, sinon de juguler, du moins d'endiguer la tendance au renversement des moyens (économiques) et des fins (humaines). Ce renversement est particulièrement visible dans la *novlangue* en usage dans les institutions communautaires, imprégnée de ce que Bruno Romano appelle le fondamentalisme fonctionnel : on ne parle plus d'êtres humains, de capacités professionnelles ou de libertés, mais de capital humain, d'employabilité ou de flexibilité. Ces déplacements terminologiques appréhendent les personnes comme des choses et substituent aux catégories juridiques des manières de pensée importées de la physique ou de la biologie.

Popularisée par Staline avant d'être formalisée par la science économique contemporaine, l'idée de capital humain a servi d'équivalent communiste à la notion nazie de « matériel humain ». Elle procède donc d'une vision scientiste du monde qui réduit l'homme à l'état de ressource économique. Il en va de même de l'employabilité, qui consiste, au sens étymologique à *plier* les hommes *dans* les besoins des marchés au lieu de partir de leur intelligence et de leur créativité, c'est-à-dire de leurs capacités professionnelles. Quant à la notion de flexibilité, elle permet de mettre dans le même sac les travailleurs et les matériaux, là où raisonner en termes de liberté d'agir obligerait à concilier la liberté d'entreprendre et celle du travail, et à se conformer avec ce qu'il y a toujours d'inattendu et d'imprévisible, non seulement dans la circulation marchande et monétaire, mais aussi dans l'esprit et le travail des hommes.

Malgré la séduction du pessimisme qu'elle ne peut manquer d'exercer, l'hypothèse d'une dissolution inéluctable des catégories juridiques dans la pensée cybernétique et gestionnaire est sans doute infondée. L'utopie du remplacement du gouvernement des hommes par l'administration des choses travaille l'Occident depuis deux siècles, et la fascination qu'elle exerce de nos jours ne signifie pas qu'elle cesse d'être une utopie appelée comme toutes les utopies à se heurter un jour au principe de réalité. Il semblait ainsi entendu que la sécurité économique des êtres humains, dont la Déclaration de Philadelphie avait fait l'un des buts des politiques commerciales et financières, était condamnée à disparaître au profit d'une précarité de principe, propres à les rendre « flexibles » et aptes à s'adapter aux besoins des marchés. Cette politique se heurte toutefois aux réalités de la vie humaine. Ces réalités sont celles de la succession des générations qui implique des sécurités inconnues de la sphère marchande. La plus humble des prestations de travail mobilise le temps long de l'éducation et de la formation des travailleurs, qui sont d'autant plus « performants » qu'ils jouissent d'une réelle sécurité économique et de solides capacités professionnelles. D'où l'apparition dans le vocabulaire communautaire de cet hybride qu'est la flexicurité. Il faut bien sûr saluer cette redécouverte des besoins humains fondamentaux. Mais coller ainsi dans un même mot des notions différentes donne plus sûrement le jour à une chimère qu'à un concept opératoire.

Alain Supiot, *L'esprit de Philadelphie*,
Éditions du Seuil, 2010

Résumé

La paix sociale repose sur la possibilité des salariés à faire valoir leur droit à la lutte collective. Or faire grève devient difficile face à des employeurs insaisissables, parfois implantés à l'étranger. Par ailleurs la fragmentation du travail précarise certains employés et seuls les plus stables peuvent entrer en lutte. Pour que tous les travailleurs s'expriment, il faudrait regrouper leurs actions dans une vaste contestation collective incluant tous les citoyens.
L'homme n'est plus la finalité mais un simple moyen de l'économie. Le langage traduit cette réalité : on parle de capital humain, d'employabilité ou de flexibilité pour imposer aux salariés qu'ils s'adaptent au système. Au moins l'insécurité totale souhaitée par le marché est-elle impossible car les salariés, pour être performants, ont besoin de sécurité. Cette contradiction a poussé à la création d'un concept douteux : celui de « flex-sécurité ».

(148 mots)

SUJET 5 Créteil (II)

Résumé

Le texte est à résumer en 100 mots.
Une marge de 5 % en plus ou en moins est admise.
Le nombre total de mots devra figurer en fin de copie.
Il est précisé qu'un mot monosyllabique (à, de, le, un, etc.),
un mot élidé (s', l', d', etc.), un nombre, comptent chaque fois pour un mot.

(...) Nous étions pourtant si certains des vertus que la science enseigne. Nous aimions une science « institutrice » selon la belle expression d'Yves Quéré, celle qui instaure chez l'enfant créativité et honnêteté, tolérance et écoute, admiration pour la beauté du monde que célèbre François Cheng, ces valeurs que la science met en œuvre depuis sa naissance et chaque jour dans nos laboratoires. Nous pensions que la recherche de la vérité, l'humilité devant les faits, le primat de l'expérience, l'échange d'arguments fondés en raison étaient la rude et bienfaisante discipline qui instillait, chez l'enfant ou l'adolescent, des germes d'une plus grande humanité. Nous serions-nous donc trompés, pour que l'éducation à la science soit aujourd'hui soupçonnée d'être inutile sauf pour les spécialistes ? Au lycée, la majorité de nos futurs bacheliers n'étudiera-t-elle désormais de la science que quelques éléments de mathématiques, considérés comme utiles aux gestionnaires et financiers ? Face à l'essor de la science contemporaine, à l'ubiquité de la technique, sa sœur, aux moyens de diffusion de l'information, aurions-nous cultivé une illusion ? Que s'est-il donc passé pour que le pacte ancien vienne à se craqueler ? Avec l'antique « leçon de choses », notre école primaire obligatoire avait, dès sa naissance, donné place à la science pour tous. Mais vingt ans après que se fut calmé le tourbillon né en 1968, cette école abandonna les sciences expérimentales au profit d'un retour aux « fondamentaux », énoncés aujourd'hui sous forme d'un slogan claquant comme un drapeau : un « lire, écrire, compter » où même les mathématiques perdent leur goût savoureux.

Que notre école primaire ne tienne pas ses promesses pour un nombre trop grand d'élèves est indiscutable et désastreux, mais cette focalisation, quelque peu incantatoire, est aussi bien étroite : on peut aussi lire et écrire avec la science !

Au collège unique, mathématiques et sciences n'éveillent plus guère la passion des jeunes. Bien souvent, ils ne les cultivent que parce qu'au lycée la lettre S signifie plutôt sélection que science. Cette science qui se voulait promesse d'égalité, la voici désormais qui instaure la différence sociale. Quant à la pédagogie, alors que nos élèves sont avides de savoir comment fonctionne le monde et veulent assouvir leur curiosité, ils comprennent mal que tiennent tant de place la résolution de problèmes formels, portant sur des sujets étroits dont ils recherchent la pertinence pour leur propre vie, lors d'une adolescence où le cœur s'emplit de désirs.

Enfin la complexité des contenus mêmes de la science contemporaine et de la technologie, sa sœur jumelle, ne rend-elle pas illusoire l'espoir de les communiquer à tous ?

Entre nous mais surtout devant l'opinion et le pouvoir politique, il nous faut donc ranimer le pacte ancien. Nous avons évoqué le consensus, qui va de l'Europe à la Chine, de l'Allemagne – où manquent aujourd'hui 40 000 ingénieurs – aux États-Unis, dont les jeunes scientifiques viennent davantage du reste de la planète qu'ils ne sont issus de leur propre population. (...) Traitant de la scolarité obligatoire, qui en France est identique pour tous les élèves, le législateur français affirme en 2005 la nécessité d'une culture scientifique et humaniste pour favoriser le « libre exercice de la citoyenneté ». Ce n'est donc pas tant la nécessité du développement scientifique qui est mise en question de par le monde que la possibilité d'y faire adhérer les jeunes générations : ne nous y trompons pas, c'est au cœur de l'éducation que le défi trouvera, ou non, sa réponse.

La nécessité d'une science pour tous est si forte et si pressante que nous ne pouvons renoncer. Mais tenir ce but pour une illusion est si partagé, parfois si fondé, que la situation appelle une véritable révolution. Il faut transformer en profondeur nos façons d'enseigner science et technique, dès l'école primaire, puis au collège et au lycée.

Avec Georges Charpak depuis douze ans, notre Académie des sciences, soutenue par de généreux mécènes de l'Institut, porte dans la durée, auprès des enseignants et des pouvoirs publics, une volonté de changement et développe, par son action « La main à la pâte », les outils qui y sont nécessaires, en lien étroit avec l'Europe et le reste du monde qui sont confrontés aux mêmes défis. (...) Elle ne cesse de souligner le lien fondamental qui, depuis toujours, unit la science à la maîtrise et, plus encore, à la beauté de la langue.

L'Académie souligne le rôle décisif des professeurs dans l'image que les jeunes se font, très tôt, de la science et de ses liens avec la technique. Elle veut mobiliser le monde scientifique pour accompagner ces professeurs dans leur métier, elle adjure les universités de se consacrer pleinement à la mission de formation qui leur est désormais confiée au sein de leurs Instituts Universitaires de Formation des Maîtres, elle plaide sans relâche pour une formation continue digne de ce nom. Car il ne s'agit pas tant, pour ces professeurs, de se tenir à jour des derniers résultats d'une science proliférante que de garder vivante leur capacité d'étonnement, d'observation et d'analyse. Elle plaide pour une devise mieux adaptée à notre siècle, celle de « lire, écrire, compter, raisonner ». (...) Comme le souligne une philosophe contemporaine, il existe en langue allemande une belle séquence qui relie la parole – « Wort » – à la réponse – « Antwort » –, puis à la responsabilité – « Verantwortung ». Notre enseignement scientifique s'est jusqu'ici beaucoup soucié des deux premiers termes. Alors que les deux sœurs jumelles, science et technique, façonnent le monde et la vie de chacun, il est temps que l'éducation qui les transmet fasse sa place au troisième terme. Car faire appel à la générosité de la jeunesse, en prélude à sa responsabilité, est peut-être le moyen le plus sûr de lui faire aimer la science pour mieux aimer les hommes.

Pierre LENA, La science pour tous : illusion ou nécessité
Discours de la séance solennelle de rentrée des cinq Académies,
du 28 octobre 2008

CORRIGÉ

Résumé

On ignore désormais les vertus de la science, dont la pratique permet pourtant de développer la rigueur, la créativité voire une forme d'humanisme. Les disciplines scientifiques sont occultées ou utilisées à des fins strictement scolaires. Leur développement n'attise plus la curiosité.
Néanmoins tout le monde s'accorde sur la nécessité de transmettre une culture scientifique accessible à tous. Cette ambition requiert des professeurs qu'ils revoient leurs enseignements et retrouvent une certaine fraîcheur dans le rapport à leur discipline. Notre monde est dominé par des sciences et des techniques que les citoyens doivent comprendre pour décider en individus responsables.

(101 mots)

SUJET 6 Créteil (III)

Résumé

Vous résumerez ce texte en 100 mots. Une marge de 10 % en plus ou en moins est admise.
Vous indiquerez à la fin de votre résumé le nombre de mots employés.

L'extraordinaire pouvoir des techniques en biologie moléculaire a donné à l'homme une possibilité d'intervenir sur son propre patrimoine génétique, presque une maîtrise de la vie. Pour la première fois peut-être, il se pose aux chercheurs deux angoissantes questions : jusqu'où leurs recherches doivent-elles être poursuivies, et surtout comment leurs résultats doivent-ils être appliqués?

À la première, il faut sans hésitation répondre qu'il n'y a pas de limite à la connaissance, qui est la fierté et l'honneur de l'espèce humaine, seul être sachant comprendre et intervenir sur son environnement. Les recherches ne doivent en aucun cas être arrêtées ou mêmes ralenties. Elles doivent se poursuivre à la seule condition que les études faites sur l'homme lui-même respectent sa dignité. Où en serait-on si on avait arrêté les progrès sur le métallurgie, par exemple, sous prétexte que l'on pouvait forger un couteau... mais malheureusement aussi des poignards.

À la deuxième question, en revanche, qui concerne l'usage des nouvelles connaissances, la réponse est théoriquement catégorique, mais soulève néanmoins de graves problèmes. Catégorique en effet, car les nouvelles connaissances ne doivent être appliquées qu'au bénéfice de l'humanité et ne pas être dévoyées et mises au service d'intérêt d'individus ou de collectivités ne respectant pas les droits de l'homme. Dans le cas de la génétique humaine, un mauvais usage des nouvelles techniques pourrait entraîner des dérives fâcheuses.

Mais, avant de parler des inquiétudes, il est nécessaire de souligner les immenses bénéfices que peuvent en retirer les hommes. Si les chercheurs du monde entier, s'empressent à l'heure actuelle de localiser sur les chromosomes, d'isoler et ensuite de déterminer la fonction des gènes de notre espèce, c'est bien évidemment en pensant aux millions de malades.

Il y a un énorme travail à accomplir pour protéger des populations entières d'infections parasitaires ou virales. Les gènes de résistance à ces infections commencent à être répertoriés. Par ailleurs, les grandes tueuses, comme les maladies cardiovasculaires ou le diabète, et surtout les cancers, restent encore sans thérapeutique curative. Connaissant les fonctions des gènes responsables, on doit pouvoir court-circuiter la maladie, voire l'éviter. Il sera alors possible de l'anticiper, et donc de mettre en place les moyens de la prévenir. C'est tout le concept de la future « médecine prédictive » qui ne prédit pas la certitude de la maladie, mais seulement une certaine probabilité de son apparition. Il s'agit de mettre en garde un individu contre un risque potentiel qu'il court de développer une certaine maladie plus facilement qu'un autre individu.

Mais, il y a, comme dans toute activité humaine, un côté négatif. Un tel avertissement peut entraîner une angoisse inutile, peut détériorer l'image que chacun se fait de lui-même, et, sur le plan social, peut conduire à une discrimination avec des conséquences parfois graves sur l'emploi ou sur les contrats d'assurances. Des dispositions légales peuvent minimiser largement ces craintes en limitant l'usage de ces techniques à des cas bien définis et en interdisant la divulgation de leurs résultats. Un grand débat est en cours sur ce sujet. Des solutions seront trouvées. Plus grave est la possibilité technique de modifier le patrimoine génétique d'une cellule humaine, soit par l'introduction d'un gène étranger, soit par modification d'un gène déjà présent dans la cellule.

Ainsi, l'homme a désormais la possibilité de corriger un défaut génétique qui entraîne des troubles parfois très sévères. Mais, ici, il faut faire une distinction formelle entre la *thérapie génique* appliquée à des cellules du corps d'un malade – la thérapie somatique (du grec *soma*, corps) – et la prétendue *thérapie germinale*, qui s'adresserait aux cellules reproductrices (spermatozoïdes ou ovules ou tout jeune embryon). Dans le premier cas, l'opération peut être assimilée à une simple greffe. Elle ne concerne que le malade, et non sa descendance, alors que, dans le second cas, la modification serait transmise de génération en génération. On en comprend facilement la gravité puisqu'il ne s'agirait rien de moins que de modifier le patrimoine génétique d'un individu et, pourquoi pas, de multiples individus. Dans l'état actuel de nos connaissances, la thérapie germinale ne doit même pas être envisagée. D'ailleurs, la quasi-totalité de la communauté scientifique est formelle à ce sujet. Toutefois on ne peut exclure qu'à l'avenir une application utile à l'homme, pouvant soulager ses souffrances, puisse être trouvée. Mais ouvrir actuellement une telle possibilité à des intérêts individuels ou à des idéologies totalitaires serait criminel. Il en va de même du clonage des embryons humains qui permettrait de reproduire en nombre un embryon sélectionné pour tel ou tel caractère.

Bien d'autres problèmes se posent, mais pas tant aux chercheurs qu'à la société. En particulier la possibilité de breveter la séquence de gènes humains. C'est-à-dire leur composition chimique exacte. Là encore, le principe est simple, l'application plus délicate. Le patrimoine génétique de l'homme – comme tout son corps, ses organes et ses tissus – est sans prix, et ne peut être source de profit. En revanche, l'usage bénéfique de connaissances sur la fonction d'un gène peut être breveté.

On voit que la responsabilité du chercheur en génétique est partagée entre lui-même et la société. En fait, le chercheur doit, en même temps mais indépendamment, jouer son rôle dans la société. Ce rôle est essentiel. Il est celui d'éclairer pleinement et clairement aussi bien le grand public que les décideurs des conséquences – bénéfiques ou éventuellement néfastes – de ses découvertes. C'est en effet par l'intermédiaire de l'opinion publique éclairée que les autorités, les industriels ou les administratifs, peuvent prendre, en connaissance de cause, leur décision. Le Mouvement universel de la responsabilité scientifique[1] a pour mission première d'établir ce dialogue. Les décisions peuvent être différentes d'une culture à l'autre. Il serait cependant essentiel que des principes universels soient adoptés et appliqués.

C'est sans doute le rôle de l'Unesco d'y tendre et, espérons-le, d'y parvenir.

Jean DAUSSET, extrait de « Manière de voir »,
Le Monde Diplomatique, mars-avril 1998

Jean Dausset est prix Nobel de médecine, président, en France, du Mouvement universel de la responsabilité scientifique.

1. 127, boulevard Saint-Michel, 75005 Paris.

RÉSUMÉ

Les avancées de la biologie moléculaire inspirent deux questions : celle de la limite des recherches, qu'il ne convient pas d'arrêter, et celle de leurs applications, qui génèrent avantages et inconvénients. En isolant des gènes, on peut prévenir une future maladie. S'il existe des effets pervers, des garde-fous devraient être trouvés. La manipulation génétique s'avère plus problématique, non dans le cas de la thérapie génique, mais dans celui de la thérapie germinale, qui altère le patrimoine génétique. Le chercheur se doit donc d'aider la société à réfléchir pour la laisser décider et ériger des principes valables universellement.

(102 mots)

SUJET 7 Adere (I)

Résumé

Le texte est à résumer en 120 mots.
Une marge de 5 % en plus ou en moins est admise. Le non respect de cette marge sera sévèrement pénalisé.
Le nombre de mots employés devra figurer à la fin de chaque alinéa et, en fin de copie, le total général des mots du résumé devra être indiqué. Il est signalé qu'un mot monosyllabique (a ou à, de, le...), un mot élidé (d', l', s', c'...) un nombre comptent chaque fois pour un mot.

Résister. Chacun sait bien ce que cet impératif veut dire pour lui et autour de lui. Résister à l'insécurité sociale galopante, au naufrage de l'éthos public, au court-termisme, à l'ivresse marchande, à la société du mépris, à la corruption des institutions. Résister à la « droitisation » du monde en un mot. Certes, mais pas seulement. Car nul ne pourrait penser qu'il suffirait de retourner au capitalisme des années 1960 pour arranger les choses, comme s'il ne s'agissait que d'un phénomène de déclin à enrayer. On ne peut en effet ériger la seule défensive – y compris de l'environnement – en une vision d'avenir. Il faut donc aussi imaginer. Sinon la résistance s'émousse et se mue en résignation crispée, en réaction intégriste ou en désenchantement dépressif.

Mais de quelle utopie avons-nous besoin ? Car l'expérience nous invite à la circonspection, tant de catastrophes et d'horreurs ayant suivi dans l'histoire récente la promesse des lendemains qui chantent. Comment alors sortir de la nasse, autrement qu'en agitant le spectre d'un soviétisme miraculeusement régénéré et débarrassé de sa propension totalitaire ? Les utopies classiques ont été des utopies du modèle, proposant des réorganisations du monde clés en main. Au XIXe siècle, Cabet[1] décrivait par exemple les conditions d'une vie idéale en Icarie. Mais c'était au prix de la vision d'un monde hiérarchisé, qui présupposait la vertu des hommes et leur parfaite intériorisation des contraintes collectives. D'où la dénonciation par nombre d'ouvriers de l'époque d'un « communisme de caserne ». À ces naïves utopies d'en haut, effectivement lourdes de menaces, il faut substituer des utopies d'en bas, fondées sur des expériences décentralisées et innovantes dans tous les domaines. Le nouvel esprit de l'utopie est là celui d'un combat pour les rendre possibles : il est d'explorer des voies inédites, d'oser essayer ce qui ne l'a pas encore été.

Le nouvel esprit de l'utopie est ensuite de l'ordre d'une discipline intellectuelle. Il consiste d'abord à rompre avec les conformismes. Penser à neuf, c'est produire une nouvelle critique sociale qui ne se limite pas à dénoncer de façon globale le néolibéralisme ou à stigmatiser le capitalisme financier. Il faut analyser de façon beaucoup plus fine et opératoire tous les mécanismes qui conduisent à faire accepter les inégalités, à réduire les liens de confiance et à modifier en profondeur les représentations sociales de l'égalité. C'est en effet la structure même de la société et son fonctionnement interne qui font problème. Il consiste en second lieu à produire une pensée lisible du long terme. La difficulté est en effet

1. Cabet, Étienne : Socialiste français (1788-1856). Dans *Le Voyage en Icarie* (1840), il prône un communisme pacifiste et utopique.

aujourd'hui que l'évolution de la gravité des problèmes du long terme n'entraîne pas de changement suffisant des comportements. Il faut rendre pour cela plus sensible, plus immédiat, le long terme comme question du présent. Le nouvel esprit de l'utopie, c'est enfin de compter sur les possibilités de la démocratie et de faire fond sur ses difficultés. C'est là encore rompre avec les utopies anciennes, qui suspectaient au fond toujours le peuple de ne pas être à la hauteur de sa tâche historique. Le problème est qu'il y a derrière cette vision l'idée d'un monde harmonique et unifié, dès lors qu'il aurait été débarrassé de ses puissances maléfiques, exploiteurs ou maîtres indignes. Or la difficulté de la démocratie est qu'elle se lie à l'expérience de divisions sociales et de conflits transversaux, intérieurs au corps même du social. Difficulté qui constitue son objet. Si le peuple est le souverain, il est en effet toujours divisé, problématique. Il doit être construit par la discussion, la confrontation, entre conflits et négociations. Il faut donc, pour aimer la démocratie, la compliquer, et s'attacher à lui donner consistance contre tout ce qui prétend la réduire à la légitimation électorale. C'est là le cœur de l'utopie qu'il faut faire vivre.

Pierre ROSANVALLON,
« Imaginer et résister, pour un nouvel esprit de l'utopie »,
Libération, 18 mars 2010

Pierre Rosanvallon est historien et professeur au Collège de France.

CORRIGÉ

Résumé

Il faut refuser les dérives droitières du monde moderne, mais sans prendre pour modèle un passé idéalisé. La résistance doit devenir inventive, produire de l'utopie. Jusqu'à présent inspirées de théories déconnectées du réel, les utopies ont montré leurs limites. Elles gagneront désormais à partir du concret pour imaginer une nouvelle société.

Au-delà des stériles attaques contre le capitalisme moderne, elles ont à développer une critique des mécanismes qui produisent les inégalités. Elles doivent encore penser le présent tout en tenant compte de l'avenir. Surtout, les utopies doivent éviter de représenter un monde idéal où les conflits seraient évacués. Car le conflit est au cœur de toutes les démocraties. La société, même idéale, intégrera nécessairement cette réalité complexe.

(122 mots)

SUJET 8 Adere (II)

Résumé

Le texte au verso est à résumer en 120 mots.

Une marge de 5 % en plus ou en moins est admise. Le non respect de cette marge sera sévèrement pénalisé.

Le nombre de mots employés devra figurer à la fin de chaque alinéa et, en fin de copie, le total général des mots du résumé devra être indiqué. Il est signalé qu'un mot monosyllabique (a ou à, de, le...), un mot élidé (d', l', s', c'...) un nombre comptent chaque fois pour un mot.

Tout l'aspect de l'éducation qui est formation de l'esprit et du caractère tend à passer au second plan. M'étant occupée de ces aspects pendant tant et tant d'années d'enseignement, j'aimerais signaler une ou deux des disciplines ou des méthodes qui se trouvent souffrir de ce divorce, alors même qu'elles apportent une aide considérable dans la vie pratique, et qu'elles présentent une valeur exceptionnelle pour ce développement d'ordre moral.

Et pour commencer, parlant au nom de l'Académie française, je voudrais placer en tête la maîtrise même de notre langue. C'est un fait que les exigences en ce domaine ont été depuis bien des années amoindries, et le souci d'une langue correcte paraît un luxe vain. Pourtant, toute la vie et même les réussites matérielles les plus simples dépendent de la facilité que l'on a à exprimer clairement et correctement sa pensée, à comprendre celle des autres et à éviter ainsi le malentendu. Cela commence avec le premier entretien pour obtenir un emploi, cela continue avec la défense de n'importe quel projet parmi ses égaux, soit dans le cadre de son activité professionnelle, soit dans le domaine de la politique. Et cela trouve un achèvement dans le maniement même d'une pensée personnelle, utile à tous. Mais il y a plus : l'incapacité à s'exprimer ou à comprendre l'autre de façon correcte et complète a des conséquences bien connues : c'est le recours à la violence ! Parce que l'on ne trouve pas ses mots, on en vient aux coups ! Et parce que l'on ne comprend pas la thèse des adversaires, on s'entête en vaines querelles. Un vrai maniement de la langue française n'est donc pas un luxe plus ou moins périmé, mais le meilleur et le plus nécessaire moyen qui existe pour aboutir à un vrai progrès dans le domaine moral de l'individu et dans la vie collective à laquelle il participe.

Mais attention ! Comprendre la pensée des autres avec exactitude suppose que l'on comprenne aussi la pensée de ceux qui nous ont précédés, et ici se révèle une autre ignorance qui me paraît dangereuse. Pour trop de jeunes, à l'heure actuelle, bien qu'ils aient étudié l'histoire, la réalité ne commence vraiment qu'avec leur propre naissance. Tout ce qui précède appartient à un domaine confus, à un magma indifférencié que l'on pourrait appeler une sorte de temps virtuel. En fait, les moyens modernes d'information rendent tous les événements comme contemporains les uns des autres et, trop souvent, déforment les œuvres pour les adapter au goût du jour [...] Il est malgré tout étrange qu'à une époque où se marque une si vive et si louable curiosité à l'égard des peuples différents, qui sont nos contemporains à travers la planète, il existe ce refus d'intérêt pour ce qu'a représenté notre passé, encore présent dans notre vie. Il serait urgent de rappeler aux nouvelles générations que tout avenir se construit en fonction d'un passé qui vous aide et vous porte plus loin.

Mais la connaissance du passé rendu vivant et présent, où la trouve-t-on ? Eh bien, avant tout, dans la littérature ! Et là est à mes yeux la merveille. On la trouve dans les textes français et étrangers, modernes ou anciens. Aussi cela me paraît-il une erreur très grave que de se représenter l'enseignement de la littérature comme une espèce d'élégance superflue et gratuite. En fait, c'est grâce à la littérature que se forme presque toute notre idée de la vie ; le détour par les textes conduit directement à la formation de l'homme. Ils nous apportent les analyses et les idées, mais aussi les images, les personnages, les mythes, et les rêves qui se sont succédé dans l'esprit des hommes : ils nous ont un jour émus parce qu'ils étaient exprimés ou décrits avec force ; et c'est de cette expérience que se nourrit la nôtre.

Jacqueline de ROMILLY, « Enseignement et éducation », 2008

Jacqueline de Romilly est déléguée de l'Académie française ; elle prononce ce discours en septembre 2008

CORRIGÉ

Résumé

L'apprentissage de la langue n'est plus une priorité. Pourtant, l'aisance verbale s'avère essentielle à toutes les étapes de l'existence. Pire : ceux qui peinent pour s'exprimer ont tendance à user de violence. Manier la langue avec justesse permet aux individus de progresser et de nouer des liens sociaux.

Mais ces liens doivent aussi s'étendre à l'histoire. Or, les jeunes ont tendance à rejeter tout ce qui précède leur naissance dans un chaos indifférencié. Ils oublient que le passé nous construit. Et ce passé reste vivant dans la littérature, dont l'enseignement ne saurait être perçu comme un luxe. Les grands textes nous enrichissent car ils nous aident à formuler avec clarté et émotion des idées essentielles sur la vie.

(125 mots)

SUJET 9 Adere (III)

Résumé

Vous résumerez ce texte en 120 mots. Une marge de 5 % en plus ou en moins est admise.
Vous indiquerez à la fin de votre résumé le nombre de mots employés.

(20 POINTS)

Aujourd'hui, la machinerie sociale tout entière, loin de fournir des points d'appui à l'enfant pour se dégager de l'infantile, répercute à l'infini le principe dont l'éducation doit justement lui apprendre à se dégager : « *Tes pulsions sont des ordres.* » Ainsi « la pulsion d'achat » devient-elle le moteur de notre développement économique. La publicité court-circuite toute réflexion et exalte le passage à l'acte immédiat. La télévision zappe plus vite que les téléspectateurs pour les scotcher à l'écran et les empêcher de passer sur une autre chaîne. Le téléphone portable réduit les relations humaines à la gestion de l'injonction immédiate. Tout susurre à l'oreille des enfants et adolescents : « *Maintenant, tout de suite, à n'importe quel prix.* »

Il ne faut pas s'étonner, dans ces conditions, qu'il soit devenu plus difficile d'éduquer aujourd'hui : les parents savent l'énergie qu'il faut déployer pour contrecarrer l'emprise des modes, des marques, des stéréotypes imposés par les « radios jeunes » et répercutés par les médias. Les professeurs constatent au quotidien, la difficulté de construire des espaces de travail effectif, de permettre la concentration, de former à la maîtrise de soi et à l'investissement dans une tâche. Ils voient leurs élèves arriver en classe avec une télécommande greffée au cerveau, un phallus high-tech qui dynamite tous les rituels scolaires qu'ils peinent à mettre en place. La préoccupation principe des enseignants – ce qui les épuise aujourd'hui – est de faire baisser la tension pour favoriser l'attention. Et le malaise est là : moins dans le niveau qui baisse que dans la tension qui monte.

Face à ce déferlement de l'infantile, la pensée magique fait des ravages : restaurer l'autorité, changer les méthodes de lecture et apprendre les quatre opérations dès le cours préparatoire sont présentés comme des moyens de sauver les lettres et la République ! Triomphe de la prescription technocratique quand il faudrait créer obstinément des situations pédagogiques où l'enfant découvre, dans l'action, que la jouissance de l'instant est mortifère et qu'il n'y a de désir possible que dans la construction de la temporalité.

Mais, face à cette modernité qui produit les moyens de la barbarie, la pensée totalitaire avance aussi sournoisement. Elle se nourrit de la peur et se déploie toujours selon la même logique : dépister, le plus précocément possible les déviances individuelles, les circonvenir en isolant et médicalisant tous les « troubles », typologiser, classifier et séparer les individus, les assujettir à une logique de service contrôlée par des officines privées. Triomphe d'une formalisation *soft*, plébiscitée par l'individualisme libéral, quand il faudrait, au contraire, déverrouiller les destins en faisant circuler de la parole, en permettant aux sujets de se mettre en jeu sur des projets improbables, de rencontrer des occasions de s'impliquer et de fabriquer du collectif. Ainsi, parce que la crise de l'école renvoie à des enjeux fondamentaux, on n'y mettra pas un terme par des mesures techniques circonscrites. C'est la crise de l'éducation qu'il faut traiter, en posant des questions qui restent encore très largement occultées : peut-on continuer à considérer l'enfant comme un prescripteur d'achat, un public captif pour la publicité? Ne faut-il pas prendre au sérieux, enfin, la question des médias – et, en particulier, de l'audiovisuel – en faisant valoir que leur liberté d'expression s'exerce dans une démocratie et doit s'accompagner d'un devoir d'éducation? Ne faut-il pas repenser la gestion du temps de l'enfance en relâchant, au moins partiellement, la pression évaluative ? Ne faut-il mettre en place une relance de l'éducation populaire pour faire pièce à la frénésie consommatrice en matière de loisirs et de culture? Ne faut-il pas, enfin, faire du soutien à la parentalité une priorité politique, en cessant de considérer les parents en difficulté comme des délinquants ou des malades mentaux?

Philippe MEIRIEU, « L'école face à la barbarie consommatrice »,
Le Monde, 23 mars 2007

Philippe Meirieu est professeur à l'université Lumière-Lyon II
et responsable de la chaîne éducative Cap Canal

CORRIGÉ

RÉSUMÉ

Notre société bafoue tous les principes éducatifs en permettant aux jeunes de satisfaire immédiatement chacun de leurs désirs. Dans ce contexte les éducateurs, et particulièrement les enseignants, peinent à faire barrage aux multiples sollicitations qui déboussolent et agitent les enfants.

Restaurer de vieilles méthodes pédagogiques ne sert à rien : le jeune doit comprendre, par le dialogue, qu'un désir n'est salutaire que s'il s'inscrit dans un projet.

Malheureusement l'institution, qui confine au totalitarisme, vise les solutions techniques : elle dépiste, classe et traite les élèves en difficulté au lieu de favoriser l'échange. Or, la crise n'est pas seulement scolaire : elle est surtout éducative. Ainsi, les médias, l'école, voire la pression sociale, ont aussi à se remettre en cause.

(124 mots)

SUJET 10 Paris (I)

Résumé

Vous résumerez ce texte en 120 mots. Une marge de 5 % en plus ou en moins est admise.
Vous indiquerez à la fin de votre résumé le nombre de mots employés.

LE CORPS ÉPANOUI

La réhabilitation du corps constitue sans doute l'un des aspects les plus importants de l'histoire de la vie privée. Elle modifie en effet le rapport de l'individu avec lui-même et les autres.
Se maquiller, faire de la gymnastique ou du jogging, du tennis, du ski ou de la planche à voile, c'est prendre son corps à la fois comme fin de son activité et comme moyen. Dans certaines activités, le travail physique par exemple, le corps est un moyen, non une fin. Dans d'autres, comme la cuisine, le corps est la fin, mais le moyen est un intermédiaire, les plats que l'on prépare dans cet exemple. La nouveauté de la fin du XXe siècle, c'est la généralisation d'activités corporelles qui ont le corps lui-même pour but : son apparence, son bien-être, son accomplissement. « Se sentir bien dans sa peau » devient un idéal.
L'évolution de la danse traduit bien cette nouveauté. Assurément, la danse implique toujours des partenaires, et la sensualité y est toujours présente, de façon plus ou moins discrète. Mais les danses au début du siècle, la valse, le quadrille, constituaient des rites sociaux complexes : danser, c'était exposer sa maîtrise de ces codes. Après la guerre de 1914, la danse lie les couples, et les moralistes dénoncent la lascivité du tango. Après la Seconde Guerre mondiale, le jazz qui, avec le charleston, n'avait touché jusque-là que des minorités, soutient de ses rythmes des danses populaires, boogie-woogie, be-bop, etc. Ce sont toujours des couples qui dansent mais ils s'écartent, se rapprochent, s'écartent encore. Le plaisir d'éprouver sa propre force, sa souplesse au gré des passes, en accord avec un rythme, accompagne celui, plus sensuel, du partenaire que les slows donnent l'occasion d'éteindre sans les règles de figures et de pas du tango. Avec le jerk et le disco, voici que l'on danse seul, éventuellement sans partenaire. Au rite social a succédé un rite du couple, puis un rite du corps individuel. La maîtrise des usages, l'accord avec un partenaire, la célébration du corps : la danse a connu trois âges successifs.
S'occuper de son corps prend ainsi une place importante dans la vie privée, et l'on y recherche des gratifications multiples et complexes. Le plaisir du bain, de la toilette, de l'effort physique est en partie satisfaction narcissique, contemplation de soi-même. Le miroir n'est pas une nouveauté du XXe siècle ; sa banalisation, en revanche, en est une, comme la façon d'en user : on ne s'y regarde pas seulement avec le regard d'un autre, pour voir si l'on respecte les codes vestimentaires ; on s'y regarde comme les autres ne sont pas en général autorisés à le faire : sans maquillage, sans vêtement, nu.
Mais les satisfactions narcissiques de la salle de bains sont traversées de rêves et de souvenirs. S'occuper de son corps, c'est le préparer pour le donner à voir. Il ne suffit pas de montrer ses parures, ses bijoux, ses décorations. Le vêtement

ou bien se fait fonctionnel, confortable, pratique, fût-ce au mépris des usages, ou bien met en valeur le corps, le laisse deviner, le souligne et parfois le révèle. On fait parure désormais de son bronzage, de sa peau lisse et ferme, de sa souplesse, et le dynamisme du cadre moderne est attesté par ce que son style suggère de sportif. On laisse d'ailleurs voir de plus en plus son corps : chaque étape de ce dénudement partiel commence par faire scandale, puis se répand rapidement et finit par s'imposer, du moins parmi les jeunes aggravant la coupure entre les générations. C'est l'histoire de la mini-jupe, au milieu des années 1960, comme celle, dix ans plus tard, du monokini sur les plages. Montrer ses cuisses ou ses seins cesse d'être indécent. Et l'on voit l'été, dans les villes, des hommes en short, chemise ouverte ou torse nu. Le corps n'est plus seulement réhabilité et assumé : il est revendiqué et donné à voir.

Au regard des normes de l'entre-deux guerres, le progrès du nu est celui de l'indécence : à tout le moins, c'est de la provocation. Pour la norme nouvelle, c'est au contraire chose naturelle : une nouvelle façon d'habiter son corps. En témoigne le fait que le nu ne progresse pas seulement dans les lieux publics, mais également dans l'univers domestique.

Des familles vaquent à leurs occupations et se mettent à table, l'été, en maillot de bain. Des parents vont et viennent nus, de la chambre à la salle de bains, sans se cacher de leurs enfants. Il est difficile de dire l'extension de ces pratiques, qui dépend sans doute à la fois des générations et des milieux. Leur simple possibilité atteste qu'il ne s'agit pas là de dépravation, mais d'un changement de normes.

En fait, le corps est devenu le lieu de l'identité personnelle. Avoir honte de son corps serait avoir honte de soi-même. Les responsabilités se déplacent : nos contemporaines se sentent moins responsables que les générations précédentes de leurs pensées, de leurs sentiments, de leurs rêves ou de leurs nostalgies ; ils les acceptent comme s'ils leur étaient imposés de l'extérieur. En revanche, ils habitent pleinement leur corps : c'est eux. Plus que les identités sociales, masques ou personnages d'emprunts, plus même que les idées ou les convictions, fragiles et manipulées, le corps est la réalité même de la personne. Il n'est donc plus de vie sociale du travail, des affaires, de la politique, de la religion : c'est celle des vacances, du corps épanoui et libre. Ce que signifiait à sa façon cet élève de terminale définissant l'animal comme un homme qui serait libre, ou le graffiti de 1968 : « Sous les pavés, la plage ».

De la Première Guerre mondiale à nos jours, Antoine PROST,
in *Histoire de la vie privée,* tome 5,
sous la direction de Georges DUBY et Philippe ARIÈS,
Éditions du Seuil, 1987, coll. « Points », 1999.

CORRIGÉ

RÉSUMÉ

La réhabilitation du corps a bouleversé nos usages sociaux. Jusqu'à présent vécu comme un moyen, il est désormais utilisé pour lui-même parce qu'on recherche son épanouissement. L'histoire de la danse marque d'ailleurs ce changement de mentalité : sans partenaire, le danseur d'aujourd'hui glorifie son propre corps.
L'entretien physique est ainsi devenu activité narcissique, comme l'atteste la généralisation des miroirs, mais aussi sociale, car le corps n'est plus tabou mais offert au regard. Même la nudité a pénétré les usages et n'est plus perçue comme une perversion.
Le corps, désormais, nous identifie, plus que les différents attributs et rites sociaux imposés de l'extérieur. Sa libération importe davantage que tous les enjeux politiques et sociaux.

(124 mots)

SUJET 11 Paris (II)

Résumé

Vous résumerez ce texte en 120 mots. Une marge de 5 % en plus ou en moins est admise.
Vous indiquerez à la fin de votre résumé le nombre de mots employés.

Chaque fois que je passe devant l'hôtel des Invalides – et c'est souvent puisque j'habite tout à côté –, je me demande de quelle façon il aurait été conçu et construit si, en son temps, le mot « invalides » avait été implicitement proscrit du vocabulaire officiel. Sans aller jusqu'à rechercher de mystérieuses correspondances dans l'architecture et les pudeurs de la morale sociale, on peut penser que les remarquables acrobaties linguistiques auxquelles nous nous livrons par respect humain ne sont pas dépourvues de liens avec nos techniques et ce qui nous tient lieu de style. Quoi qu'il en soit de notre peur des mots et des barbarismes qu'elle ne cesse d'inventer, le fait est que pour nous il n'y a plus ni pauvres, ni vieillards, ni primitifs, ni estropiés ; nous ne voulons connaître que des « économiquement faibles », des « personnes du énième âge », des pays « en voie de développement » et des handicapés ce qui contribue sûrement à apaiser un peu la mauvaise conscience collective, bien que les intéressés eux-mêmes n'en soient guère soulagés. Faute de pouvoir nettoyer le monde de ses hontes bien réelles, nous évacuons du moins de notre vocabulaire les idiots, déshérités, misérables et miséreux, bonnes à tout faire et bons à rien qui, hier encore, y exhibaient les plaies de l'inférieur, du faible, du taré (jusqu'à présent les malades et les morts ont l'air de résister, il est vrai qu'il n'est pas si facile de s'en débarrasser). En somme, poussés par notre délicatesse, nous travaillons à étouffer le scandale d'être en condamnant les mots qui le disent trop clairement, à s'effacer devant des mots décents mais cette substitution ne traduit pas seulement les bonnes et les mauvaises raisons couvertes par le respect humain, elle force aussi à constater que le mot, *investi magiquement du même pouvoir que son contenu*, reste pour nous l'objet d'un culte superstitieux : nous le croyons toujours capable de déchaîner, ou, s'il est invoqué spécialement à cet effet, de conjurer les forces actives dont il est le signe indifférent. Contrairement à la leçon des linguistes, que nous ne songeons d'ailleurs pas à discuter, nous sommes toujours convaincus intimement que le mot « chien » mord et qu'il peut même devenir enragé. Parler de « pauvres » expose donc à un double danger : c'est invoquer imprudemment les puissances liées à l'argent, contre lesquelles le démuni pourrait fort bien se dresser ; mais c'est aussi attaquer le « riche » en lui lançant à la tête le symbole explosif de sa situation privilégiée – de là « économiquement faible », un composé lui-même trop faible et trop mou pour qu'il y ait lieu de le redouter.

Cela dit, nous n'avons peut-être pas tellement tort de nous en tenir aux lois de cette magie primitive, en dépit de la logique et de remontrances de la théorie. S'ils sont mieux faits pour masquer les réalités gênantes que pour aider à les supprimer, nos *euphémismes disgracieux* ont cependant le mérite d'épargner aux défavorisés le surcroît d'humiliation que leur valait leur nom. Ne serait-ce qu'en cela ils représentent bien plus que des vœux pieux, car s'ils n'abolissent pas le passé rien qu'en le déclarant périmé, ils montrent du moins la direction que la vie veut prendre pour changer. Aussi, bien que leur rôle dans l'évolution des mœurs et des idées soit difficile, voire impossible à apprécier, la morale sociale y gagnera peut-être à la longue ce que le langage et l'esthétique y ont déjà sûrement perdu (l'opération, qui ne se fait que grâce à eux, ne peut réussir qu'à leurs dépens). Mais qui maintenant mettra ce « peut-être » et ce « sûrement » en balance? Aucune « employée de maison » ne fournira jamais de servante Félicité[1] à la littérature, de cela au moins nous pouvons être surs, mais qu'importe après tout si l'euphémisme par quoi la condition servile est implicitement répouvée doit passer un jour dans les faits? La perte des cœurs simples à venir peut bien laisser inconsolables ceux-là mêmes que la servilité révolte sincèrement, elle est en effet irréparable dans son domaine exclusif – et parfaitement insignifiante au regard de la vie, cela va de soi, puisque si haut que nous l'estimions, elle n'a de pris que sur les grands livres de la littérature, où les comptes de vivants ne sont jamais portés.

Marthe Robert, « La Peur des mots »,
Livre de lectures, Éditions Bernard Grasset, 1977

CORRIGÉ

RÉSUMÉ

La pudeur de nos vocables n'est peut-être pas sans conséquences sur notre technologie et nos manières de vivre. Nous inventons en effet des termes pour atténuer des réalités désagréables, nous supprimons du lexique les mots trop crus, même si cela soulage plus notre conscience que les victimes désignées. En fait, cette correction linguistique traduit bien le pouvoir que nous conférons aux mots : en agissant sur eux, nous croyons apaiser la violence de ce à quoi ils réfèrent.
Finalement, malgré leur laideur, les euphémismes évitent d'ajouter des stigmates verbaux au malheur et marquent une volonté de réforme sociale. Nous nous consolerons du mal fait à la littérature si cette correction améliore la vie des hommes.

(118 mots)

1. Héroïne d'*Un Cœur simple* de Flaubert.

SUJET 12 Rennes (I)

Résumé

Vous résumerez ce texte en 120 mots. Une marge de 10 % en plus ou en moins est admise.
Vous indiquerez à la fin de votre résumé le nombre de mots employés.

LA CIVILISATION URBAINE

La civilisation commence avec la construction de la première hutte, avec le labour du premier champ. Elle a besoin de fixité. Elle ne naît pas dans le camp volant du nomade qui plante sa tente où il veut et qui la plie le lendemain. Celui-ci est condamné à ne posséder que les biens meubles qu'il entasse à la hâte sur le dos de quelques bêtes. Il s'en contente et, poussant devant soi son troupeau vers des prairies neuves, il part toujours sans rien abandonner.
Gengis Khan, qui hait la civilisation et qui, avant Rousseau, l'accuse de tous les maux, se montre conséquent avec lui-même quand il donne pour consigne à ses hordes la destruction des villes, afin de rendre par force l'humanité à ce vagabondage ancestral, qui seul, selon lui, la maintient saine et vigoureuse. Les cités furent les plus fortes. Elles retinrent les cavaliers mongols dans les palais corrupteurs qu'ils devaient abattre. L'irréversible histoire suivit son cours (...).
Aujourd'hui, plus que jamais, la civilisation est urbaine. Elle l'est jusqu'à l'asphyxie. Dans les fourmillières où se pressent, se gênent, s'écrasent des multitudes accrues, l'homme finit par être privé de l'espace et de l'indépendance nécessaires à la moindre joie. Les aménagements qui rendent la vie plus pure, plus commode et plus agréable deviennent de plus en plus nombreux et complexes, c'est-à-dire moins sûrs, moins commodes et plus impérieux. Une panne d'ascenseur rend un gratte-ciel inutilisable. Une centrale électrique est-elle accidentée, c'est la catastrophe pour une métropole entière : paralysie, obscurité et affolement. Chesterton, depuis longtemps, a fait remarquer combien un canif était plus utile qu'un taille-crayon. Je ne vitupère pas le machinisme, n'étant pas de ceux qui, riches, expliquent aux pauvres que l'argent ne fait pas le bonheur. Je rappelle seulement que la civilisation industrielle entraîne avec elle ses inconvénients.
En même temps, l'éducation, la publicité, les divers moyens d'information et de persuasion dont disposent les pouvoirs pénètrent l'intimité même de l'individu, lui dictent ses raisonnements et ses goûts. Aussi risque-t-il de voir diminuer, sans cesse la marge consentie à ses mouvements, à ses fantaisies, à ses ambitions et jusqu'à ses vertus. Le monde citadin est un monde mécanique. Des machines elles-mêmes construites en série produisent d'énormes quantités d'éléments interchangeables entre eux, au format et aux propriétés calculés d'avance pour s'adapter au calibre et à la formule d'éléments complémentaires pareillement débités pour satisfaire aux besoins du plus grand nombre possible d'usagers. À long terme, rien de viable qui ne doive d'abord avoir été normalisé ou qui ne le devienne obligatoirement : système des mesures, écartement des rails ou format des enveloppes.

Il y a là un péril insidieux pour le désir, pour l'idée et pour les réflexes mêmes de liberté. Ce n'est pas seulement la contrainte qui rend esclave, ce peut être le manque de place, d'envie, de choix et d'imagination.

Roger CAILLOIS *(Droits réservés)*

CORRIGÉ

RÉSUMÉ

C'est avec la sédentarité, et non avec le nomadisme, que naît la civilisation. Celle-ci fut détruite sans relâche par les barbares, qui la détestaient, jusqu'à ce qu'ils finissent par s'installer dans son confort.
On assimile désormais la civilisation à la ville. Les hommes s'y entassent jusqu'à l'étouffement et la structure urbaine est devenue techniquement si complexe qu'elle a rendu précaire la vie de ses habitants. De plus, les divers moyens de communication mis aux mains du pouvoir aliènent des hommes déjà forcés à la standardisation par une industrialisation forcenée.
La liberté est donc en danger, non seulement à cause de la coercition, mais aussi de l'étouffement et l'uniformisation.

(118 mots)

SUJET 13 Rennes (II)

Résumé

Vous résumerez ce texte en 120 mots. Une marge de 10 % en plus ou en moins est admise.
Vous indiquerez à la fin de votre résumé le nombre de mots employés.

L'ÉCOLOGIE SENTIMENTALE

Tout le monde se sent écologiste. Et personne ne l'est vraiment. Tout le monde aime la nature. Et tout le monde la pollue. Tout le monde préfère les prairies odoriférantes, les cimes parfumées, les acacias en fleurs aux odeurs du périphérique. Tout le monde déteste les plages de mazout, les masses d'immeubles, les rivières chargées de sel ou de détergents. Tout le monde...
L'écologie est le royaume des évidences. On aime tous ça... et on fait le contraire. Plus l'environnement se décompose sous nos yeux, plus l'émotion, plus « le surnaturel » remonte en surface. Le sentiment de verdure envahit l'opinion alors même qu'il n'en reste plus un seul hectare. L'émotion collective est intense, c'est certain – mais stérile. Elle ne sert à rien ou contribue parfois au désastre. Le pire pollueur de la Seine aime Paris, le pire bûcheron aime la forêt, le pire chimiste aime les légumes « bio ». Comment les membres d'une société qui attachent tant d'importance aux choses du milieu vivant finissent-ils par détruire les formes animées qui peuplent la planète? Car personne n'a déclaré ouvertement la guerre aux plantes, aux animaux, aux océans. Et on sait par ailleurs ce qu'il advient de la flore alpine, des hérissons, des fonds de la Méditerranée. On se désole, mais on tue. Aucun discours public n'a jamais affirmé solennellement qu'il se proposait de détruire un paysage de vallée, un littoral, un massif boisé. Bien sûr. On « aménage », on crée de « l'emploi », on « suit le progrès »... L'écologie, en ce sens, permet de faire une âme en forme de bouton d'or. Le langage respecte les petites fleurs, les pâquerettes, les escargots. La sensiblerie pleurnicharde triomphe partout. Le réalisme triomphant massacre tout l'espace.
Après quinze ans de prédictions acharnées, le message de la protection de la nature a été entendu. La préoccupation verte déclenche un stimulus[1] frissonnant sur les cœurs de nos contemporains. Et deux secondes après, on monte dans sa voiture, laquelle déverse un kilo de plomb par an dans l'astmosphère. Quinze ans de larmoiements ont perturbé les raisonnents et le sens critique... sans bousculer les modes de vie. Les bons sentiments étouffent l'esprit autant que la biosphère. L'abus de cette drogue philosophique a transformé nos hommes « bio », en êtres bicéphales : 1) une tête pense la nature, protège, défend le milieu, désire l'intégration en douceur, espère atteindre la convivialité, etc. 2) une seconde tête pense l'adaptation, le travail, le salaire, le confort, l'efficacité, la rapidité. Comment concilier deux processus opposés, irréconciliables, sans rapprochement possible dans leur développement? C'est difficile.

1. « stimulus » : excitation élémentaire d'un organe.

Tandis que l'argumentation écologique s'intensifait, s'élargissait, « passait » bien aux yeux du grand public, les chances de voir démarrer un embryon de société écologique se réduisaient de plus en plus. Le langage tout seul ne peut prétendre façonner l'écosystème[1]. Le mensonge (ou l'imposture) montre vite son nez.

Bernard VAUDOUR-FAGNET,
« Écologie et écologismes : la fin du voyage »,
Les temps modernes n° 465, 1985

CORRIGÉ

RÉSUMÉ

La sensibilité écologique fait l'unanimité, et pourtant personne ne respecte la nature. Celle-ci se dégrade malgré l'émoi qu'elle suscite car ceux qui l'apprécient sont aussi ceux qui la polluent. Il n'existe cependant aucune volonté déclarée d'anéantissement : seulement un laisser-faire dévastateur enrobé dans une émotion convenue.

Certes le message écologique est passé. Mais les comportements n'ont pas évolué avec les consciences. Le sentimentalisme vert a enfanté des individus schizophrènes, scindés entre deux réalités incompatibles : la protection de l'environnement et la course au développement tous azimuts.

Ainsi la diffusion du message écologique a-t-elle freiné l'avènement d'une société verte. Les mots ne protègent pas la nature mais dévoilent la duplicité.

(121 mots)

1. « écosystème » : unité naturelle se composant de parties vivantes et de parties inertes dont les effets réciproques forment un système stable.

PARTIE 2

L'épreuve de biologie

Comment aborder l'épreuve de biologie

1 • CONCOURS D'ENTRÉE PSYCHOMOTRICIENS

Présentation de l'épreuve

Les écoles ont la liberté de proposer différents types de sujet de biologie. Ainsi, vous pourrez affronter :

- des Questions à Choix Multiple (QCM) à Lyon et à la Pitié-Salpétrière,
- des sujets type « Restitution organisée de connaissances » à Lille et à Toulouse,
- une synthèse de documents à Toulouse,
- des « questions courtes » à l'ISRP, et, selon les années, à la Salpétrière,
- des documents à analyser et à compléter éventuellement par vos connaissances à l'ISRP.

Quelques conseils

Concernant les QCM

Cet exercice, généralement redouté des élèves, nécessite une parfaite maîtrise du cours. Par maîtrise, on entend aussi bien la connaissance précise que la compréhension des notions du programme (ce qui en fait un excellent exercice de révision). Il n'existe donc pas de « trucs » pour bien les réussir, seule l'expérience et le travail paieront. Cependant, il faut bien savoir que la formulation des questions est extrêmement importante méfiez-vous notamment des termes de quantification, un « toujours » remplaçant un « parfois » n'appellera pas la même réponse. Lisez donc très attentivement les énoncés et les propositions, vous déjouerez la plupart des pièges que les examinateurs vous tendront (par exemple, ne confondez pas pré- et post-synaptique !).

Concernant les restitutions organisées de connaissances

Comme l'indique l'intitulé, vous devez structurer certaines notions pour répondre à la question posée. Il ne s'agit en aucun cas de « réciter » un chapitre. Prenez le temps de réfléchir pour « faire le tri » dans vos connaissances, voyez ensuite comment vous pouvez les utiliser efficacement en construisant un plan. Celui-ci doit apparaître clairement, sous forme de titres pour chaque partie et sous-partie, ou bien, si vous préférez, en annonçant chaque division du texte dès ses premiers mots (à Lille, le plan est généralement contenu dans la question).

Quoiqu'il en soit, c'est la cohérence de l'ensemble que vous devez soigner (ainsi, bien évidemment, que la pertinence de vos propos) une introduction amène l'ensemble du sujet et doit contenir le plan, le développement doit suivre une logique que de judicieuses transitions préciseront, et enfin la conclusion n'est pas la reprise par l'affirmative de l'énoncé, mais permet d'élargir le sujet en quelques mots.

La plupart de ces sujets demandent des schémas, explicitement ou non. Rappelez-vous que :

• un schéma vient appuyer un texte, et sera inséré là où il illustre votre raisonnement,

• un schéma ne doit en aucun cas être une répétition de votre dernier paragraphe, il sert à préciser ce qui n'apparaîtrait pas dans un texte, et peut et doit souvent être commenté,

• n'hésitez pas à faire de grands schémas (titrés et légendés), à utiliser des couleurs, à souligner vos légendes la lisibilité y gagnera.

Concernant les questions courtes

Comme vous pourrez le constater, la difficulté de cet exercice réside dans le volume de la réponse à donner. Il est parfois délicat de traiter le sujet en quelques lignes. La concision nécessaire découle de l'emploi du vocabulaire le plus strict possible. Ne soyez pas tenté de donner des explications qui ne vous sont pas expressément demandées. Ne vous paraphrasez pas, ce que vous aurez dit avec précision suffira. Pensez à bien utiliser les mots-clés.

Concernant les synthèses de documents

Dans ce type d'exercice, plusieurs documents (généralement 3 ou 4) récapitulent des résultats expérimentaux permettant de répondre à une question posée dans l'énoncé. Le but de ce sujet est d'évaluer votre capacité à suivre une démarche scientifique, comme le fait un chercheur. C'est pour cette raison que vous devez strictement vous limiter aux données ; faites un effort de redécouverte de notions que vous connaissez déjà, même si les documents peuvent être nouveaux. Vous pouvez analyser point par point les résultats puis rédiger une courte synthèse, ou bien réorganiser les données sous la forme d'un texte émaillé de renvois aux documents.

2 • CONCOURS D'ENTRÉE ERGOTHÉRAPEUTES

Présentation de l'épreuve

L'épreuve de biologie des concours d'entrée en écoles d'ergothérapeutes porte sur le programme de biologie des classe de première et terminale scientifiques.

Elle représente la partie la plus importante de l'épreuve commune de biologie-physique, c'est-à-dire de 12 à 15 points sur les 20 points attribués à cette épreuve. Elle se compose soit de plusieurs exercices, soit de questions à réponse courte et d'exercices, ou encore de QCM (questions à choix multiple).

Quelques conseils

L'épreuve de biologie-physique des concours ergothérapeute dure une heure au cours de laquelle vous avez à traiter 2, 3 voire 4 exercices uniquement pour la partie biologie. La réussite de cette épreuve passe donc en premier lieu par la rapidité et une bonne gestion du temps imparti. Il est bien évident que plus vos acquis seront solides, moins vous perdrez de temps à vous remémorer les parties du cours nécessaires !

Pensez toujours que le correcteur verra passer sous ses yeux plusieurs centaines de copies et que son indulgence est souvent inversement proportionnelle au nombre de copies qu'il lira. Il appréciera particulièrement la concision et la clarté de votre texte ainsi que la propreté de la graphie et des schémas. Les questions posées appellent rarement de longs développements privilégiez l'emploi de mots-clés que vous n'hésiterez pas à mettre en évidence, par exemple en les soulignant. Pour les mêmes raisons, ne reprenez pas l'énoncé des questions, le correcteur le connaît (il l'a généralement écrit !). Toujours pour faciliter la lecture de votre copie, n'hésitez pas à « l'aérer », en laissant des lignes vierges, en ne remplissant pas les pages de la première à la dernière ligne.

La plupart des exercices sont présentés sous la forme de résultats expérimentaux dont vous devez tirer les conclusions. Évitez de tomber dans les excès fréquemment constatés : les résultats donnés ne sont pas une invitation à réciter votre cours. Utilisez ce qui dans vos connaissances vous permettra de comprendre, d'analyser et d'interpréter les expériences, celles-ci doivent vous permettre de retrouver certaines notions. Comme vous vous appuyez sur des documents pour votre rédaction, n'hésitez pas à insérer dans votre texte des renvois à ces documents.

Enfin, on n'insistera jamais assez sur l'importance du respect des consignes imposées par le texte. Répondez par un mot ou une phrase quand on vous le demande. C'est de cette manière que vous montrerez votre capacité à comprendre un énoncé et à y répondre avec efficacité.

Sujets complets psychomotriciens

SUJET 1 Lille (I)

1 Chez l'homme, un coup sec appliqué sous la rotule, au niveau du tendon du muscle antérieur de la cuisse provoque l'extension de la jambe. Ce test est utilisé pour contrôler le bon fonctionnement de la moelle épinière.

a) Identifiez cette réaction. Justifiez votre réponse.

b) Dans le mouvement de la jambe, quels sont les rôles respectifs des muscles antérieurs et postérieurs de la cuisse. Comment peut-on nommer également ces groupes musculaires de façon plus générale, en fonction de leur rôle respectif ?

c) Décrivez, éventuellement en vous aidant d'un schéma, les éléments qui interviennent dans cette réaction particulière, et expliquez la conduction nerveuse, le sens de conduction du message nerveux depuis l'excitation du récepteur sensoriel jusqu'à la réponse des muscles antérieurs et postérieurs de la cuisse mis en jeu.

d) En physiologie, à quoi sert ce phénomène ?

(10 POINTS)

2 Définir le cadre d'une « maladie génétique autosomique récessive » et décrivez ses modes de transmission possibles entre les générations.

(10 POINTS)

CORRIGÉ

1 Mouvement d'extension de la jambe à la suite d'un coup sec appliqué sous la rotule

a. Le mouvement d'extension de la jambe observé lors de l'examen de contrôle est un mouvement réflexe, involontaire, stéréotypé et prévisible.

La percussion du tendon rotulien étire le muscle extenseur de la jambe, ce qui provoque sa contraction et donc l'extension de la jambe.

Cette contraction réflexe d'un muscle en réponse à son propre étirement constitue un réflexe myotatique. C'est un réflexe médullaire, le centre nerveux impliqué étant la moelle épinière.

b. C'est la contraction du muscle antérieur de la cuisse (muscle extenseur de la jambe) qui provoque le mouvement d'extension. Cette contraction du muscle antérieur s'accompagne du relâchement du muscle postérieur de la cuisse (muscle fléchisseur de la jambe).

On observe ainsi une activité coordonnée des muscles extenseur et fléchisseur qui sont alors qualifiés d'antagonistes. Dans un mouvement, la contraction de l'un s'accompagne du relâchement de l'autre.

c. La réalisation du réflexe myotatique nécessite la présence de 5 éléments :

– Le récepteur du stimulus : un fuseau neuromusculaire du muscle extenseur, sensible à l'étirement.

– La voie nerveuse afférente : le neurone sensitif qui conduit l'influx nerveux du récepteur jusqu'au centre nerveux.

– Le centre nerveux : la moelle épinière qui reçoit et intègre le message sensitif puis commande une réponse motrice adaptée. C'est dans la moelle épinière que s'effectue la transmission synaptique entre le neurone sensitif afférent et le neurone moteur efférent.

– La voie nerveuse efférente : le motoneurone qui conduit l'influx nerveux moteur depuis la moelle épinière jusqu'à l'effecteur.

– L'effecteur : les fibres contractiles du muscle antérieur qui se contractent.

Dans ce circuit nerveux du réflexe myotatique, le motoneurone du muscle extenseur est relié au neurone sensitif par une synapse excitatrice au niveau de la moelle épinière. La transmission de l'influx nerveux par cette synapse excitatrice aboutit à la contraction du muscle extenseur et l'extension de la jambe.

Le circuit nerveux du réflexe myotatique est monosynaptique.

Le relâchement du muscle antagoniste fléchisseur mobilise un circuit nerveux d'innervation réciproque. Un inter-neurone inhibiteur s'intercale entre le neurone sensitif provenant du muscle extenseur et le motoneurone innervant le muscle fléchisseur. Ainsi un même message sensitif, par le biais d'une synapse excitatrice puis d'une synapse inhibitrice, induit le relâchement du muscle antagoniste.

Le circuit nerveux d'innervation réciproque est polysynaptique.

d. L'activité coordonnée des muscles antagonistes extenseurs et fléchisseurs permet le maintien de la posture. La pesanteur tend à provoquer l'effondrement du corps et donc à étirer les muscles extenseurs. Par réflexe myotatique ceux-ci exercent une force antagoniste à la pesanteur permettant de maintenir la posture. Ces muscles sont en état de tension permanente appelé tonus musculaire.

2 Maladie génétique autosomique récessive

Une maladie autosomique est liée à l'expression dans le phénotype d'un individu d'allèles situés sur des autosomes, c'est-à-dire des chromosomes non sexuels. Les autosomes sont strictement homologues et présentent donc la même succession d'allèles aux mêmes loci.

Une maladie récessive est liée à l'expression dans le phénotype d'un individu d'un allèle récessif. Un allèle muté qui ne peut s'exprimer dans le phénotype que s'il est présent dans le génotype en une seule version.

Une maladie autosomique récessive est donc liée à la présence dans le génome d'un individu de 2 exemplaires d'un allèle récessif portés par une paire d'autosomes. Cet individu est dit homozygote récessif.

On considère un allèle récessif a par rapport à l'allèle dominant A.

Un individu (A//A) est homozygote dominant et sain.

Un individu (A//a) est hétérozygote et porteur sain. Malgré la présence de l'allèle muté, l'individu n'exprime pas la maladie.

Un individu (a//a) est homozygote récessif et malade.

Deux individus atteints transmettent obligatoirement la maladie. Ces individus homozygotes récessifs produisent à la suite de la méiose des gamètes qui possèdent tous la version récessive du gène. Tous les descendants seront atteints.

Deux individus hétérozygotes (A//a) non malades produisent à la suite de la méiose deux types de gamètes, (A/) et (a/). Ces individus peuvent donc transmettre la maladie à la génération suivante avec une probabilité de 1/4 comme le montre le tableau suivant :

gamètes ♂ / gamètes ♀	A/	a/
A/	A//A	A//a
a/	A//a	a//a

Par ailleurs, la moitié des descendants seront statistiquement hétérozygotes c'est-à-dire porteurs sains (A//a) et auront eux-mêmes la possibilité de transmettre la maladie.

SUJET 2 Lille (II)

1 Après avoir donné la définition des termes suivants :
« Reproduction sexuée », « insémination », et « fécondation », expliquez le déroulement de la fécondation dans l'espèce humaine jusqu'au stade de deux cellules inclus.
Définissez et expliquez les contingences d'une méthode contraceptive.
Donnez les principes et des exemples de contraceptions masculines et féminines.

(10 POINTS)

2 Donnez les bases immunologiques de la vaccination. Quelles sont les différentes catégories de vaccins utilisées actuellement. Illustrez votre propos à l'aide d'exemples. Expliquez les difficultés d'obtention d'un vaccin anti-VIH.

(10 POINTS)

CORRIGÉ

1 Reproduction sexuée et contraception dans l'espèce humaine

Reproduction sexuée : La reproduction sexuée est un processus qui permet la production de nouveaux individus d'une espèce donnée au cours du temps. Ce mode de reproduction implique la formation de gamètes par le mécanisme de la méiose et le rapprochement de ces gamètes, mâle et femelle au cours de la fécondation, pour former une cellule œuf à l'origine d'un nouvel individu.

Insémination : L'insémination est l'introduction des gamètes mâles (spermatozoïdes) dans le tractus génital féminin pour permettre la rencontre avec le gamète femelle (ovule).

Fécondation : La fécondation est une étape de la reproduction sexuée qui consiste en la réunion de deux gamètes pour former une cellule œuf, le zygote, à l'origine de l'embryon.

Le déroulement de la fécondation

Le gamète mâle, le spermatozoïde, rencontre dans les voies génitales féminines le gamète femelle, un ovocyte II.

Il est possible de décrire le déroulement de la fécondation en 4 étapes :

• La rencontre des gamètes : Les spermatozoïdes, mobiles, progressent jusqu'au tiers supérieur de l'oviducte. La rencontre d'un spermatozoïde avec l'ovocyte II nécessite une reconnaissance spécifique entre des protéines de la membrane pellucide de l'ovocyte et des récepteurs de la membrane du spermatozoïde. Il se produit alors une réaction acrosomique : les enzymes de l'acrosome du spermatozoïde lui permettent de traverser la membrane pellucide et de venir au contact de la membrane plasmique de l'ovocyte.

• La fusion des membranes et le blocage de la polyspermie : La fusion des membranes induit la reprise de l'activité ovocytaire avec l'exocytose des granules corticaux dans l'espace périovulaire (réaction corticale). Les enzymes exocytées modifient la zone pellucide qui devient imperméable aux autres spermatozoïdes.

• La reprise de la méiose de l'ovocyte II : Alors que le spermatozoïde injecte son matériel chromosomique dans le cytoplasme de l'ovocyte bloqué en métaphase de division équationnelle, celui-ci reprend et achève sa méiose et éjecte son deuxième globule polaire. L'ovule contient alors 2 pronucléi mâle et femelle.

• Mise en commun du matériel génétique et première division de mitose : Les 2 pronucléi migrent l'un vers l'autre et chacun des 2 lots de chromosomes subit une réplication. La mise en commun des chromosomes d'origine paternelle et maternelle au niveau du plan équatorial est immédiatement suivie de l'anaphase de la première division de mitose du zygote. On obtient ainsi un embryon au stade de 2 cellules enfermé dans une membrane de fécondation et toujours localisé dans la trompe.

Les méthodes contraceptives

Une méthode contraceptive permet d'empêcher la survenue d'une grossesse pendant une période définie.

La contraception doit être adaptée dans chaque cas en fonction de 4 critères majeurs : efficacité, innocuité, acceptabilité et réversibilité. Ces différents critères sont modulés en fonction de chaque femme selon de nouveaux facteurs (âge, mode de vie, antécédents familiaux, sexualité, valeurs morales...).

• Efficacité : le pourcentage d'efficacité est un chiffre théorique correspondant à des conditions d'utilisation optimales qui ne sont pas toujours observées (oubli...).

• Innocuité : une méthode contraceptive ne doit pas influer sur l'état de santé de la femme. La prescription dépend donc de son mode de vie (tabagisme...), de son état de santé actuel et/ou de ses antécédents familiaux (maladies cardiovasculaires, diabète, hypertension artérielle...).

• Acceptabilité : ici l'âge peut être un facteur déterminant, certaines méthodes contraceptives nécessitant une certaine connaissance de son corps.

• Réversibilité : à l'arrêt de l'utilisation d'une méthode contraceptive le retour à la fertilité doit être rapide.

Un choix contraceptif peut aussi se heurter aux difficultés économiques de la personne.

Il existe différentes contraceptions, naturelles, locales ou hormonales qui peuvent agir en empêchant la fécondation et/ou la nidation ou en empêchant l'ovulation.

Les préservatifs masculin ou féminin constituent une barrière empêchant la rencontre des gamètes. Ils présentent aussi l'avantage non négligeable d'assurer une protection contre les MST, sida inclus.

Le dispositif intra-utérin ou stérilet placé dans la cavité utérine la rend impropre à la nidation.

Les méthodes qui empêchent l'ovulation sont exclusivement hormonales.

Les œstrogènes et la progestérone de synthèse que contient la pilule œstro-progestative exercent un rétrocontrôle négatif constant sur le complexe hypo-thalamo-hypophysaire. Les sécrétions de LH et FSH restent faibles bloquant croissance folliculaire et ovulation.

Le taux d'échec très faible de la pilule en fait le mode de contraception le plus utilisé chez les femmes mais il existe des contre-indications : l'hypertension artérielle par exemple n'est pas compatible avec la prise d'œstrogènes.

2 La vaccination

Les bases immunologiques de la vaccination

La vaccination consiste à introduire dans l'organisme un antigène sous une forme inoffensive afin de provoquer une réaction immunitaire à médiation humorale et/ou cellulaire.

Les macrophages phagocytent l'antigène et le présentent aux cellules immuno-compétentes, les lymphocytes T4 et T8 dont certains possèdent la capacité de reconnaître cet antigène. Les lymphocytes T4 ainsi stimulés deviendront des lymphocytes auxiliaires qui ont la capacité de :

– stimuler la différenciation des LT8 sélectionnés en lymphocytes cytotoxiques. C'est le principe de la réaction immunitaire à médiation cellulaire.

– stimuler la différentiation de lymphocytes B ayant eux-mêmes reconnus directement l'antigène en plasmocytes sécréteurs d'anticorps. C'est le principe de la réaction immunitaire à médiation humorale.

Ce premier contact vaccinal avec l'antigène induit au niveau de l'organisme une réaction immunitaire primaire caractérisée par l'apparition d'anticorps dans le sérum.

Plus tard, un rappel vaccinal ou l'exposition au véritable agent pathogène provoque l'apparition d'anticorps en seulement 1 à 3 jours en quantité plus importante. Il s'agit d'une réaction secondaire plus rapide, plus ample et donc plus efficace qui montre que le système immunitaire a conservé la mémoire de l'antigène par l'intermédiaire de cellules mémoires produites au cours de la réaction primaire.

Ainsi la vaccination induit une réponse active de la part de l'organisme à effets durables. C'est une méthode préventive.

Les différentes catégories de vaccins

On distingue 4 grandes catégories de vaccins selon la nature des antigènes qu'ils contiennent.

• Agents infectieux inactivés : les agents infectieux sont détruits chimiquement ou thermiquement (grippe, poliomyélite)

• Agents vivants atténués : les agents vivants atténués ont perdu par mutation leur caractère pathogène (rougeole, oreillons, bacille de Calmette et Guérin)

• Sous-unités d'agents infectieux : les sous-unités d'agents infectieux sont le plus souvent des protéines antigéniques de surface purifiées ou fabriquées par des organismes génétiquement modifiés (hépatite B)

• Anatoxines : une anatoxine est une toxine d'agent infectieux rendue inactive chimiquement ou thermiquement (diphtérie, tétanos)

Les vaccins peuvent aussi contenir des agents de conservation, des stabilisants et des adjuvants (substances qui stimulent la réaction immunitaire)

Difficultés d'obtention d'un vaccin anti-VIH

On ne dispose pas actuellement de vaccin contre le sida. Des essais ont utilisé la glycoprotéine de surface (GP120) du virus en tant qu'antigène. C'est une molécule qui permet la fixation du virus à sa cellule cible, le lymphocyte T4.

Le vaccin déclenche la production d'anticorps spécifiques de la partie la plus accessible de la molécule GP120, la boucle V3, qui est malheureusement un site hypervariable. Les mutations fréquentes permettent donc au virus d'échapper à la mémoire immunitaire.

SUJET 3 ISRP (I)

– Veuillez à bien numéroter vos pages sur le modèle suivant : 1/5 signifie 1 page sur 5 au total.
– Usage de la couleur autorisé.
– Il sera tenu compte dans la correction de la précision, de la concision ainsi que de l'orthographe.

1 QUESTIONS RÉDACTIONNELLES COURTES

1. Définissez avec concision les expressions et les mots suivants :
– accommodation.
– capacitation.
– îlot de Langerhans.
– gène de susceptibilité.
– chromatine nucléolaire.
– plaque équatoriale.

(3 POINTS)

2. Faites le schéma précisément légendé d'une cellule à 2n = 6, en anaphase de division réductionnelle sachant qu'il existe dans cette cellule une translocation robertsonienne.

(2 POINTS)

3. Suite à votre description histologique du testicule, commentez brièvement les étapes de la spermatogenèse.

(2 POINTS)

2

Les virus grippaux appartiennent à la famille des Orthomyxoviridae, caractérisée par un génome segmenté constitué de 7 ou 8 ARN monocaténaires. Les virus grippaux sont classés en trois types A, B et C (Myxovirus influenzae A, B et C), en fonction de leur protéine centrale. Pour les virus grippaux A, les sous-types sont classés en fonction de l'existence d'une activité hémagglutinine (HA) ou neuraminidase (NA) qui sont des glycoprotéines de l'enveloppe virale. HA facilite la fixation du virus sur la cellule cible et NA est une enzyme impliquée dans la libération du virus. Il existe 16 sous-types de HA et 9 sous-types de NA connus actuellement chez les virus grippaux A. L'Homme est en général infecté par des virus de sous-type H1, H2 ou H3, ainsi que N1 ou N2. La fréquence élevée des mutations génétiques de ces virus de classe A contribue à la grande variabilité des antigènes HA et NA.

1. Expliquer en quoi une mutation provoque une variabilité des antigènes HA et NA.

2. Que signifie que HA et NA soient considérés comme des antigènes ?

Il existe deux types de vaccins antigrippaux, les vaccins inactivés et les vaccins vivants atténués. Il existe 3 types de vaccin antigrippal inactivé, à savoir les vaccins à virus entier, les vaccins à virus fragmenté et les vaccins sous-unités. Dans la plupart des pays, les vaccins à virus entier ont été remplacés par les vaccins fragmentés et sous-unités qui sont moins réactogènes. Dans les vaccins à virus fragmenté, le virus a été dissocié au moyen d'un détergent. Dans les vaccins sous-unités, les protéines HA et NA ont été purifiées en éliminant les autres constituants viraux.

En février de chaque nouvelle année, l'Organisation Mondiale de la Santé (OMS) fixe les souches virales qui composeront le vaccin antigrippal de l'année suivante, en fonction des données épidémiologiques résultant de la surveillance des virus influenza circulants.

3. Que signifie vaccin vivant atténué ?

4. Pourquoi l'OMS doit fixer tous les ans les souches virales utilisées pour les vaccins ?

La protection contre la maladie est due essentiellement aux anticorps circulants. Les lymphocytes T cytotoxiques spécifiques de la grippe permettent de limiter l'infection.

5. Expliquez par un schéma précisément légendé comment les LT cytotoxiques limitent l'infection.

Il existe des médicaments. Parmi eux, l'oseltamivir (Tamiflu(r)) est un inhibiteur de la neuraminidase qui permet de diminuer l'importance des symptômes et la durée de l'affection.

6. À quelle classe de médicament appartient l'oseltamivir ? D'après sa fonction, que pouvez-vous dire sur sa structure spatiale ?

(5 POINTS)

3

À l'aide d'un montage schématisé dans le document 1, on pratique une stimulation d'un axone et on enregistre les phénomènes électriques grâce à trois paires d'électrodes réceptrices de plus en plus éloignées du point de stimulation. Les enregistrements sont représentés dans le document 2.

Document 1

Montage expérimental

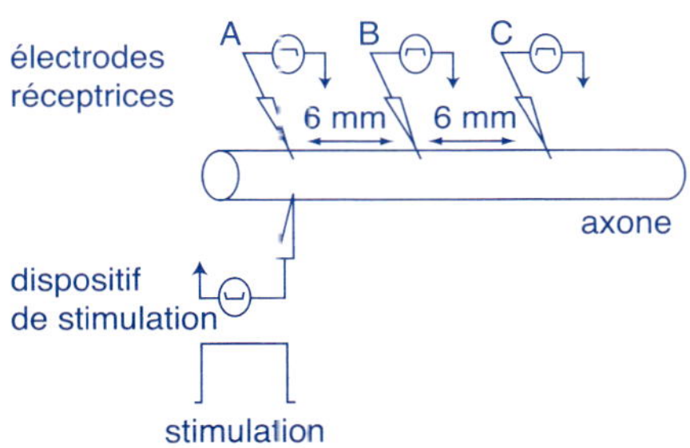

Document 2

Enregistrements

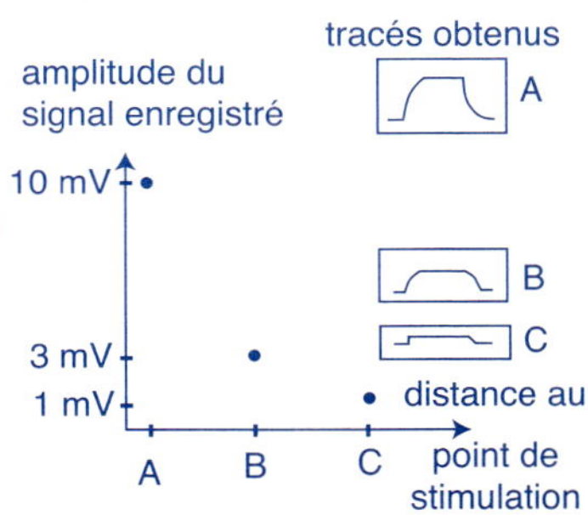

1. Quelle information apporte l'analyse du document 2 concernant la stimulation ?

2. Quelle est la caractéristique du signal observé ?

3. D'après vos connaissances, où peut-on observer les tracés du document 2 sur un neurone *in vivo* et à quoi correspondent-ils ?

Une stimulation efficace est portée maintenant sur l'axone et on enregistre les phénomènes électriques grâce aux mêmes paires d'électrodes.

4. Faites les schémas des tracés obtenus au niveau des électrodes A et C.

(4 POINTS)

4

L'acétylcholinestérase intervient dans la transmission de l'influx nerveux au niveau de certaines synapses en catalysant l'hydrolyse de l'acétylcholine en choline et acide éthanoïque. Cette enzyme agit à un pH optimal très voisin de 7,7. La mesure de l'activité de l'enzyme isolée, in vitro, est réalisée à pH = 7,7 et à 25 °C. On utilise toujours la même concentration d'enzyme. Les vitesses initiales pour différentes concentrations en acétylcholine sont rassemblées dans le tableau 1 suivant :

TABLEAU 1 :

Concentration en acétylcholine (mmol/L)	Vitesse initiale (micromole de produit formé/min./mL de milieu)
0,10	0,99
0,15	1,37
0,22	1,81
0,40	2,70
1,00	4,00
1,20	4,00

1. Que représente l'acide éthanoïque dans le cadre de cette réaction ?

2. Analysez les données du tableau 1 et concluez.

On mesure, maintenant, l'activité de l'enzyme en présence d'un analogue structural de l'acétylcholine. Cette molécule est notée A. Elle ne sera jamais hydrolysée. L'étude se fait dans les mêmes conditions que précédemment en ajoutant simplement au milieu expérimental une certaine quantité de molécules A.

Les résultats expérimentaux sont consignés dans le tableau 2 suivant :

TABLEAU 2 :

Concentration en acétylcholine (mmol/L)	Vitesse initiale (micromole de produit formé/min./mL de milieu) en présence de A
0,10	0,65
0,15	0,93
0,22	1,30
0,40	2,00
1,00	3,50
1,20	4,00

3. Commentez les données du tableau 2 et concluez quant à l'action de la substance A.

4. À quel autre résultat auriez pu vous attendre quant aux valeurs de la vitesse initiale en présence de A ?

5. Quelle serait la conséquence à très court terme de la présence de la substance A au niveau de la jonction neuromusculaire ?

(4 POINTS)

CORRIGÉ

1 QUESTIONS RÉDACTIONNELLES COURTES

1. Accommodation : capacité que possède un organisme vivant à adapter ses caractéristiques morphologiques aux conditions écologiques qu'il subit (ex : anémomorphose des végétaux).

Capacitation : maturation fonctionnelle des spermatozoïdes qui se déroule dans le tractus génital femelle et qui leur permet de féconder l'ovule.

Ilots de Langerhans : amas cellulaire endocrine du pancréas. Les cellules β, centrales, sont sécrétrices de l'insuline. Les cellules α, périphériques sont sécrétrices du glucagon.

Gène de susceptibilité : un gène de susceptibilité ou gène de prédisposition est un gène qui tend à favoriser l'apparition d'une maladie, parfois en association avec d'autres gènes ou des facteurs de l'environnement. On connait par exemple des gènes de susceptibilité pour le cancer du sein.

Chromatine nucléolaire : la chromatine est un ensemble constitué par de l'acide désoxyribonucléique (ADN) associé à des protéines nucléaires (histones). L'ADN de la chromatine nucléolaire porte les gènes codant pour les acides ribonucléiques ribosomaux (ARNr), le nucléole étant principalement le lieu d'assemblage des sous-unités des ribosomes.

Plaque équatoriale : la plaque équatoriale est formée par le regroupement des chromosomes condensés à l'équateur de la cellule, à égale distance des pôles au moment de la métaphase.

La transformation robertsonienne implique deux chromosomes acrocentriques. On observe une fusion centrique des deux chromosomes après pertes des bras courts.

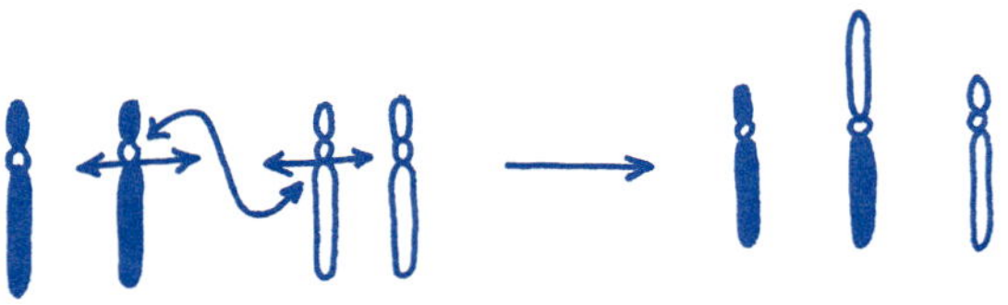

2. Schéma d'une cellule (2n = 6) en anaphase de division réductionnelle avec translocation robertsonienne.

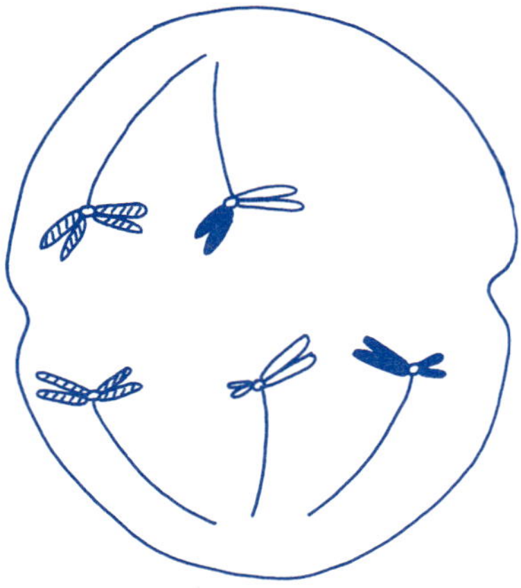

3. Les testicules sont logées dans une enveloppe cutanéo-musculaire : le scrotum. Elles sont délimitées par une structure fibro-musculaire, l'albuginée qui émet à l'intérieur des testicules des cloisons fibreuses ou septa délimitant un grand nombre de lobes. Chaque lobe renferme de 1 à 4 tubes séminifères et des cellules interstitielles, les cellules de Leydig sécrétrices de testostérone. La paroi des tubes séminifères contient les cellules de Sertoli et les cellules germinales qui subissent la spermatogenèse.

La spermatogenèse commence par une étape de multiplication des spermatogonies (2n) par mitose (27 jours).

On obtient à la suite de plusieurs cycles mitotiques des spermatocytes de 1er ordre (2n) qui entrent dans une phase de maturation pendant laquelle se déroulent croissance cellulaire et méiose (24 jours). La division réductionnelle permet d'obtenir des spermatocytes de 2nd ordre (n), la division équationnelle permet d'obtenir des spermatides (n).

Un spermatocyte de 1er ordre, à l'issue de la méiose donne donc 4 spermatides.

La phase de différenciation ou spermiogenèse (23 jours) transforme les spermatides en spermatozoïdes.

La spermatogenèse se déroule de façon centripète depuis la périphérie jusqu'à la lumière du tube séminifère.

2

1. Une protéine est caractérisée par une séquence précise d'acides aminés. C'est cette séquence primaire qui conditionne la structure tridimensionnelle précise de la protéine sur laquelle repose ses propriétés.

La protéine est codée par un gène et une mutation de ce gène peut induire une modification de la séquence d'acides aminés (mutation faux-sens et non-sens).

La modification, à la suite de mutations, de la séquence des acides aminés des protéines HA et NA induit alors une modification de leur conformation spatiale.

2. Si HA et NA sont des antigènes alors ils peuvent induire au niveau de l'organisme une réaction immunitaire spécifique basée notamment sur la reconnaissance précise de leur conformation spatiale par des anticorps.

3. Un vaccin vivant atténué contient un agent infectieux vivant dont les propriétés pathogènes ont disparu en raison généralement d'une mutation mais qui a conservé son pouvoir immunogène.

4. On sait que la fréquence élevée des mutations génétiques des virus de classe A contribue à la grande variabilité des antigènes HA et NA. D'une année sur l'autre compte tenu de cette fréquence élevée de mutation, de nouvelles souches virales peuvent apparaître qui nécessitent l'élaboration d'un nouveau vaccin.

5. Schéma de l'action d'un LTc sur une cellule infectée.

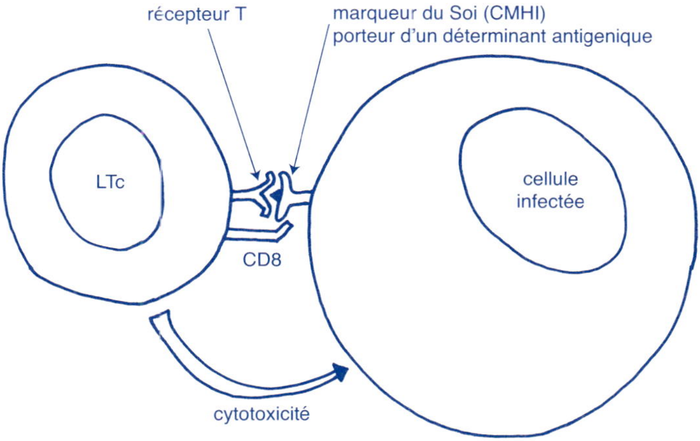

6. L'Oseltamivir ou Tamiflu est un médicament antiviral, inhibiteur de la neuranimidase. La neuranimidase est une enzyme impliquée dans la libération du virus. L'Oseltamivir en tant qu'inhibiteur doit se fixer sur le site actif de l'enzyme empêchant celle-ci d'agir sur son substrat. Le médicament est donc probablement un analogue structural du substrat de l'enzyme NA.

3

1. Le document 2 montre que la stimulation n'est pas efficace. L'amplitude des signaux enregistrés diminue au fur et à mesure que l'on s'éloigne du point de stimulation. Les signaux ne correspondent donc pas à un potentiel d'action dont une des caractéristiques est de se propager le long de la fibre nerveuse sans perte d'amplitude. La stimulation n'a donc pas été suffisante pour atteindre le seuil d'excitabilité de l'axone.

2. Le signal enregistré correspond à une simple dépolarisation membranaire provoquée par la stimulation électrique. Son amplitude décroît en se propageant le long de la fibre.

3. De telles dépolarisations membranaires s'observent sur un neurone « in vivo » dans deux cas :

– En arrière des connexions synaptiques reçues par ce neurone. La transmission synaptique au niveau d'une synapse excitatrice génère localement au niveau de la membrane du neurone un potentiel post-synaptique excitateur (PPSE) qui se propage avec amortissement. C'est la sommation de ces PPSE générés au niveau d'une ou plusieurs synapses qui permet d'obtenir un signal global qui doit atteindre le seuil d'excitabilité du neurone pour provoquer des potentiels d'action.

– Au niveau du pôle récepteur d'un neurone sensitif. La perception d'un stimulus génère l'apparition au niveau d'un site transducteur d'un potentiel de récepteur qui se propage avec amortissement jusqu'au site générateur de potentiel d'action. Ce potentiel de récepteur doit atteindre le site générateur avec une amplitude suffisante, dépassant une valeur seuil, pour déclencher des potentiels d'action.

4. Schéma des tracés obtenus après stimulation efficace d'un axone et enregistrés par une électrode réceptrice à la surface de l'axone.

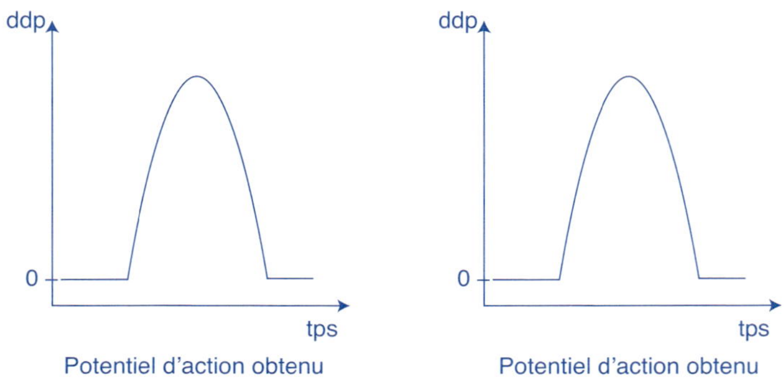

Potentiel d'action obtenu au niveau de l'électrode A

Potentiel d'action obtenu au niveau de l'électrode C

4

1. On étudie la réaction enzymatique suivante :

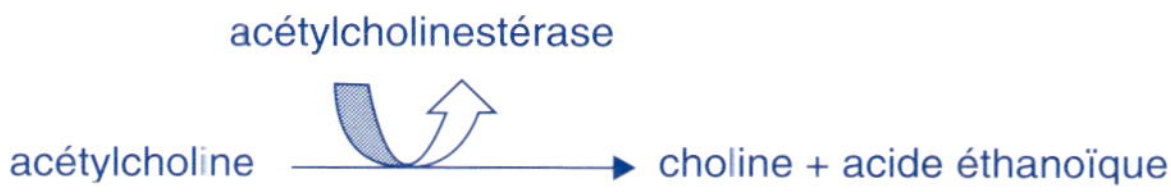

L'acide éthanoïque est un produit de la réaction enzymatique.

2. On étudie la variation de la vitesse initiale en fonction de la concentration en substrat (acétylcholine) de la solution. Température, pH et concentration en enzymes restent constants.

On note que la vitesse initiale de la réaction augmente avec la concentration en substrat. Cependant, à partir d'une concentration de 1mmol/l d'acétylcholine la vitesse mesurée reste constante et maximale.

L'enzyme est saturée, tous les sites actifs des molécules enzymatiques sont occupés par une molécule de substrat. La vitesse ne peut plus augmenter.

3. En présence de la molécule A, les vitesses initiales mesurées sont plus faibles par rapport à l'expérience témoin (tableau 1), sauf en condition de saturation. En condition de vitesse maximale la molécule A ne semble plus avoir d'action sur la réaction enzymatique.

Une molécule qui ralentit la vitesse de réaction sans affecter la vitesse maximale est un inhibiteur compétitif.

La molécule A, analogue structural de l'acétylcholine, a la capacité de se fixer sur le site actif de l'enzyme et d'empêcher celle-ci d'agir sur son substrat. Cependant, lorsque la concentration en substrat est très élevée (condition de vitesse maximale) la concentration relative de l'inhibiteur devient suffisamment faible pour que son action sur la réaction enzymatique soit négligeable.

4. Il existe d'autres types d'inhibiteurs de la réaction enzymatique. Les inhibiteurs non compétitifs se fixent sur un site de l'enzyme indépendant du site actif. Dans ce cas toutes les enzymes peuvent se fixer à une molécule de substrat mais les enzymes complexées à l'inhibiteur sont inactives. La vitesse de réaction sera donc diminuée même à des concentrations élevées de substrat puisqu'il persistera dans la solution des enzymes inactives.

5. L'acétylcholinestérase intervient dans la synapse neuromusculaire en hydrolysant l'acétylcholine qui vient d'agir su ses récepteurs post-synaptiques. En présence de la molécule A, l'acétylcholine non dégradée s'accumule et s'ajoute à de l'acétylcholine nouvellement exocytée dans la fente synaptique ce qui entrainera une réponse non adaptée, trop intense, de la fibre musculaire.

SUJET 4 ISRP (II)

– Veuillez à bien numéroter vos pages sur le modèle suivant : 1/5 signifie 1 page sur 5 au total.
– Usage de la couleur autorisé.
– Il sera tenu compte dans la correction de la précision, de la concision ainsi que de l'orthographe.

1 QUESTIONS RÉDACTIONNELLES COURTES

1. Définissez et commentez brièvement les expressions et les mots suivants :
– autosome
– paroi végétale primaire
– brassage intra-chromosomique
– cycle de développement
– dispositif intra-utérin
– insuline

(3 POINTS)

2. Tracez les courbes de l'évolution de la quantité des anticorps, des lymphocytes T4 et de la charge virale chez un sujet, depuis le jour de son infection par le VIH jusqu'à son décès.

(2 POINTS)

3. Après avoir discuté des intervenants d'un système de régulation, montrez que le réflexe d'extension s'inscrit dans votre description.

(3 POINTS)

2

• Le document de la page suivante montre les caryotypes de quatre sujets : sujet A ; sujet B ; sujet C ; sujet D

1. Analysez, sans justifier, les 4 caryotypes humains ci-dessus en précisant pour chacun d'eux :
– s'il s'agit d'un homme ou d'une femme.
– s'il s'agit d'une cellule somatique ou d'un gamète.
– si le sujet est normal ou frappé d'une anomalie chromosomique (si tel est le cas, précisez le nom de cette anomalie).
• Un individu possède 4 paires de chromosomes (on les appellera I, II, III et IV). Dans chacune de ses cellules, 4 chromosomes sont d'origine paternelle (Ip, IIp, IIIp et IVp), 4 chromosomes sont d'origine maternelle (Im, IIm, IIIm et IVm).

2. Combien de types distincts de gamètes fabrique-t-il ?

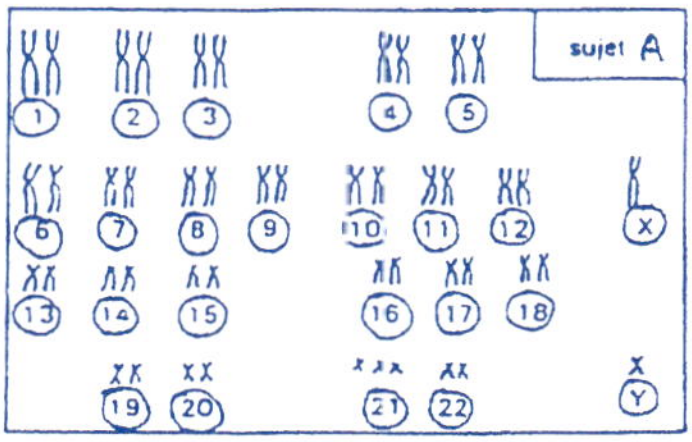

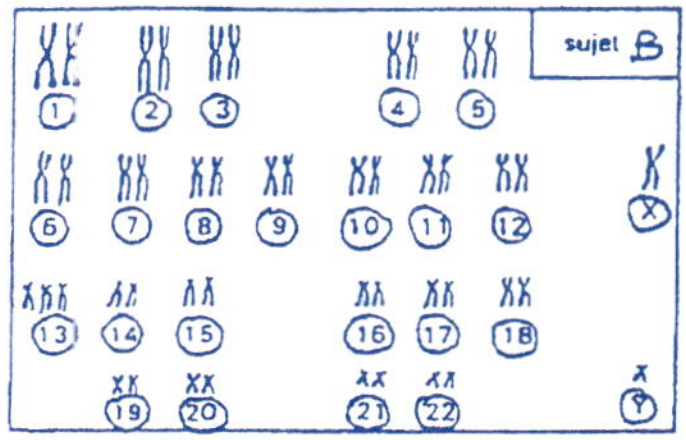

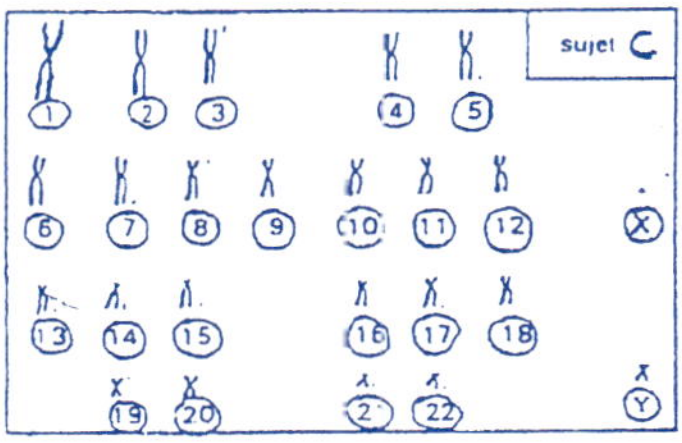

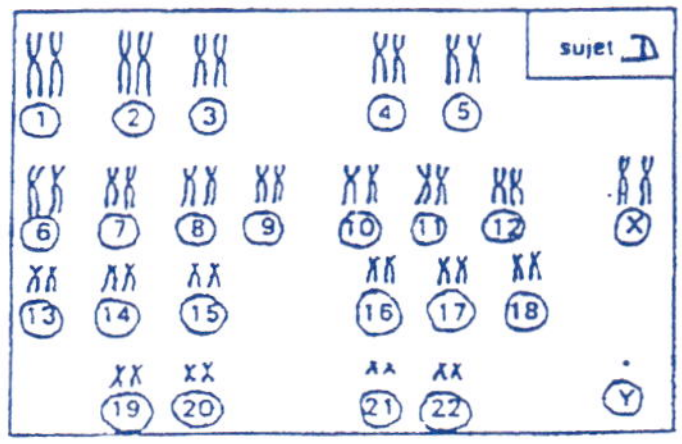

3. Représentez les anaphases de première et de deuxième divisions de méiose donnant des gamètes dont la garniture chromosomique sera Ip, IIp, IIIm et IVm.

4. Expliquez à quoi est due une telle combinaison. Quelle serait, par apport à cette dernière, la probabilité d'une autre combinaison ?

5. Calculez le nombre de zygotes possibles produits par le croisement de 2 individus de cette espèce.

(4 POINTS)

3

• Chez l'adulte mâle, la persistance des caractères sexuels et la spermatogenèse nécessitent le maintien d'un taux plasmatique de testostérone sensiblement constant. La sécrétion de cette hormone, comme la production de spermatozoïdes, sont stimulées par des gonadostimulines hypophysaires. Les relations anatomo-fonctionnelles entre l'hypophyse et l'hypothalamus ont conduit les chercheurs à s'intéresser aux mécanismes de régulation de la sécrétion de ces hormones.

Ils cherchent à préciser le rôle de la GnRH hypothalamique. Pour cela, ils dosent la FSH et la LH dans le sang de trois rats castrés :

– Rat 1 : animal témoin.

– Rat 2 : animal ayant reçu une injection d'anticorps anti-GnRH.

– Rat 3 : animal qui reçoit, en plus des anticorps anti-GnRH, une injection pulsatile d'un analogue de la GnRH qui n'est pas reconnu par l'anticorps.

Les résultats sont présentés dans le document 1 suivant.

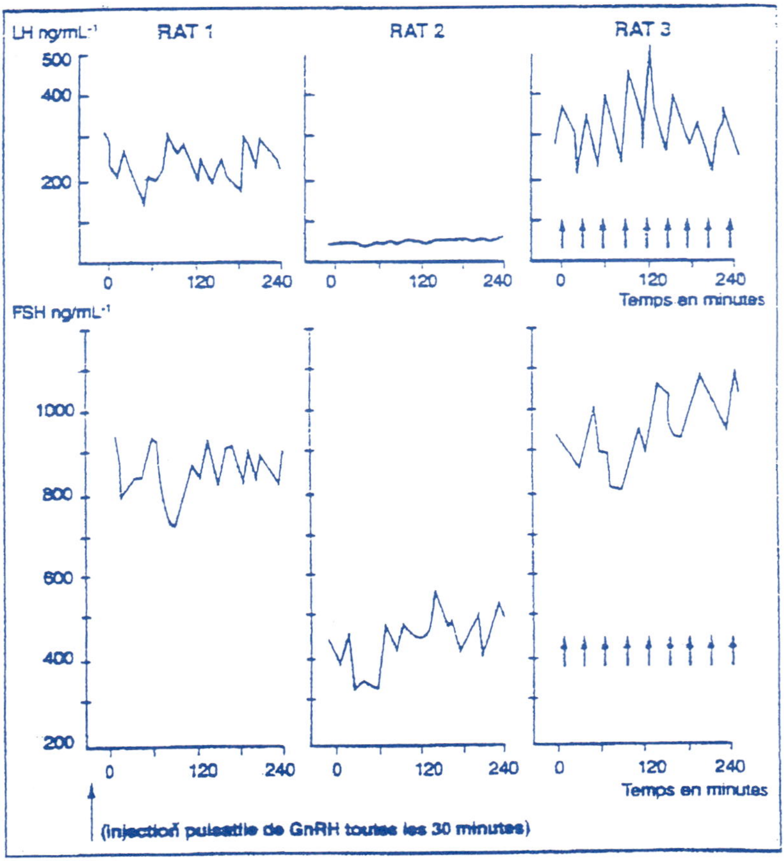

Document 1 : taux plasmatique de LH et de FSH chez trois rats castrés.

1. Quelles conclusions tirez-vous de l'analyse méthodique des résultats du document 1 ?

• Des dosages de la FSH et de la LH effectués chez des hommes atteints d'un déficit dans la synthèse de la testostérone ont permis d'obtenir les résultats du document 2 suivant.

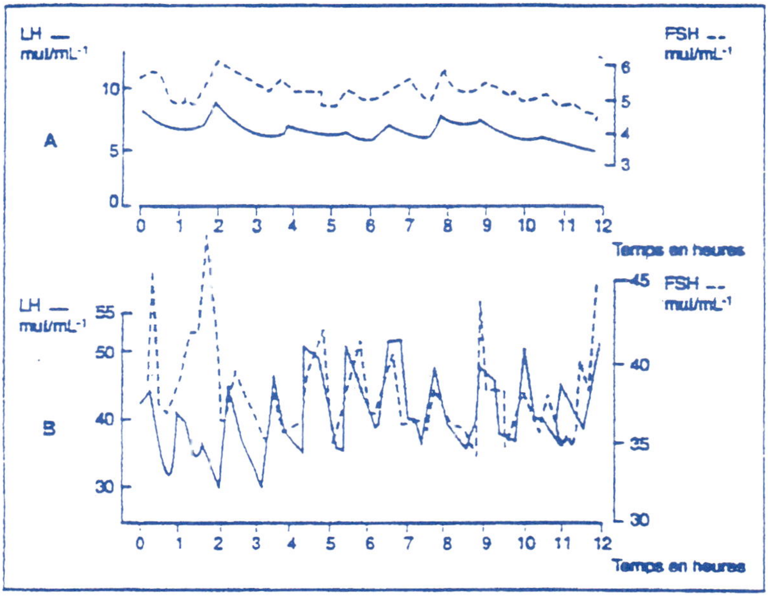

Document 2 : Taux plasmatique de LH et de FSH chez un homme normal (A) et chez un homme atteint d'un déficit de la synthèse de testostérone (B).

2. Quelle information supplémentaire apporte ce document 2 sur le fonctionnement de l'hypophyse ?

3. Quelle conclusion générale, sous forme d'un schéma, pouvez vous faire de l'ensemble des documents 1 et 2 ?

(4 POINTS)

4

• Une maladie est caractérisée par une série de troubles : tremblements des extrémités des membres, raideur des membres. Tous ces troubles pathologiques sont dus à des désordres situés dans des noyaux gris centraux encéphaliques.

Voici quelques-uns des nombreux résultats de travaux sur cette maladie chez des personnes malades et chez des animaux. Chez les malades décédés, on observe que la teneur en un neuromédiateur nommé X est très abaissée dans leur encéphale. Chez l'animal, l'injection dans un noyau gris nommé A d'une drogue détruisant les corps cellulaires entraîne la même maladie. Une stimulation électrique des neurones du noyau gris A provoque une augmentation du taux de X au niveau de neurones d'une structure nommée B.

1. Qu'est-ce qu'un noyau gris central ?

2. À partir de ces données, formuler une hypothèse concernant une origine possible de cette maladie.

• Chez un rat normal, on injecte une drogue marquée, inhibant l'activité des neurones de B. On provoque alors expérimentalement la maladie. Le marquage est localisé sur certaines régions de la membrane de leur corps cellulaire.

3. Nommez précisément ces régions. Quel est l'action de cette drogue ?

• L'injection d'une autre drogue, différente de la première, déclenche aussi la maladie sans pour autant être localisée exactement au même endroit.

4. Proposez une hypothèse sur l'action de cette autre drogue.

5. En conclusion de l'ensemble de l'exercice, faites un schéma légendé du fonctionnement de la structure étudiée.

(4 POINTS)

CORRIGÉ

1 QUESTIONS RÉDACTIONNELLES COURTES

1. Autosome : Un autosome est un chromosome n'intervenant pas dans la détermination du sexe. Les autosomes dans chaque paire sont strictement homologues et présentent la même succession de gènes aux mêmes loci.

Paroi végétale primaire : La paroi primaire d'une cellule végétale est une paroi pectocellulosique semi-rigide qui double extérieurement la membrane plasmique de la cellule. Elle est constituée de micro-fibrilles de cellulose, de pectine et d'hémicellulose. La paroi primaire est la première formée et autorise la croissance en longueur des cellules.

Brassage intra-chromosomique : Nouvelle association d'allèles sur les chromosomes créée par échange réciproque de fragments de chromatides entre chromosomes homologues lors de la prophase de la division réductionnelle de méiose (crossing-over).

Cycle de développement : ensemble des étapes de la vie d'un organisme qui commence à la formation de la cellule œuf et se termine par la formation des gamètes et la conception des descendants. Un cycle de développement présente systématiquement une alternance de 2 phases, l'haploïdie créée par la méiose et la diploïdie créée par la fécondation.

Dispositif intra-utérin : Le stérilet est utilisé comme moyen de contraception. Placé dans la cavité utérine, il empêche la nidation de l'embryon.

Insuline : L'insuline est une hormone polypeptidique, hypoglycémiante, sécrétée par les cellules des îlots de Langerhans du pancréas.

2. Courbe de l'évolution de la quantité d'anticorps, de lymphocytes T4 et de la charge virale chez un sujet atteint du sida.

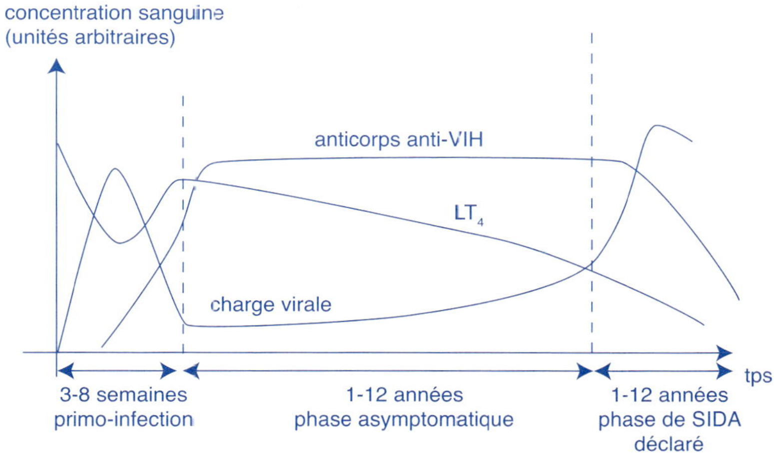

3. Tout système de régulation d'un paramètre physiologique de l'organisme comprend d'abord un récepteur mesurant la variation du paramètre réglé. Celui-ci envoie l'information à un centre intégrateur qui commande une réponse à un effecteur responsable de la correction du paramètre. Les voies de communications entre ces 3 intervenants peuvent être hormonales ou nerveuses.

Dans le cas du réflexe d'extension, la variable contrôlée est la longueur du muscle.

Un muscle squelettique est étiré, le récepteur de la variation est le fuseau neuromusculaire. L'influx nerveux généré parcourt des neurones sensitifs jusqu'au centre intégrateur qu'est la moelle épinière. Celle-ci génère un influx nerveux original qui parcourt les motoneurones innervant le muscle étiré. En conséquence les fibres musculaires se contractent, le muscle se raccourcit.

2

1. Sujet A : caryotype d'une cellule somatique d'un individu masculin atteint de trisomie 21

Sujet B : caryotype d'une cellule somatique d'un individu masculin atteint d'une trisomie 13

Sujet C : caryotype d'un spermatocyte II

Sujet D : caryotype d'une cellule somatique normale d'un individu féminin

2. L'individu possède 4 paires de chromosomes homologues soit n = 4

Le nombre de gamètes possibles en ne tenant compte que du brassage inter-chromosomique de la méiose est de 2^n.

Ici $2^4 = 16$ types distincts de gamètes.

3.

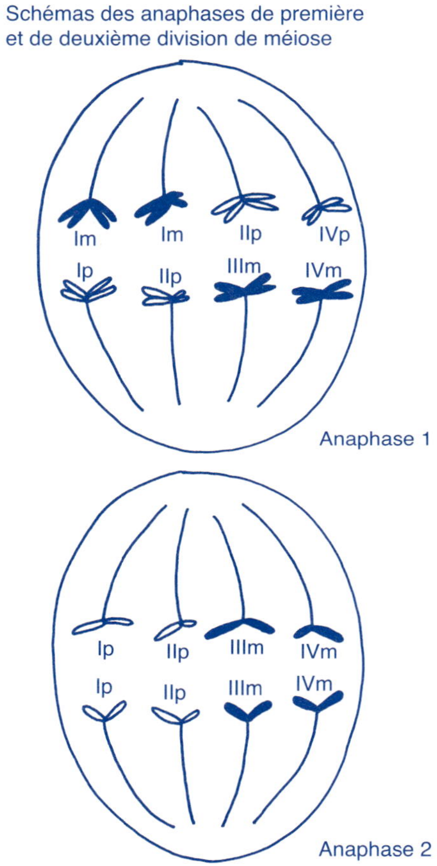

Schéma des anaphases de première et de deuxième division de méiose

4. Cette combinaison chromosomique est liée au brassage inter-chromosomique qui se déroule lors de l'anaphase de la division réductionnelle de la méiose. Il s'agit de la répartition aléatoire de part et d'autre du plan équatorial de la cellule des chromosomes d'origine paternelle et maternelle.

Statistiquement chacun des 16 types de gamètes possède la même probabilité d'apparition c'est-à-dire 1/16.

5. Chacun des 2 individus produit $2^n = 16$ types de gamètes.

Le nombre de zygotes produit par le croisement de ces 2 individus est $2^n \times 2^n$, soit $2^4 \times 2^4 = 256$.

3

1. Chez le rat 1, le rat témoin, l'évolution du taux de LH plasmatique présente une succession de pics de sécrétion. Les taux mesurés oscillent entre 150 et 300 ng/ml. Les taux de FSH suivent la même évolution et oscillent entre 700 et 900 ng/ml.

Le rat 2 reçoit une injection d'anticorps anti-GnRH. Ces anticorps, par la formation de complexes immuns neutralisent la GnRH qui ne peut plus agir sur ses cellules cibles. Les taux de FSH et LH chutent. Le taux plasmatique de LH est inférieur à 100 ng/ml et reste quasiment constant. Le taux plasmatique de FSH varie entre 300 et 550 ng/ml.

L'injection pulsatile d'un analogue de la GnRH au rat 3 rétablit la sécrétion de LH et de FSH au niveau de celles observées chez le rat témoin. A chaque pulse de GnRH correspond un pic de sécrétion de LH et de FSH.

La GnRH sécrétée sur un mode pulsatile stimule donc les sécrétions hormonales de LH et FSH.

2. Le document 2 montre que les sécrétions hypophysaires de FSH et de LH sont sensibles au taux circulant de testostérone.

Chez un homme atteint d'un déficit de la synthèse de testostérone, les sécrétions de LH et FSH sont plus élevées : l'amplitude et la fréquence des pics de sécrétion sont plus importantes que chez un homme normal.

La testostérone exerce un rétrocontrôle négatif sur le complexe hypothalamo-hypophysaire.

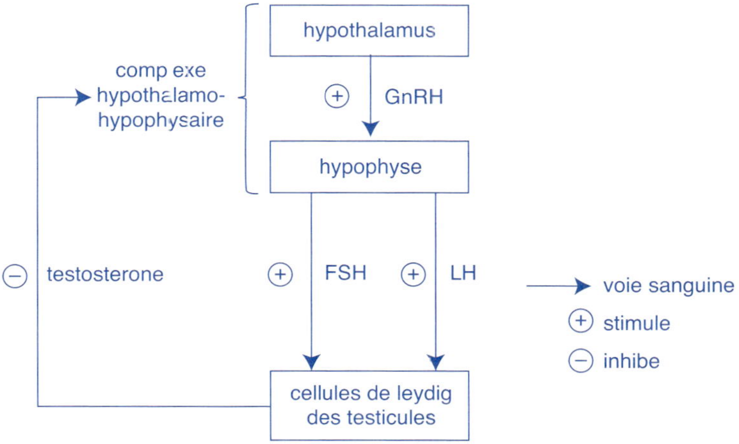

Schéma de régulation de la testostéronémie.

4

1. Les noyaux gris centraux sont des regroupements de substance grise (essentiellement des corps cellulaires de neurones) localisés à l'intérieur de l'encéphale.

Les noyaux gris centraux sont impliqués dans la modulation des mouvements volontaires chez l'homme et jouent un rôle important dans la coordination des mouvements.

2. On peut émettre l'hypothèse que l'origine de la maladie est liée à la dégénérescence des noyaux gris encéphaliques (NGE).

En effet l'expérience montre que la stimulation électrique des neurones du noyau gris central permet la sécrétion de la substance X par B. Le noyau gris central stimule donc par voie nerveuse l'activité sécrétrice des neurones de B. Les neurones du noyau gris central sécrètent un neuromédiateur agissant sur les neurones de B. La destruction expérimentale du noyau gris central provoque alors l'apparition de la maladie, les neurones de la structure B n'étant plus stimulés.

3. La drogue marquée utilisée chez le rat normal inhibe directement l'activité sécrétrice des neurones de B. Elle reste localisée sur certaines régions localisées des corps cellulaires appelées synapses.

La drogue agit comme un antagoniste et se fixe sur les récepteurs post-synaptiques du neuromédiateur sécrété par les neurones du noyau gris central. Le neuromédiateur ne peut donc plus agir sur les neurones de la structure B qui ne sécrètent plus la substance X.

4. L'autre drogue peut agir sur les neurones du noyau gris central en empêchant la sortie du neuromédiateur dans la synapse.

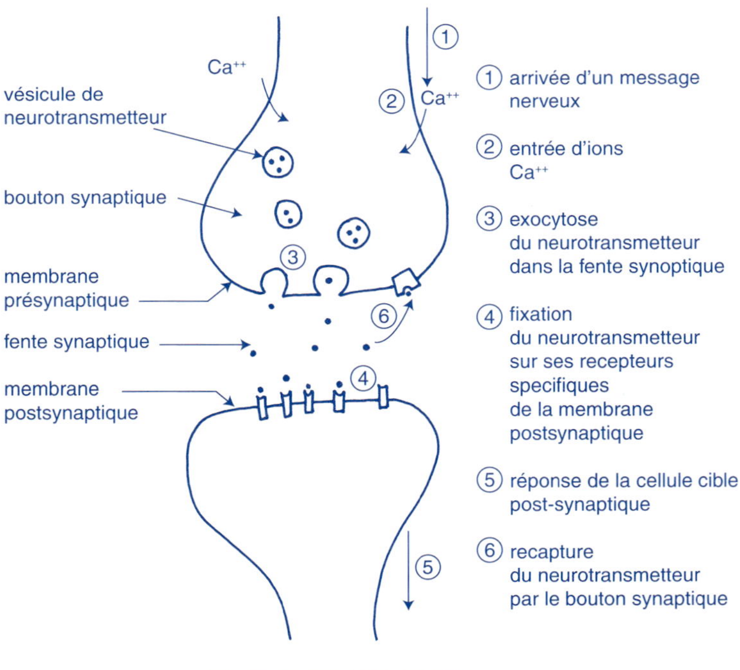

Schéma du fonctionnement d'une synapse chimique.

SUJET 5 ISRP (III)

1 Questions courtes

Répondez brièvement, mais avec précision à chacune des 6 questions suivantes :

1. Origine, nature et structure des γ-globulines. Que peut-on dire à leur sujet au cours de la gestation ? Deux situations particulières (facteur Rhésus et sida) sont généralement évoquées à cette occasion : pouvez-vous les commenter brièvement ?

2. La contraception orale féminine par la pilule combinée : principe général, diversité des produits actuellement sur le marché, inconvénients.

3. Quelles sont les caractéristiques fonctionnelles d'une synapse à transmission chimique ? Qu'appelle-t-on fonction intégratrice d'un neurone ?

4. Donnez la définition de la VO_2 max. Principe de sa mesure. Variations. En quoi sa valeur chez un sujet peut-elle constituer un test d'aptitude pour la pratique d'un certain type de sport ?

5. Le chromosome mitotique (métaphasique) : composition et caractéristiques structurales.

6. Nature et évolution des relations hormonales entre l'hypophyse et la gonade au cours d'un cycle ovarien.

(12 POINTS)

2

Dans l'espèce humaine, chez l'adulte, on sait que la molécule d'hémoglobine est constituée de quatre chaînes de globines (2 chaînes α et 2 chaînes β). La synthèse de la chaîne β est gouvernée par l'hémoglobine A (forme normale et la plus répandue), et une forme HbC qui conduit à la formation de l'hémoglobine C. Ces deux allèles ne présentent pas de relation de dominance et peuvent s'exprimer indifféremment l'un de l'autre ; toutefois lorsque l'allèle HbC est seul présent le sujet souffre d'une maladie nommée hémoglobinose C.

1. Le document 1 représente l'arbre généalogique d'une famille où certains membres (indiqués en noir) sont atteints d'hémoglobinose C.

Document 1

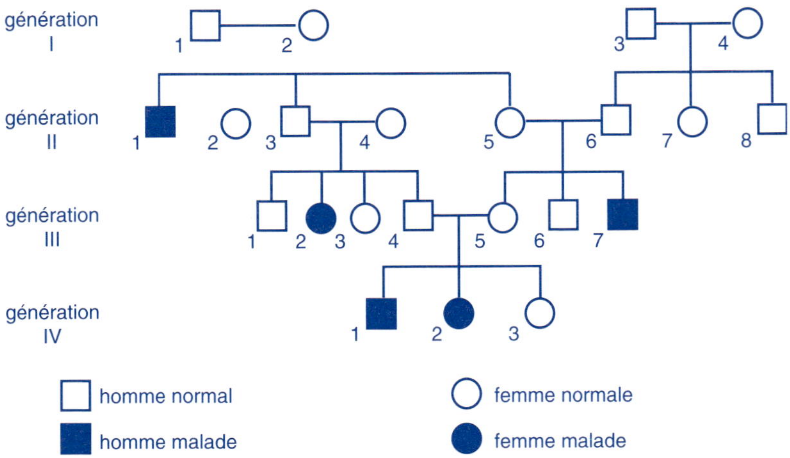

À partir d'arguments tirés de cet arbre généalogique précisez, en envisageant tous les cas possibles, si le gène correspondant à la chaîne β est porté par un autosome ou un gonosome.

Dans cet exercice les deux seuls allèles retenus sont bien évidemment HbA et HbC.

2. Une autre mutation du gène responsable de la synthèse de la chaîne β conduit à l'allèle HbS qui s'exprime sous la forme d'une hémoglobine dite Hémoglobine S. Ici non plus il n'y a pas de relation de dominance entre les allèles HbA et HbS qui s'expriment indifféremment l'un et l'autre lorsqu'ils sont tous deux présents chez un individu. Mais lorsque l'allèle HbS est seul présent, le sujet souffre d'une maladie grave, la drépanocytose, qui limite son espérance de vie à une dizaine d'années.

Le document 3 présente la proportion de ces deux formes d'hémoglobine (A et S) chez 3 frères désignés par les lettres P, M et R.

Document 2

	Individu P	Individu M	Individu R
hémoglobine A	98 %	0 %	45 %
hémoglobine S	0 %	90 %	45 %
Autres hémoglobines	2 %	10 %	10 %

a. Exploitez ce document et écrivez, pour ce gène, les génotypes des individus P, M, R.
b. Indiquez le (ou les) individu(s) malade(s).

On ne tiendra pas compte pour ces questions de l'exercice des autres hémoglobines.

3. Les différentes hémoglobines peuvent être séparées par la technique d'électrophorèse.
Le résultat des électrophorèses des hémoglobines correspondant aux membres d'une famille est présenté dans le document 3. Cette famille présente des risques d'avoir un enfant malade.
– le père a un génotype identique à celui de l'individu R rencontré dans la question b;
– la mère a un génotype identique à celui de l'individu III_5 rencontré dans la question a.

Document 3

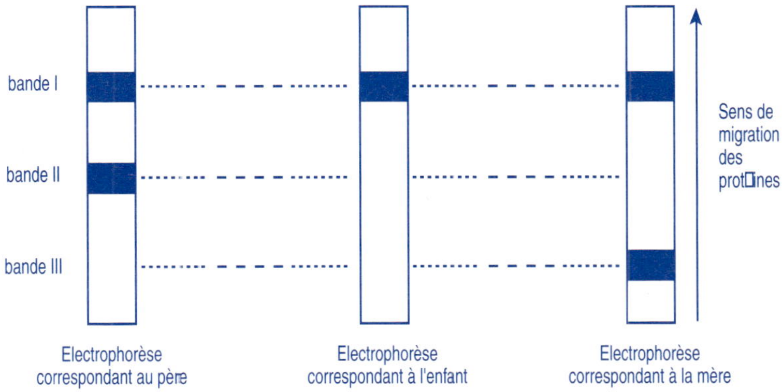

a. Rappelez en quelques lignes quel est le principe de l'électrophorèse.
b. À quelles sortes d'hémoglobines correspondent les bandes indiquées sur le document 3?
c. Donnez le génotype de l'enfant. S'agit-il de l'enfant malade?
d. Indiquez la probabilité des différents génotypes des enfants que pourrait avoir ce couple. Que peut-on préciser par rapport à la question B?

(4 POINTS)

3

Certaines souris naissent sans poils et le restent durant leur courte existence de quelques mois. Elles sont appelées souris « nude » et leur dissection révèle qu'elles ne possèdent pas de thymus.

1. Dites, en justifiant votre réponse, quelles sont les cellules immunitaires absentes chez ces souris « nude ».

2. En utilisant vos connaissances, dites quel type de réaction immunitaire est totalement absent chez ces souris, en citant les différentes catégories cellulaire absentes.

3. Citez les autres catégories de cellules immunitaires qui sont présentes chez les souris « nude ». Dites quel mécanisme de la réponse immunitaire manquante, explique que certaines de ces cellules, bien qu'étant présentes, ne répondent pas avec efficacité lorsqu'un antigène est injecté chez ces souris « nude ».

4. En justifiant votre réponse, dites quel est le devenir d'un organe issu d'une autre espèce de souris et greffé sur une souris « nude ».

(4 POINTS)

CORRIGÉ

1 QUESTIONS COURTES

1. On appelle gamma-globulines les anticorps circulants produits par les plasmocytes. Ce sont des glycoprotéines constituées de deux chaînes légères et deux chaînes lourdes liées par des ponts disulfure. Les gamma-globulines de la classe des IgG ont la capacité de franchir la barrière placentaire, assurant une immunité passive au fœtus au cours de la gestation. C'est pour cette raison qu'un enfant né d'une mère séropositive sera lui-même séropositif pendant les trois premiers mois de sa vie, temps nécessaire à l'élimination des anticorps maternels. D'autre part, si une femme immunisée contre l'antigène Rhésus est enceinte d'un fœtus exprimant cet antigène, les IgG maternels anti-Rhésus amèneront la destruction des hématies fœtales, provoquant ce qu'on appelle la maladie hémolytique du nouveau-né.

2. La pilule combinée est un mélange d'œstro-progestatifs de synthèse qui exerce un rétrocontrôle négatif sur la libération des gonadostimulines hypophysaires indispensables à l'ovulation. La méthode séquentielle prévoit la prise d'œstrogènes en début de cycle et d'œstrogènes et de progestérone en fin de cycle, les doses étant réduites dans les minipilules. Les inconvénients résident dans la tolérance aux stéroïdes (saignements, risques de cancer suspectés...).

3. Un synapse neurochimique permet la transmission de l'influx nerveux à travers une discontinuité (fente synaptique) grâce à une substance chimique appelée neuromédiateur. L'intégration désigne la capacité d'un neurone à réaliser la sommation de plusieurs signaux afférents pour générer et transmettre un message original.

4. La VO_{2max} est le volume d'oxygène maximum qu'un individu peut utiliser par unité de temps et unité de poids. Elle se mesure chez un sujet effectuant un exercice à fréquence cardiaque maximale, ou, cette méthode étant dangereuse, en extrapolant à partir de la relation entre la consommation d'oxygène et la fréquence cardiaque établie lors d'exercices sous-maximaux. Si l'entraînement permet d'augmenter la VO_{2max}, elle est soumise principalement à un déterminisme génétique. Cette valeur représente la quantité maximale d'énergie qui peut être produite par la voie aérobie ; il est donc intéressant de la déterminer quand on pratique un sport d'endurance.

5. Le chromosome métaphasique représente l'état de condensation maximale de la chromatine. Il est donc constitué en premier lieu du double brin d'ADN enroulé autour des protéines histones. Cette fibre nucléosomique est elle-même enroulée en spirale autour d'une structure protéique. Chaque chromosome comprend deux chromatides portant les deux doubles brins issus de la réplication, unies au niveau du centromère.

6. Les gonadostimulines hypophysaires FSH et LH stimulent la production croissante d'œstrogènes par les follicules ovariens au cours de la phase folliculaire, ce qui inhibe dans un premier temps l'axe hypothalamo-hypophysaire (rétrocontrôle négatif) puis provoque une libération brusque et massive de LH et de FSH dans les heures qui précèdent l'ovulation (rétrocontrôle positif). LH induit l'évolution en corps jaune du follicule rompu à l'ovulation et la production par cette structure de progestérone et d'œstrogènes qui exerceront pendant la phase lutéale un rétrocontrôle négatif sur la libération des gonadostimulines. La dégénérescence du corps jaune en fin de cycle, privé du soutien hormonal de LH, lève l'inhibition sur l'axe hypothalamo-hypophysaire, permettant ainsi l'initiation d'un nouveau cycle.

2

1. Si le gène codant pour la chaîne bêta était porté par la partie propre au chromosome Y, pères et fils porteraient systématiquement un seul et même allèle de ce gène. Or, l'individu I1 est sain alors que son fils II1 est malade.

Si le gène était porté par la partie propre à X, une femme malade, homozygote HbC/HbC, aurait reçu de chacun de ses parents cet allèle. Son père ne posséderait que cet allèle et souffrirait d'hémoglobinose C. Or, la fille III2, malade, a deux parents II3 et II4 indemnes.

La transmission de ce gène se fait donc sur un mode autosomal.

2. Les trois sujets possèdent soit uniquement l'hémoglobine A (individu P), soit uniquement l'hémoglobine S (individu M), soit les deux hémoglobines en proportions égales. Comme chaque individu possède deux allèles de ce gène qui s'expriment sans dominance, les génotypes sont :
- HbA / HbA pour P,
- HbS / HbS pour M,
- HbA / HbS pour R.

a. M, homozygote pour l'allèle HbS, souffre de drépanocytose.

3.

a. Les protéines possèdent des charges électriques différentes à un pH donné car elles ont une composition différente en acides aminés. Elles peuvent donc être séparées en fonction de leur vitesse de migration dans un champ électrique.

b. D'après les questions 1 et 2, les génotypes des parents sont :
- HbA / HbS pour le père,
- HbA / HbC pour la mère.

La bande commune aux électrophorèses correspondant à ces deux individus et qu'on retrouve chez l'enfant caractérise donc HbA (bande I), la bande II correspond à HbS et la bande III à HbC.

c. L'enfant, homozygote HbA / HbA, est indemne.

d. Les parents produisent chacun deux types de gamètes équiprobables, portant l'allèle HbA ou l'allèle HbS pour le père, l'allèle HbA ou HbC pour la mère. La fréquence des génotypes de la descendance peut être déterminée grâce à l'échiquier de fécondation suivant :

Gamètes parentaux	HbA	HbS
HbA	HbA / HbA	HbA / HbS
HbC	HbA / HbC	HbS / HbC

Quatre génotypes équiprobables sont possibles :
- HbA / HbA,
- HbA / HbS,
- HbA / HbC,
- HbC / HbS.

Ce couple a un risque sur quatre de donner naissance à un enfant malade HbC / HbS.

3

1. Les souris « nude » sont dépourvues de lymphocytes T (T4 et T8) car ces cellules doivent obligatoirement subir une maturation dans le thymus.

2. La réaction immunitaire à médiation cellulaire est le fait des lymphocytes T8 stimulés par les lymphocytes T4 producteurs d'interleukine 2. Ces deux types cellulaires étant absents, ces souris n'effectuent pas la réponse cellulaire.

3. Les cellules de l'immunité naturelle, à savoir les monocytes et macrophages ainsi que les polynucléaires sont présentes chez les souris « nude », de même que les lymphocytes B. Cependant, ces derniers, pour déclencher efficacement une réponse immunitaire à médiation humorale, doivent coopérer avec les lymphocytes T4, c'est-à-dire être stimulés par l'interleukine 2.

4. Le rejet d'un greffon non compatible est le résultat d'une réaction immunitaire à médiation cellulaire déclenchée par le receveur. En l'absence de lymphocytes T8 responsables de cette réaction, le greffon sera toléré.

SUJET 6 ISRP (IV)

1 Questions courtes

1. Définissez et commentez en quelques courtes phrases les expressions et les mots suivants :
- bivalent
- groupe monophylétique
- monocyte
- protéine
- gène SRY
- fuseau neuromusculaire

2. Montrez que l'élongation des cellules végétales fait appel à un mécanisme particulier dont vous préciserez les modalités et les conséquences.

3. Schéma et taille du VIH. Description des étapes de son cycle viral. Selon un sondage de 2006, 17 % des jeunes filles interrogées pensent que la pilule protège du VIH, qu'en pensez-vous ?

(10 POINTS)

2

Suite à un test d'hyperglycémie provoquée, on suit l'évolution de la glycémie de sujets et de leur insulinémie. On obtient les résultats reportés dans le tableau ci-dessous.

Glycémie g/l

Temps	0	30 min	1 h	1 h 30	2 h	2 h 30	3 h
Sujet normal	1	1,20	1,20	0,80	1	0,75	0,60
Sujet 2	1,75	2,20	2,95	3,40	2,75	2,50	2,25
Sujet 3	1,10	1,35	2,30	3,20	3,20	2,75	2,50

Insulinémie (mU/l)

Temps	0	30 min	1 h	1 h 30	2 h	2 h 30	3 h
Sujet normal	5	50	45	35	40	20	5
Sujet 2	20	50	88	95	80	60	55
Sujet 3	3	0	4	4	4	4	3

1. De quelle maladie les sujets 2 et 3 sont-ils atteints ? Justifiez.
2. Quelles en sont les causes ?

3. Quelles en sont les conséquences ?

4. Chez un des sujets, le pancréas montre des infiltrats leucocytaires. Indiquez quel type de leucocyte est observé et sa modalité d'intervention.

3

Partie A

Les drosophiles de phénotype sauvage ont les antennes normales, le corps gris et les yeux rouges.

On croise une drosophile de phénotype sauvage avec une drosophile de race pure aux antennes courtes, corps ébony et yeux rouges. On obtient :

- 57 drosophiles antennes normales et corps gris
- 54 drosophiles antennes normales et corps ébony
- 56 drosophiles antennes courtes et corps gris
- 58 drosophiles antennes courtes et corps ébony

Après une analyse très précise, indiquez :

1. Les allèles dominants pour les deux caractères étudiés

2. Le génotype de la souche sauvage

3. Les génotypes des gamètes produits par la drosophile sauvage

4. Si les gènes sont liés ou indépendants.

On considère maintenant la transmission de la couleur des yeux. Dans la population de phénotype antennes courtes et corps ébony, il apparaît des individus aux yeux bruns (mutants récessifs).

On réalise les croisements suivants : des femelles aux antennes courtes et aux yeux bruns sont croisées avec des mâles aux antennes normales et yeux rouges dont on sait qu'ils sont doubles hétérozygotes. On obtient :

- 499 drosophiles antennes normales et yeux rouges
- 506 drosophiles antennes courtes et yeux bruns

5. Localisez ce nouveau gène par rapport aux deux autres. Visualisez votre réponse en représentant une cellule somatique avec la(les) paire(s) concernée(s) de chromosomes.

6. Quels auraient été les résultats du croisement avec les mâles aux antennes courtes et aux yeux bruns et les femelles aux antennes normales et yeux rouges doubles hétérozygotes.

Des femelles aux corps ébony et yeux bruns sont croisées avec des mâles au corps gris et yeux rouges également hétérozygotes.

7. Quels seront, en les justifiant, les phénotypes et proportions de ce croisement ?

Partie B

On se propose d'étudier une seconde espèce de drosophile totalement différente de la première.

On réalise, entre drosophiles de races pures, les croisements suivants :
- drosophiles femelles à corps bleu avec drosophiles mâles à corps jaune. La génération F1 donne 100 % de drosophiles à corps bleu ;
- drosophiles femelles à corps jaune avec drosophiles mâles à corps bleu. La génération F1 donne des femelles à corps bleu et des mâles à corps jaune.

1. Interprétez précisément ces résultats.

Par ailleurs, on connaît des drosophiles à ailes incomplètes. Cette caractérique est due à un allèle récessif(n) par rapport à l'allèle responsable du phénotype aile normale (N). On réalise entre souches pures le croisement suivant : drosophiles mâles à corps jaune et ailes incomplètes avec drosophiles femelles à corps bleu et ailes normales. La génération F1 est composée de 100 % de drosophiles à corps bleu et ailes normales. La génération F2 a la composition suivante :
- 146 drosophiles à corps bleu et ailes normales
- 47 drosophiles à corps jaune et ailes incomplètes
- 4 drosophiles à corps bleu et ailes incomplètes
- 3 drosophiles à corps jaune et ailes normales

2. À partir d'un raisonnement rigoureux, déterminez le sexe des deux dernières catégories de drosophiles (4 et 3) de la F2. Donnez leurs génotypes.

4

Voici le nom de trois hormones, la LH, la FSH et l'HCG.

1. Quelles sont les fonctions de ces hormones chez l'espèce humaine ?
2. À quelle période sont-elles produites ?

Ces trois hormones avec la TSH (hormone stimulant la glande thyroïde) sont constituées de deux chaînes protéiques α et β. La chaîne α est identique pour toutes. La chaîne β montre une similitude de 85 % pour la LH et l'HCG, moins importante pour les autres hormones. Des acides aminés comme la cystéine, qui jouent un rôle primordial dans la structure tridimensionnelle, occupent des sites identiques dans la séquence des quatre hormones.
Le gène codant pour la chaîne β de la TSH est situé sur le chromosome 1, celui codant pour la chaine β de la FSH sur le chromosome 11 et ceux codant pour la chaîne β de la LH et de l'HCG sont sur le chromosome 19. Seuls certains mammifères placentaires possèdent le gène de l'HCG. Tous les mammifères produisent de la LH, de la TSH et de la FSH, les amphibiens également. Les poissons possèdent la TSH et une seule gonadostimuline (GTH) proche de la LH. Les agnathes (poissons sans mâchoires) ne possèdent que la GTH.

3. Comment pouvez-vous qualifier ces molécules ? Justifiez.
4. Expliquez l'origine de ces diverses molécules ?
5. Tracez leur histoire évolutive.
6. Citez un autre exemple répondant au même schéma.

CORRIGÉ

1 QUESTIONS COURTES

1.

– **Bivalent :** paire de chromosomes homologues appariés au cours de la prophase réductionnelle de la méiose. L'appariement permet l'échange réciproque de fragments de chromatides (crossing-over) entre les chromosomes.

– **Groupe monophylétique :** groupe qui comprend une espèce ancestrale et tous ses descendants dans l'évolution.

– **Monocyte :** phagocyte circulant dans le sang qui se différencie en macrophage quand il infiltre les tissus. Il intervient dans les réponses immunitaires.

– **Protéine :** chaîne d'acides aminés à structure tridimensionnelle précise produite par une cellule suite à l'expression d'un gène. Les protéines peuvent avoir un rôle structural, enzymatique ou encore intervenir dans les phénomènes de reconnaissance cellulaire (CMH, anticorps, récepteurs des lymphocytes).

– **Gène SRY :** gène porté par le bras court du chromosome Y, responsable de la détermination du sexe masculin en orientant la différenciation la gonade embryonnaire en testicule.

– **Fuseau neuromusculaire :** récepteur sensitif situé dans les muscles squelettiques. Sa stimulation par étirement déclenche par l'intermédiaire du réflexe myotatique la contraction du muscle où ce récepteur est situé.

2. L'apex des tiges des végétaux sécrète une hormone, l'auxine, qui diffuse dans l'ensemble du végétal et se fixe à des récepteurs membranaires spécifiques des cellules cibles situées dans les zones de croissance. Elle augmente la plasticité des parois cellulaires et induit l'expression des gènes qui codent pour les constituants des parois. C'est la pression de turgescence exercée sur les parois qui permet la croissance des cellules cibles de l'auxime.

3.

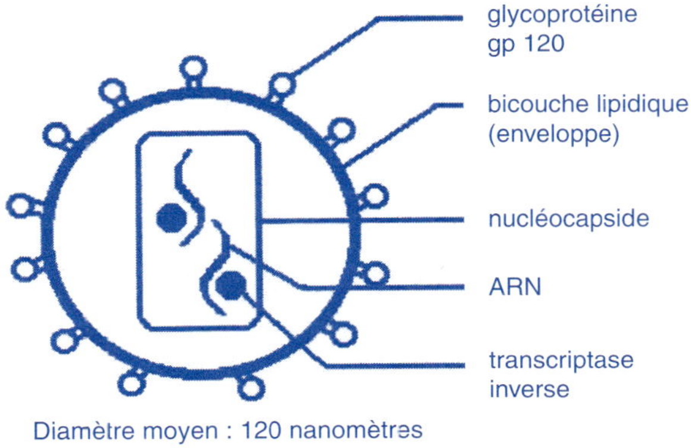

Schéma et taille du VIH

Étapes du cycle viral

Adsorption : le virus se fixe aux récepteurs des lymphocytes T4 (cellule cible).
Pénétration : le virus pénètre dans la cellule cible.
Transcription : grâce à la transcriptase inverse, l'ARN viral est copié en ADN.
Intégration : l'ADN viral est intégré à l'ADN du lymphocyte.
Maturation : le lymphocyte produit à partir de l'ADN viral les éléments qui composent le virus et qui seront assemblés dans le cytoplasme cellulaire.
Bourgeonnement : les particules virales néoformées, entourées de membrane du lymphocyte, sont libérées dans le milieu extracellulaire.

La pilule est un contraceptif qui bloque l'ovulation mais n'a aucun effet sur la transmission du virus au cours de rapports sexuels. Le préservatif masculin, tout en étant un contraceptif, est par contre une protection contre l'infection puisqu'il empêche un contact éventuel avec les muqueuses perméables au virus.

2

1. La glycémie est plus élevée chez les sujets 2 et 3 que chez le sujet 1 au temps 0. Elle s'élève au cours du test de manière plus importante chez les sujets malades. Ces personnes ont une difficulté à réguler ce paramètre : elles souffrent de diabète.

2. L'hyperglycémie ne provoque pas chez le sujet 3 de sécrétion d'insuline comme chez le sujet 1. Il souffre d'une forme de diabète causée par une déficience en insuline (diabète insulinodépendant). Le sujet 2 produit une quantité d'hormone normale, voire excessive, si on se réfère au sujet 1 : il souffre d'un diabète non insulinodépendant.

3. Les sujets 2 et 3 ne peuvent pas réguler le taux de glucose dans le sang : ils ont par conséquent des difficultés à oxyder ce substrat énergétique et utilisent essentiellement des graisses. Sans traitement, le diabète peut aller jusqu'à provoquer un coma mortel.

4. Le diabète insulinodépendant est généralement d'origine auto-immune les cellules bêta des îlots de Langerhans du pancréas sont détruits au cours d'une réponse humorale : on trouve donc des lymphocytes T4, des plasmocytes et des macrophages.

3

Vous trouverez concernant cet exercice uniquement des éléments de correction. Cependant, les consignes rédactionnelles demandent un raisonnement rigoureux qui exige l'écriture des génotypes et l'élaboration de tableaux de croisements.

Partie A

1. L'individu mutant, de race pure, a transmis les allèles « ebony » et « antennes courtes » à toute sa descendance. Or certains individus issus du croisement n'expriment pas ces phénotypes. Ces allèles sont donc récessifs par rapport aux allèles sauvages.

2. Certains individus de la descendance expriment les caractères « ebony » et « antennes courtes », qu'ils portent donc à l'état homozygote. Ces allèles leur sont donc transmis par leurs deux parents. L'individu de phénotype sauvage est par conséquent hétérozygote pour les deux caractères.

3. La descendance est composée de quatre phénotypes de même fréquence. Le parent de phénotype sauvage a donc produit en quantité égale les quatre types de gamètes possibles.

4. Le fait que le parent ait produit les quatre types de gamètes en même quantité indique que les gènes sont indépendants.

5. La descendance n'exprime que les phénotypes parentaux. Les parents n'ont pas transmis de gamètes recombinés : les deux caractères sont dus à des gènes liés. En effet, les mâles hétérozygotes ne peuvent pas produire de gamètes recombinés ; les crossing-over n'existent pas chez les mâles drosophiles.

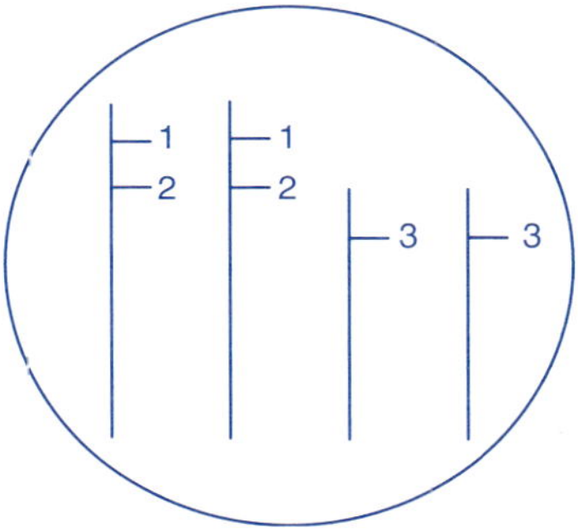

Disposition des trois gènes étudiés dans une cellule somatique. 1 et 2 représentent les gènes qui codent pour les caractères « couleur des yeux » et « forme des antennes ». 3 représente le gène qui code pour le caractère « couleur du corps ».

6. Les crossing-over sont possibles chez les femelles drosophiles. Dans ce cas, celles-ci produisent 4 types de gamètes en proportions non équiprobables. On observera dans la descendance 4 phénotypes : les 2 phénotypes parentaux et 2 phénotypes recombinés.

7. Les femelles homozygotes récessives produisent un seul type de gamète. Les mâles hétérozygotes produisent les quatre types de gamètes possibles, avec la même probabilité puisque les gènes sont indépendants. La descendance montrera les quatre phénotypes possibles avec la même fréquence.

Partie B

1. Les mâles du premier croisement transmettent l'allèle « corps jaune » à toute leur descendance qui ne l'exprime jamais : cet allèle est récessif par rapport à l'allèle « corps bleu ». L'allèle récessif s'exprime chez les mâles du second croisement qui ne le reçoivent que de leur mère. Leur père ne leur a pas transmis d'allèle codant pour ce caractère qui est donc porté par la partie propre du chromosome X.

2. Les fréquences des phénotypes en F2 sont caractéristiques de gènes liés, puisque les phénotypes parentaux sont majoritaires. Tous les mâles de la F1 portent les allèles « corps bleu » et « n » portés par le chromosome X de leur mère. Les femelles de F1 sont toutes hétérozygotes pour ces caractères, car elles reçoivent un chromosome X de chacun de leur parent.

3. Toutes les femelles de la F2 reçoivent le chromosome X de leur père, qui porte les allèles dominants : elles sont toutes de phénotype sauvage, quels que soient les allèles transmis par leur mère. Seuls les mâles peuvent exprimer un allèle muté : les individus aux phénotypes recombinés sont donc des mâles, et leurs génotypes sont identiques à leurs phénotypes.

4

1. La LH et la FSH sont des gonadostimulines. La LH agit sur des cellules cibles des gonades, qui en réponse sécrètent les hormones sexuelles : œstrogènes (chez la femme) et testostérone (chez l'homme), elle est également responsable de l'ovulation chez la femme. La FSH stimule la gamétogenèse chez l'homme et chez la femme. HCG est une hormone produite par le placenta pendant la gestation, elle maintient l'endomètre utérin.

2. LH et FSH sont produites de façon constante chez l'homme. Chez la femme, FSH est produite en phase folliculaire du cycle menstruel et LH est libérée sous forme d'un pic au milieu du cycle (avec FSH). L'HCG n'est produite que pendant les trois premiers mois de la grossesse.

3. Ces molécules présentent des compositions en acides aminés voisines, et les sites actifs de ces hormones sont identiques : ces molécules homologues sont codées par une famille multigénique.

4. Les gènes qui codent pour ces molécules sont issus d'un même gène ancestral par duplications, transpositions et mutations.

5.

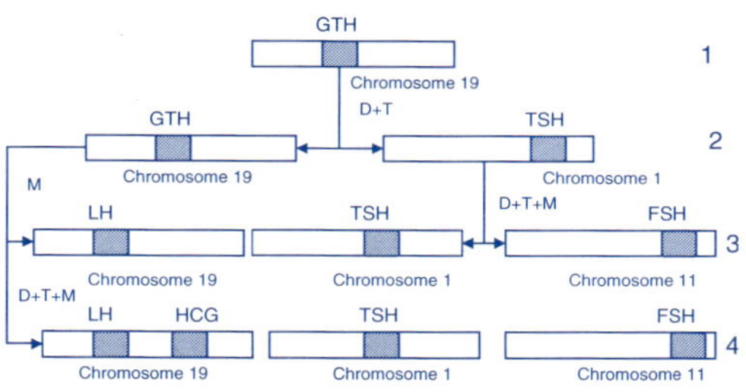

Histoire évolutive de la famille multigénique des hormones hypophysaires.

1. Agnathes (gène ancestral)	**D. Duplication génique.**
2. Poissons	**M. Mutation**
3. Amphibiens et mammifères (sauf placentaires).	**T. Translocation.**
4. Mammifères placentaires.	

6. La famille des globines, qui comprend entre autres l'hémoglobine et la myoglobine, est un autre exemple de famille multigénique.

SUJET 7 Paris (I)

L'épreuve comporte 50 QCM, numérotées de 1 à 50. Vous avez à votre disposition un fascicule de 50 questions et une grille de réponses à 4 items.

Vous remarquerez bien que chaque QCM comporte un énoncé suivi de quatre propositions A, B, C, D parmi lesquelles vous devez faire votre choix.

Vous exprimerez ce choix en mettant une croix dans la ou les cases correspondant à la lettre choisie.

Vous devez utiliser impérativement un stylo bille de couleur noire.

1. Les acides aminés contiennent toujours :
❑ **a.** de l'azote
❑ **b.** de l'oxygène
❑ **c.** de l'hydrogène
❑ **d.** du carbone

2. Choisir toute proposition exacte :
❑ **a.** les protéines sont des polymères d'acides aminés
❑ **b.** les protéines peuvent se lier à d'autres molécules
❑ **c.** les oligopeptides sont constitués d'un très grand nombre d'acides aminés
❑ **d.** la séquence en acides aminés d'une protéine peut intervenir dans sa forme tridimensionnelle

3. Choisir toute proposition exacte :
❑ **a.** la traduction permet la synthèse des acides aminés
❑ **b.** la traduction utilise une ARN polymérase
❑ **c.** la transcription peut avoir lieu dans le nucléole
❑ **d.** la transcription peut avoir lieu au niveau de la chromatine extra nucléolaire

4. Choisir toute proposition exacte :
❑ **a.** le codon est l'unité de base du code génétique
❑ **b.** les 64 codons existants codent chacun pour un acide aminé
❑ **c.** 3 des 64 codons existants provoquent l'arrêt de la synthèse polypeptidique
❑ **d.** plusieurs codons différents peuvent désigner un même acide aminé

5. La mitose :
❑ **a.** est en général plus longue que l'interphase
❑ **b.** peut être à l'origine d'un clone cellulaire
❑ **c.** permet de répliquer le matériel génétique de manière semi-conservative

6. Des chromosomes homologues sont présents :
❑ **a.** dans les cellules somatiques
❑ **b.** dans les cellules haploïdes
❑ **c.** uniquement dans les cellules qui entrent en méiose
❑ **d.** dans les cellules diploïdes quel que soit leur génotype homozygote ou hétérozygote

7. Un individu atteint par une maladie autosomale due à un gène récessif :
❑ **a.** est obligatoirement homozygote pour ce gène
❑ **b.** a obligatoirement un de ses deux parents atteint par cette maladie
❑ **c.** a obligatoirement ses deux parents porteurs du gène
❑ **d.** a obligatoirement ses deux parents atteints par la maladie

8. Un couple d'allèles peut comporter :
❑ **a.** 2 allèles récessifs
❑ **b.** 2 allèles dominants
❑ **c.** 1 allèle dominant et un allèle récessif
❑ **d.** 2 allèles codominants

9. L'observation des résultats d'un test cross permet de savoir :
❑ **a.** si l'individu testé est un hybride
❑ **b.** si 2 couples d'allèles sont liés
❑ **c.** si 2 couples d'allèles sont indépendants
❑ **d.** s'il y a eu une recombinaison entre 2 allèles

10. Des gènes liés :
❑ **a.** sont des gènes allèles
❑ **b.** sont obligatoirement situés sur un même chomosome
❑ **c.** peuvent être disjoints à la 1re division de la méiose
❑ **d.** peuvent être disjoints à la 2e division de la méiose

11. Une mutation :
❑ **a.** conduit toujours à la synthèse d'un polypeptide modifié
❑ **b.** est toujours à l'origine d'une maladie
❑ **c.** peut être transmise à la descendance si le génome des cellules sexuelles est modifié
❑ **d.** peut affecter le génome des cellules somatiques

12. Chez tout sujet de phénotype dominant :
❑ **a.** le génotype est obligatoirement homozygote
❑ **b.** le génotype est obligatoirement hétérozygote
❑ **c.** le génotype peut être révélé par un test cross
❑ **d.** les gamètes contiennent tous un allèle dominant

13. Considérons deux couples d'allèles A/a et B/b où A et B dominent respectivement a et b. Un hybride double hétérozygote :
❑ **a.** produit toujours 4 types de gamètes équiprobables
❑ **b.** produit toujours des gamètes dans lesquels les combinaisons géniques de type parental sont majoritaires
❑ **c.** produit des gamètes dont le génotype peut être A, B ou A, b ou a, B ou a, b
❑ **d.** peut être de phénotype (Aa)

14. Les hormones :
❑ **a.** sont sécrétées par des glandes à sécrétion interne
❑ **b.** sont toutes de nature protéique
❑ **c.** sont transportées par le sang
❑ **d.** agissent à très faible concentration

15. Les organes suivants sont des organes pairs :
❑ **a.** testicule
❑ **b.** ovaire
❑ **c.** hypophyse
❑ **d.** utérus

16. Choisir toute hormone protéique :
❑ **a.** testostérone
❑ **b.** gonadolibérine
❑ **c.** œstrogènes
❑ **d.** gonadostimulines

17. Les organes suivants sécrètent des hormones :
❑ **a.** testicule
❑ **b.** ovaire
❑ **c.** antéhypophyse
❑ **d.** utérus

18. Les gonades :
❑ **a.** sont uniquement des glandes endocrines
❑ **b.** sécrètent des hormones stéroïdes
❑ **c.** sont sous contrôle hypothalamo-hypophysaire
❑ **d.** produisent les gamètes

19. Le noyau d'un spermatozoïde normal contient :
❑ **a.** toujours un chromosome X
❑ **b.** toujours un chromosome Y
❑ **c.** toujours un chromosome X et un chromosome Y
❑ **d.** soit un chromosome X, soit un chromosome Y

20. Dans l'espèce humaine, choisir toute cellule ayant 46 chromosomes :
❑ **a.** ovocyte I
❑ **b.** ovocyte II
❑ **c.** ovogonie
❑ **d.** cellule folliculaire

21. Dans l'espèce humaine, choisir toute cellule ayant pour garniture chromosomique 44+XY :
❑ **a.** spermatogonies
❑ **b.** premier globule polaire
❑ **c.** spermatozoïde
❑ **d.** cellules folliculaires

22. Le follicule mûr (follicule de De Graaf) :
❑ **a.** peut être observé dans l'ovaire avant la puberté
❑ **b.** possède une cavité, l'antrum
❑ **c.** libère le gamète femelle au moment de l'ovulation
❑ **d.** peut être observé dans l'ovaire après la ménopause

23. Les ovaires sécrètent :
❑ **a.** l'œstradiol
❑ **b.** les gonadostimulines
❑ **c.** la gonadolibérine
❑ **d.** la progestérone

24. Les cellules responsables de l'immunité spécifique :
❑ **a.** dérivent toutes de cellules souches localisées dans la moelle osseuse
❑ **b.** possèdent toutes des récepteurs spécifiques à un antigène donné
❑ **c.** sont présentes dans le sang et la lymphe
❑ **d.** subissent toutes une maturation dans le thymus

25. Les récepteurs des lymphocytes B :
- ❑ **a.** sont encore appelés anticorps membranaires
- ❑ **b.** sont des protéines transmembranaires
- ❑ **c.** possèdent quatre chaînes protéiques semblables deux à deux
- ❑ **d.** se lient à l'antigène par leur partie variable

26. Le thymus :
- ❑ **a.** est un organe lymphoïde primaire
- ❑ **b.** donne naissance à tous les lymphocytes
- ❑ **c.** donne naissance seulement aux lymphocytes T
- ❑ **d.** est l'organe où les lymphocytes T deviennent immunocompétents

27. Un individu de groupe sanguin 0, Rhésus positif (0+) :
- ❑ **a.** peut recevoir du sang de tout le monde
- ❑ **b.** peut recevoir du sang des individus 0, Rhésus négatif (0–)
- ❑ **c.** peut donner son sang à tout le monde
- ❑ **d.** peut donner son sang uniquement aux individus Rhésus positif

28. La spécificité immunitaire de chaque individu est consituée par :
- ❑ **a.** ses antigènes du système HLA
- ❑ **b.** son groupe sanguin
- ❑ **c.** ses anticorps plasmatiques
- ❑ **d.** ses protéines du complément

29. Concernant le virus du sida :
- ❑ **a.** ce virus possède une molécule d'ADN
- ❑ **b.** l'enveloppe de ce virus est entièrement protéique
- ❑ **c.** il possède une transcriptase inverse qui transcrit de l'ARN en ADN
- ❑ **d.** c'est un rétrovirus

30. Une unité motrice est constituée par :
- ❑ **a.** un muscle
- ❑ **b.** un ensemble de muscles
- ❑ **c.** une fibre musculaire striée squelettique et le motoneurone qui l'innerve
- ❑ **d.** un ensemble de fibres musculaires striées squelettiques et le motoneurone qui les innerve

31. Le potentiel de plaque motrice :
- ❑ **a.** nécessite la présence d'acétylcholine dans la fente synaptique
- ❑ **b.** correspond à une hyperpolarisation membranaire
- ❑ **c.** se propage à l'ensemble du sarcolemme
- ❑ **d.** augmente d'amplitude en présence de curare

32. La contraction des sarcomères de la fibre musculaire striée sequelettique commence :
- ❑ **a.** dès que l'acétylcholine a été libérée dans la fente synaptique de la plaque motrice
- ❑ **b.** dès que la membrane postsynaptique de la plaque motrice se dépolarise
- ❑ **c.** dès que le sarcolemme de la fibre musculaire striée squelettique commence à se dépolariser
- ❑ **d.** après que le pic de potentiel d'action sarcolemmique ait eu lieu

33. Au cours de leur contraction, les sarcomères de la fibre musculaire striée squelettique :
- ❑ **a.** dépensent de l'énergie chimique
- ❑ **b.** fournissent de l'énergie mécanique
- ❑ **c.** consomment de l'ATP
- ❑ **d.** donnent naissance à un potentiel d'action

34. La membrane présynaptique d'une plaque motrice :
- ❑ **a.** fait partie d'un motoneurone
- ❑ **b.** présente de nombreux replis
- ❑ **c.** est le siège de potentiels chimiodépendants
- ❑ **d.** renferme des récepteurs à l'acétylcholine

35. Des potentiels électrique locaux, non propagés, sont observés :
- ❑ **a.** après stimulation du pôle récepteur des neurones ganglionnaires spinaux
- ❑ **b.** lors de l'excitation des nœuds de Ranvier
- ❑ **c.** au niveau des membranes présynaptiques lors de la transmission nerveuse
- ❑ **d.** au niveau des membranes postsynaptiques lors de la transmission nerveuse

36. Le système nerveux central comporte :
- ❑ **a.** l'encéphale
- ❑ **b.** la moelle épinière
- ❑ **c.** les ganglions spinaux
- ❑ **d.** les nerfs rachidiens

37. Le ganglion spinal renferme :
- ❑ **a.** des péricaryons de neurones moteurs
- ❑ **b.** des péricaryons de neurones sensitifs
- ❑ **c.** des fibres nerveuses se prolongeant dans des nerfs musculaires
- ❑ **d.** des fibres nerveuses se prolongeant dans des nerfs cutanés

38. La période réfractaire absolue observée au niveau d'une fibre nerveuse :
- ❑ **a.** est une période où la fibre ne répond plus à aucune stimulation
- ❑ **b.** correspond à la latence entre une stimulation et l'apparition du potentiel d'action
- ❑ **c.** est une période où la fibre ne peut émettre aucun potentiel d'action
- ❑ **d.** est une période correspondant à l'émission de potentiels postsynaptiques inhibiteurs par le péricaryon et des dendrites

39. Après étirement léger d'un muscle extenseur :

❑ **a.** un motoneurone innervant ce muscle reçoit un message nerveux par voie monosynaptique
❑ **b.** ce muscle extenseur se contracte
❑ **c.** un motoneurone innervant le muscle fléchisseur antagoniste reçoit un message nerveux par voie monosynaptique
❑ **d.** ce muscle fléchisseur antagoniste se contracte

40. On sectionne un nerf mixte. Deux jours après, on étudie le segment de ce nerf compris entre la section et la périphérie. On constate :

❑ **a.** qu'une partie seulement des fibres nerveuses a dégénéré
❑ **b.** qu'une stimulation électrique déclenche un potentiel d'action (global) de faible amplitude
❑ **c.** que la peau innervée par ce nerf est insensible
❑ **d.** que les muscles innervés par ce nerf sont paralysés

41. Choisir toute structure intervenant dans les réflexes myotatiques :

❑ **a.** terminaisons nerveuses sensitives cutanées
❑ **b.** terminaisons nerveuses sensitives tendineuses
❑ **c.** neurones d'association
❑ **d.** motoneurones innervant des unités motrices

42. L'acétylcholinesterase :

❑ **a.** est une enzyme
❑ **b.** est un médiateur chimique
❑ **c.** provoque le potentiel de plaque motrice
❑ **d.** prolonge la durée du potentiel de plaque motrice

43. On place des électrodes stimulatrices sur un nerf mixte et à quelques centimètres de distance des électrodes réceptrices. On stimule au moyen d'un choc électrique unique dont on augmente progressivement l'intensité :

❑ **a.** l'intensité la plus faible qui déclenche un potentiel d'action est dite liminaire
❑ **b.** une intensité maximale provoque une réponse de plus grande amplitude
❑ **c.** cette réponse comporte plusieurs pics
❑ **d.** cette réponse survient avec un temps de latence plus court

44. Dans l'espèce humaine, le métabolisme de base :

❑ **a.** doit être mesuré à jeun
❑ **b.** doit être mesuré à température ambiante
❑ **c.** est plus important chez la femme que chez l'homme
❑ **d.** est maximum au moment de l'adolescence

45. La phosphorylation oxydative :

❑ **a.** utilise de l'oxygène
❑ **b.** utilise du dioxyde de carbone
❑ **c.** procure de l'eau
❑ **d.** procure deux molécules d'ATP pour une molécule de glucose

46. L'insuline :

❑ **a.** est une hormone polypeptidique
❑ **b.** a une action hyperglycémiante
❑ **c.** a une action hypoglycémiante
❑ **d.** est absorbée à partir du « suc pancréatique » par l'intestin grêle

47. Durant un test respirométrique, un sportif consomme 30 litres d'O2 et l'on observe qu'il rejette pendant l'épreuve une quantité de 27 litres de CO2 :

❑ **a.** sa dépense énergétique pourra être évaluée en Kilojoules par heure
❑ **b.** sa dépense énergétique devra faire intervenir le coefficient thermique
❑ **c.** son quotient respiratoire sera de 0,9
❑ **d.** son quotient respiratoire sera de 1,1

48. Le quotient respiratoire :

❑ **a.** fait intervenir de l'O2
❑ **b.** fait intervenir du CO2
❑ **c.** peut s'exprimer en Calories
❑ **d.** peut s'exprimer en Kilojoules

49. À propos du métabolisme énergétique des lipides :

❑ **a.** les acides gras représentent la forme de stockage des lipides dans les cellules
❑ **b.** le produit de dégradation des acides gras est utilisable par le cycle de Krebs
❑ **c.** le cholestérol constitue une réserve énergétique
❑ **d.** l'organisme peut synthétiser des lipides à partir des glucides

50. Chez l'Homme, les dépenses énergétiques peuvent être augmentées par :

❑ **a.** l'activité musculaire
❑ **d.** l'activité digestive
❑ **c.** l'augmentation de la température corporelle
❑ **d.** l'augmentation de la température extérieure

CORRIGÉ

1. a. b. c. d. La formule générale d'un acide aminé est :

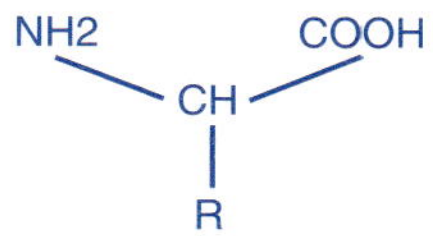

2. a. b. d. Un oligopeptide est constitué d'un petit nombre d'acides aminés.

3. c. d.

4. a. c. d. 61 codons codent pour un acide aminé et 3 codent pour l'arrêt de la synthèse. La traduction assemble les acides aminés en protéines ; c'est la transcription qui utilise les ARN polymérases.

5. b.

6. a. d. Les paires d'homologues se séparent au cours de la méiose.

7. a. c.

8. a. b. c. d.

9. a. b. c. d.

10. b. 2 gènes liés ne sont pas 2 versions alléliques d'un même gène. Les gènes ne sont jamais disjoints, seulement les allèles.

11. c. d. Certaines mutations sont silencieuses car le code génétique est redondant.

12. c. Le sujet peut être homo- ou hétérozygote ; dans ce dernier cas un gamète sur deux contient l'allèle dominant.

13. c. Si les gènes sont liés, l'hybride produira 4 types de gamètes non équiprobables, son phénotype sera (AB).

14. a. c. d. Les hormones sexuelles, par exemple, sont des stéroïdes donc des lipides.

15. a. b.

16. b. d. Testostérone et oestrogènes sont des stéroïdes.

17. a. b. c. L'utérus n'a pas de fonction endocrine.

18. b. c. d. La fonction exocrine des gonades est la production de gamètes.

19. d. Le spermatozoïde étant haploïde, il ne contient qu'un des deux gonosomes.

20. a. c. d. Parmi les cellules proposées, seul l'ovocyte II est haploïde (23 chromosomes).

21. a. Les cellules folliculaires ne sont présentes que chez la femme et ne possèdent donc pas de chromosome Y.

22. b. c. Le follicule de De Graaf n'est observable qu'au cours de la période de fécondité, à savoir entre la puberté et la ménopause.

23. a. d.

24. a. b. c. Seuls les lymphocytes T maturent dans le thymus.

25. a. b. c. d.

26. a. d. Les lymphocytes T naissent dans la moelle osseuse.

27. b. d.

28. a. b. Les anticorps plasmatiques sont spécifiques d'un antigène, pas d'un individu.

29. c. d. Le VIH est un virus à ARN entouré d'une bicouche lipidique dans laquelle sont insérées des protéines.

30. d.

31. a. c. La plaque motrice est une synapse cholinergique inhibée par le curare. La membrane de la fibre musculaire (sarcolemme) se prolonge dans le cytoplasme au contact du reticulum endoplasmique. La dépolarisation membrannaire permet le relargage du $Ca2^{+}$ contenue dans le reticulum. C'est l'origine de la contraction.

32. d.

33. a. b. c. Les cellules musculaires convertissent l'énergie chimique de l'ATP en énergie mécanique

34. a. Les items B, C et D concernent la membrane post-synaptique de la plaque motrice.

35. a. d. Au pôle récepteur des neurones ganglionnaires spinaux se trouvent des récepteurs.

36. a. c. Les ganglions spinaux (ou rachidiens) sont situés en dehors du système nerveux central.

37. b. Seules les voies sensitives transitent par les racines rachidiennes dorsales où se situent les ganglions.

38. a. c. La période réfractaire absolue correspond au PA moins la phase d'hyperpolarisation.

39. a. b. Le réflexe myotatique est monosynaptique alors que l'innervation réciproque fait intervenir un interneurone.

40. c. d. Toutes les fibres ont dégénéré car elles sont coupées de leur péricaryon ; par conséquent, aucune activité électrique n'est enregistrable.

41. d. Le réflexe myotatique est monosynaptique, les récepteurs sont situés entre les fibres musculaires.

42. a. Cette enzyme hydrolyse l'acétylcholine et donc limite le potentiel de plaque motrice.

43. a. b. c. Lors de la stimulation d'un nerf, il y a sommation des PA des fibres recrutées ; la différence de vitesse de conduction des fibres de ce nerf génère un tracé à plusieurs pics.

44. a. Le métabolisme de base est mesuré à la température de neutralité thermique, est plus important chez l'homme que chez la femme, et atteint un maximum vers 2 ans.

45. a. c. La phosphorylation oxydative génère 36 molécules d'ATP par molécule de glucose.

46. a. c.

47. a. b. c. Le QR n'est jamais supérieur à 1.

48. a. b. Le QR n'a pas d'unités car c'est un rapport de volumes.

49. a. b. d.

50. a. b. c. L'augmentation de la température corporelle conduit à dépenser de l'énergie pour éliminer de la chaleur.

SUJET 8 Paris (II)

1. Choisir toute proposition exacte :
- ❑ **a.** les bactéries sont des protozoaires
- ❑ **b.** les levures sont des organismes unicellulaires
- ❑ **c.** les levures sont des organismes procaryotes
- ❑ **d.** les cellules procaryotes sont dépourvues d'ARN

L'énoncé ci-dessous est relatif aux QCM 2 et 3. Soit, la représentation schématique de deux chromatogrammes réalisés dans des conditions identiques. Le chromatogramme 1 est celui d'un mélange connu en acides aminés, le chromatogramme 2 est celui du résultat de l'hydrolyse d'un peptide inconnu X :

Symbole	Nom	Masse molaire
Ala	alanine	89
Asp	ac. aspartique	133
Glu	ac. glutamique	147
Gly	glycine	75
Lys	lysine	146
Phén	phénylalanine	165
Trp	tryptophane	204

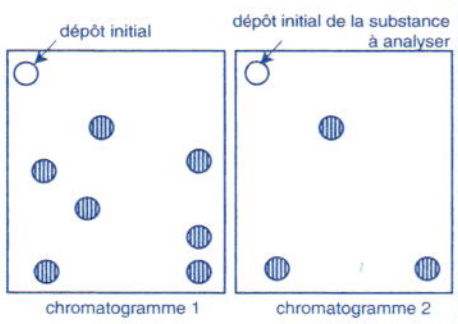

2.
- ❑ **a.** les deux chromatogrammes 1 et 2 sont chacun le résultat d'une chromatographie bidimensionnelle
- ❑ **b.** l'emplacement de chaque tache hachurée est caractéristique d'un acide aminé donné
- ❑ **c.** la séparation des acides aminés a fait intervenir leur vitesse de migration dans le support
- ❑ **d.** la séparation des acides aminés a fait intervenir les propriétés physico-chimiques de leur radical R

3.
- ❑ **a.** le peptide X est constitué de quatre acides aminés
- ❑ **b.** le seul examen du chromatogramme 2 permet de déterminer la séquence du peptide X
- ❑ **c.** la masse molaire du peptide X est inférieure à 500
- ❑ **d.** le peptide X est un oligopeptide

4. ARN et protéines
- ❑ **a.** la séquence nucléotidique de l'ARN messager est lue par groupe de trois codons
- ❑ **b.** le premier codon de tout ARN messager désigne toujours le même acide aminé
- ❑ **c.** trois codons de l'ARN messager ne correspondent pas à un acide aminé
- ❑ **d.** les protéines nucléaires sont synthétisées dans le noyau

5. ARN :
- ❑ **a.** l'ARN messager a une durée de vie éphémère
- ❑ **b.** les ARN de transfert sont synthétisés dans le nucléole
- ❑ **c.** la configuration spatiale de l'ARN de transfert ménage un site de fixation de l'acide aminé différent de son anti-colon
- ❑ **d.** la réaction de liaison d'un acide aminé à son ARN de transfert est catalysée par une enzyme

6. Ribosomes :
- ❑ **a.** les ribosomes sont constitués de ribonucléoprotéines
- ❑ **b.** un ribosome possède deux sites fonctionnels
- ❑ **c.** les deux sous-unités ribosomales s'assemblent dans le nucléole
- ❑ **d.** les deux sous-unités ribosomales s'assemblent au moment de la transcription

7. Les chromosomes sont constitués de deux molécules d'ADN :
- ❑ **a.** en phase G1
- ❑ **b.** en prophase de mitose
- ❑ **c.** pendant l'interphase qui sépare les deux divisions de la méiose
- ❑ **d.** en prophase de deuxième division de méiose

8. Durant le développement embryonnaire les divers types cellulaires somatiques se différencient les uns des autres :
- ❑ **a.** par leur nombre de chromosomes
- ❑ **b.** par un génome différent de celui de l'œuf fécondé dont ils dérivent
- ❑ **c.** par le fait qu'ils ont perdu chacun un certain nombre de gènes
- ❑ **d.** par le fait qu'ils synthétisent chacun des protéines spécialisées

9. Chromosomes homologues :
- ❑ **a.** deux chromosomes homologués présentent toujours la même garniture allélique
- ❑ **b.** deux chromosomes homologues peuvent posséder, à un même locus donné, un gène sous deux formes alléliques différentes
- ❑ **c.** une paire de chromosomes homologues comporte toujours un chromosome d'origine paternelle et un chromosome d'origine maternelle
- ❑ **d.** les chromosomes homologues peuvent être aisément identifiés en microscopie photonique au cours de l'interphase

10. Allèles :
- ❑ **a.** des gènes allèles sont toujours séparés à la mitose
- ❑ **b.** un gène peut exister sous plusieurs formes alléliques
- ❑ **c.** les allèles d'un gène diffèrent par leur séquence en nucléotides
- ❑ **d.** l'allèle muté est toujours récessif par rapport à l'allèle sauvage

11. Allèles :

❑ **a.** les deux allèles d'un gène occupent le même locus sur deux chromosomes homologues

❑ **b.** chez un sujet hétérozygote le phénotype exprime toujours les deux allèles présents

❑ **c.** chez un sujet homozygote, un allèle récessif s'exprime au niveau de phénotype

❑ **d.** les allèles sont toujours séparés à la méiose

12. Une cellule souche de la gamétogénèse qui contient les allèles A et a d'un gène et les allèles B et b d'un autre gène subit la méiose :

❑ **a.** les génotypes des gamètes peuvent être AB – ab – Ab – aB

❑ **b.** si les gènes A et B sont situés sur des chromosomes différents, le génotype de la cellule souche peut s'écrire $\frac{A, B}{a, b}$

❑ **c.** si les gènes A et B sont situés sur le même chromosome et peu éloignés l'un de l'autre les gamètes de génotype AB et ab sont majoritaires

❑ **d.** la distance des gènes A et B au centromère s'exprime en centimorgan

13. Génétique :

❑ **a.** le brassage intrachromosomique conserve à chaque chromosome la même quantité d'information génétique

❑ **b.** le brassage intrachromosomique modifie qualitativement l'information génétique portée par un chromosome

❑ **c.** dans l'espèce humaine le brassage interchromosomique permet de réaliser 2^{23} combinaisons

❑ **d.** dans l'espèce humaine le brassage interchromosomique permet de réaliser 2^{46} combinaisons

14. Un homme daltonien épouse une femme normale. Le couple a deux garçons hémophiles et une fille normale qui donne naissance à un fils hémophile :

On sait que daltonisme et hémophilie sont des anomalies liées au sexe.

d = daltonisme h = hémophilie

d^+ = vision normale h^+ = allèle normal

❑ **a.** la fille présente dans son génotype l'allèle d

❑ **b.** la fille présente dans son génotype l'allèle h^+

❑ **c.** le génotype de la fille normale est Xd^+h/Xdh^+

❑ **d.** le génotype de la fille normale est Xdh/Xd^+h^+

15. Un homme du groupe sanguin A épouse une femme du groupe sanguin B. Le couple a deux garçons du groupe A, un garçon du groupe AB et une fille du groupe A :

❑ **a.** les allèles A et B sont codominants

❑ **b.** la femme est obligatoirement hétérozygote

❑ **c.** le père peut être AA ou AO

❑ **d.** le père est plus probablement AA

16. Une femme à vision normale, dont le père est daltonien, épouse un homme à vision normale dont le père est aussi daltonien. Le couple a donné naissance à plusieurs enfants :

❑ **a.** les garçons de ce couple seront obligatoirement daltoniens

❑ **b.** toutes les filles du couple auront une vision normale

❑ **c.** toutes les filles du couple sont obligatoirement transmettrices du daltonisme

❑ **d.** le gène responsable du daltonisme est létal

17. Le premier groupe humain qui a quitté le continent africain est :

❑ **a.** Australopithecus africanus

❑ **b.** Homo habilis

❑ **c.** Homo erectus

❑ **d.** Homo sapiens

18. Les premiers bipèdes préhumains sont apparus :

❑ **a.** il y a 5 à 10 millions d'années en Amérique

❑ **b.** entre 4 et 6 millions d'années en Afrique

❑ **c.** entre 5 et 6 millions d'années en Europe

❑ **d.** il y a moins d'un million d'années

19. Parmi tous les indices découverts sur un site paléontologique ceux qui ont amené à la conclusion de la présence d'Homo habilis sont :

❑ **a.** une datation au Carbone 14, situé entre 2,4 et 1,5 millions d'années

❑ **b.** des galets aménagés de type « pebble culture » (ou de type Oldowayen)

❑ **c.** des crânes montrant un trou occipital bien centré

❑ **d.** des bassins prouvant une bipédie perma nente

20. Parmi les critères permettant de définir l'Hominisation sont retenus :

❑ **a.** la capacité crânienne croissante

❑ **b.** une diminution de la longueur des tranchants des outils de silex

❑ **c.** l'abaissement du larynx

❑ **d.** l'acquisition de techniques de plus en plus élaborées

21. L'examen de l'évolution humaine permet d'affirmer que :
❑ **a.** l'Homme descend du Singe
❑ **b.** l'Homme est le seul « animal » à utiliser des outils
❑ **c.** la maîtrise du feu remonte à un million d'années
❑ **d.** l'importance du volume cérébral permet de séparer les Hommes des autres Primates

22. La progestérone est indispensable :
❑ **a.** à la reconstitution de la muqueuse utérine après la menstruation
❑ **b.** à l'élaboration de la structure de nidation
❑ **c.** à l'apparition et au maintien des caractères sexuels secondaires
❑ **d.** au maintien de la gestation

23. Chez la femme :
❑ **a.** le gamète femelle est un ovocyte II bloqué en métaphase
❑ **b.** tous les follicules ovariens deviendront des follicules mûrs (de De Graaf)
❑ **c.** le stock des ovocytes est constitué avant la naissance
❑ **d.** les hormones ovariennes sont sécrétées de la puberté à la ménopause

24. À propos du cycle menstruel :
❑ **a.** l'ovulation survient toujours le quatorzième jour du cycle
❑ **b.** le pic de FSH et de LH a lieu un jour et demi avant l'ovulation
❑ **c.** les règles surviennent les cinq derniers jours du cycle
❑ **d.** les règles débutent le premier jour du cycle

25. Dans l'espèce humaine, choisir toute cellule ayant pour garniture chromosomique 44+XY :
❑ **a.** cellule de Sertoli
❑ **b.** ovocyte de premier ordre
❑ **c.** cellule de l'endomètre
❑ **d.** spermatide

26. La muqueuse utérine est l'organe-cible :
❑ **a.** de FSH
❑ **b.** des œstrogènes
❑ **c.** de la progestérone
❑ **d.** de l'ocytocine

27. Choisir tout marqueur de l'identité biologique d'un individu :
❑ **a.** les antigènes des groupes sanguins
❑ **b.** les anticorps plasmatiques
❑ **c.** les protéines du complément
❑ **d.** les antigènes du système HLA

28. Un individu est de groupe B Rhésus négatif (B−), donc il possède :
❑ **a.** les antigènes B
❑ **b.** les antigènes Rhésus
❑ **c.** les anticorps anti-Rhésus
❑ **d.** les anticorps anti-A

29. Un individu de groupe AB Rhésus positif (AB^+) :
❑ **a.** peut recevoir du sang de tous les autres groupes
❑ **b.** peut donner son sang à tous les autres groupes
❑ **c.** peut recevoir du sang d'individus AB rhésus négatif
❑ **d.** peut donner son sang uniquement aux individus de son propre groupe (AB+)

30. L'injection du sérum d'un individu immunisé contre un antigène provoque chez le receveur vis-à-vis de cet antigène :
❑ **a.** un état d'immunité immédiate
❑ **b.** un état d'immunité passive
❑ **c.** l'apparition d'une immunité active
❑ **d.** la prolifération de lymphocytes à mémoire

31. Lors d'une réaction immunitaire primaire :
❑ **a.** les lymphocytes ont un premier contact avec l'antigène
❑ **b.** il se forme des clones lymphocytaires
❑ **c.** les lymphocytes T4 interviennent dans cette réaction
❑ **d.** les lymphocytes à mémoire amplifient cette réaction

32. La « loi du tout ou rien » s'applique :
❑ **a.** au potentiel d'action axonique
❑ **b.** au potentiel récepteur
❑ **c.** au potentiel postsynaptique excitateur
❑ **d.** au potentiel postynaptique inhibiteur

33. Un étirement léger d'un muscle extenseur provoque :
❑ **a.** une contraction de ce muscle
❑ **b.** une contraction du muscle antagoniste
❑ **c.** une contraction de ces deux muscles
❑ **d.** un relâchement du muscle antagoniste

34. Une unité motrice :
❑ **a.** implique l'existence de plusieurs motoneurones
❑ **b.** implique l'existence de plusieurs fibres musculaires striées
❑ **c.** implique un fonctionnement synchrone de ces fibres musculaires striées
❑ **d.** est synonyme de faisceau musculaire

35. Une stimulation d'intensité croissante d'un récepteur sensitif :
❑ **a.** augmente l'amplitude du potentiel récepteur émis par cette structure
❑ **b.** provoque l'émission d'un train de poten tiels récepteurs

❑ **c.** laisse inchangée l'amplitude du ou des potentiel(s) d'action émis par la fibre nerveuse sensitive en rapport avec ce récepteur
❑ **d.** augmente la fréquence des potentiels d'action émis par cette fibre nerveuse

36. Les vésicules synaptiques :
❑ **a.** sont des structures visibles uniquement en microscopie électronique
❑ **b.** sont délimitées par une membrane
❑ **c.** sont localisées dans les structures présynaptiques
❑ **d.** s'observent à la fois dans les structures pré et postsynaptiques

37. Le curare bloque :
❑ **a.** le potentiel récepteur des neurones ganglionnaires spinaux
❑ **b.** la conduction saltatoire des influx nerveux sensitifs
❑ **c.** la transmission entre le neurone sensitif et le neurone moteur
❑ **d.** la transmission neuromusculaire

38. Des potentiels postsynaptiques excitateurs peuvent être générés par :
❑ **a.** la membrane des terminaisons nerveuses réceptrices des neurones ganglionnaires spinaux
❑ **b.** la membrane axonique des nœuds de Ranvier
❑ **c.** la membrane du péricaryon du motoneurone
❑ **d.** la membrane des dendrites du motoneurone

39. Un nerf mixte :
❑ **a.** doit son nom à la présence de fibres nerveuses myélinisées et amyéliniques
❑ **b.** doit son nom à la présence de fibres nerveuses ayant des vitesses de conduction différentes
❑ **c.** doit son nom à la présence de fibres nerveuses sensitives et motrices
❑ **d.** renferme des fibres nerveuses efférentes et afférentes à la moelle

40. La vitesse de conduction d'une fibre nerveuse dépend :
❑ **a.** de l'intensité avec laquelle on l'a stimulée
❑ **b.** de la fréquence de cette stimulation
❑ **c.** du diamètre de cette fibre
❑ **d.** de son caractère myélinisé ou non

41. L'abolition du réflexe myotatique dans un territoire donné peut être obtenu par :
❑ **a.** section du nerf cutané
❑ **b.** section du nerf musculaire
❑ **c.** section de la racine rachidienne postérieure
❑ **d.** destruction de la corne antérieure de la moelle

On explore le métabolisme énergétique d'une sportive sur une bicyclette ergométrique. Après 20 minutes d'épreuves, elle a consommé 42 litres d'oxygène et rejeté 40 litres de dioxyde de carbone (CO_2).

42. La méthode d'étude de son métabolisme utilisée pour cette épreuve est :
❑ **a.** la calorimétrie
❑ **b.** la méthode des ingestats (thermochimie alimentaire)
❑ **c.** la respirométrie (thermochimie respiratoire)
❑ **d.** la calorimétrie associée à la respirométrie

43. Son quotient respiratoire est de :
❑ **a.** 0,95
❑ **b.** 0,95 litre
❑ **c.** 1,05
❑ **d.** 1,05 litre

44. On peut déduire de son quotient respiratoire que son régime alimentaire avant l'épreuve a été essentiellement constitué par :
❑ **a.** des lipides
❑ **b.** des glucides
❑ **c.** des protéines
❑ **d.** un mélange exactement réparti de lipides, de glucides et de protéines

45. Si son alimentation avant l'épreuve n'avait été constituée uniquement que de lipides :
❑ **a.** sa consommation en oxygène aurait été plus importante
❑ **b.** sa consommation en oxygène aurait été moins importante
❑ **c.** sa consommation en oxygène aurait été identique
❑ **d.** son épreuve aurait été physiquement plus facile à réaliser

46. Sachant que dans cette épreuve, son coefficient thermique (encore appelé équivalent calorique) correspond à 20,8 kilojoules par litre d'oxygène, sa dépense énergétique (valeur arrondie) pour la durée de l'épreuve sera de :
❑ **a.** 832 kilojoules
❑ **b.** 840 kilojoules
❑ **c.** 865 kilojoules
❑ **d.** 873 kilojoules

47. Sa dépense énergétique pourrait également être donnée en calories par heure (sachant que 1 calorie = 4,18 kilojoules); elle sera alors de (valeur arrondie et au plus proche) :
❑ **a.** 208 Calories
❑ **b.** 416 Calories
❑ **c.** 626 Calories
❑ **d.** 832 Calories

48. Son métabolisme durant cette épreuve :
❑ **a.** correspond exactement à son métabolisme basal
❑ **b.** a diminué du fait de son activité musculaire
❑ **c.** est plus élevé que celui d'un sportif masculin (dans les mêmes conditions)
❑ **d.** a pu dépendre de la température extérieure

49. Chez cette sportive, les glucides de son alimentation : ❑ **a.** ont été dégradés par des enzymes salivaires ❑ **b.** ont été dégradés dans l'intestin par des amylases ❑ **c.** représentent sa principale source d'apport énergétique ❑ **d.** représentent la principale réserve de stockage énergétique de son organisme	**50.** Avant l'épreuve, son organisme a pu stocker du glucose sous la forme : ❑ **a.** d'amidon ❑ **b.** de cellulose ❑ **c.** de glycogène ❑ **d.** de chylomicrons

CORRIGÉ

QCM

1. b. Les bactéries sont des procaryotes, les levures des eucaryotes unicellulaires.

2. a. b. c. d. Ce sont les caractéristiques physico-chimiques du radical R qui conditionnent la vitesse de migration des acides aminés.

3. c. d. La détermination de la séquence demande de connaître l'ordre relatif des acides aminés.

4. b. c. Le codon d'initiation est toujours AUG (méthionine), les protéines nucléaires sont synthétisées dans le cytoplasme.

5. a. c. d. Ce sont les ARNr qui sont synthétisés dans le nucléole.

6. a. b. Les deux sous-unités ribosomales s'assemblent au moment de la traduction.

7. b. c. d. 1 chromatide constitue une molécule d'ADN.

8. d. Les cellules se différencient parce qu'elles expriment spécifiquement certains gènes d'un génome identique.

9. b. c. Les chromosomes ne sont identifiables que sous forme condensée, donc en mitose ou en méiose.

10. b. c.

11. a. c. Les allèles sont séparés au cours de toute méiose normale.

12. a. c. On détermine grâce au pourcentage de recombinaison la distance entre les deux gènes et non leur distance au centromère.

13. a. b. c. Le brassage intrachromosomique se produisant entre deux chromosomes homologues modifie qualitativement mais pas quantitativement l'information génétique.

14. a. b. c.

15. a. b. c. Si la femme était homozygote, tous les enfants exprimeraient l'allèle B ; il n'est pas possible avec ces seules données de trancher quant au génotype du père.

16. b. 50 % des fils seront malades, 50 % des filles seront vectrices ; le gène n'est pas létal puisqu'il existe des femmes daltoniennes donc homozygotes.

17. c.

18. b. Il s'agit des australopithèques.

19. a. b. c. d.

20. a. c. d. La longueur totale des tranchants d'un outil augmente au cours de l'évolution.

21. d. Il est plus exact de dire que l'homme et les singes ont un ancêtre commun ; l'homme est seul à concevoir et fabriquer des outils, les premiers feux datent de – 450 000 ans.

22. b. d. C'est l'œstradiol qui permet de reconstituer l'endomètre utérin et qui est responsable de l'apparition et du maintien des caractères sexuels secondaires.

23. a. c. d. Seuls certains follicules parviendront à maturité, les autres dégénéreront.

24. d. La phase lutéale (14 jours) est la seule constante du cycle ; le pic de LH a lieu entre 6 et 24 heures avant l'ovulation.

25. a. Dans cette liste, seules les cellules de Sertoli sont mâles et diploïdes.

26. b. c. FSH a ses cellules-cibles dans les ovaires ; l'ocytocine agit sur le myomètre utérin.

27. a. d. Les anticorps plasmatiques sont spécifiques d'un antigène et non d'un individu

28. a. d. S'il n'est pas immunisé, un individu ne possède pas d'anticorps anti-Rh, alors que les anticorps du système ABO sont préformés.

29. a. c. d.

30. a. b. La sérothérapie confère une immunité immédiate, passive, sans induire une mémoire vis-à-vis de l'antigène.

31. a. b. c. Les lymphocytes mémoire ne sont pas présents puisqu'ils résulteront du clonage des lymphocytes activés lors de cette première immunisation.

32. a. Les potentiels récepteurs et les PPS ont une amplitude qui varie avec l'intensité de stimulation et la quantité de neurotransmetteur respectivement.

33. a. d. Il s'agit du réflexe myotatique et de l'innervation réciproque.

34. b. c. Une unité motrice est constituée des terminaisons issues d'un moto-neurone et des fibres musculaires qu'il innerve ; il s'agit d'une unité fonctionnelle alors que le faisceau est une unité anatomique.

35. a. c. d. Le potentiel récepteur est codé en amplitude alors que le PA est codé en fréquence.

36. a. b. c.

37. d. Le curare est un antagoniste de l'acétylcholine parmi les structures nerveuses proposées, seule la plaque motrice est cholinergique.

38. c. d.

39. c. d. efférent signifie moteur et afférent signifie sensitif.

40. c. d. L'intensité et la fréquence de stimulation n'ont aucun effet sur la vitesse de conduction du message nerveux.

41. b. c. d. Ces trois structures sont indispensables au réflexe myotatique.

42. c.

43. a. QR = V_{CO2} / V_{O2} = 40 / 42 = 0,95 (sans unité).

44. b. Un QR voisin de 1 est caractéristique d'une alimentation composée essentiellement de glucides.

45. a. Il faut plus d'oxygène pour obtenir la même énergie à partir de lipides qu'à partir de glucides.

46. d. 20,8 x 42 = 873 kJ.

47. c. 873 / 4,18 = 208 Cal pour 20 minutes, donc 626 Cal pour une heure.

48. d. Le métabolisme mesuré est nettement supérieur au métabolisme de base ; il est inférieur à celui d'un homme dans les mêmes conditions.

49. a. b. c. Il existe une amylase salivaire et une amylase pancréatique. La principale réserve de stockage de l'organisme est constituée par les lipides.

50. c. L'amidon est la forme de stockage du glucose chez les végétaux ; la cellulose est un polymère glucidique structural des végétaux indigeste pour l'homme ; les chylomicrons sont une forme de transport des lipides dans l'organisme.

SUJET 9 Toulouse

1 Restitution organisée des connaissances

Le déroulement de la réponse immunitaire.

On dit des macrophages que ce sont des cellules immunitaires à « tout faire » ou presque.

Après avoir indiqué les caractéristiques d'un macrophage vous préciserez à l'aide d'un exposé clair et structuré accompagné de schémas, les nombreux rôles joués par ces cellules dans la réponse immunitaire.

(12 POINTS)

2 Synthèse à partir de documents

Mode d'action et effets physiologiques de l'œstradiol sur la muqueuse utérine

Les documents qui suivent rendent compte d'expériences réalisées sur des femelles de Mammifères.

Document 1 : graphique établi à la suite d'une expérience d'injection d'œstradiol à des lots de souris pubères préalablement ovariectomisées.

Document 2 : résultat d'une autoradiographie de coupe de muqueuse utérine prélevée une à deux heures après une injection d'œstradiol marqué au tritium (isotope radioactif de l'hydrogène) à un femelle ovariectomisée.

Document 3 : évolution du taux de certains composés dans les cellules de la muqueuse utérine, à la suite d'une injection d'œstradiol à une femelle ovariectomisée.

Document 4 : évolution de la concentration en récepteurs à la progestérone au niveau des cellules de la muqueuse utérine, à la suite d'une injection d'œstradiol à une femelle ovariectomisée.

Informations complémentaires : injectée seule, à doses physiologiques, à une femelle ovariectomisée, la progestérone n'entraîne pas de modifications significatives au niveau de l'utérus. Par contre, associée à l'œstradiol, elle accentue les modifications révélées dans le document 1.

Question

Faites une exploitation rigoureuse des documents présentés et utilisez les informations fournies pour construire un schéma fonctionnel montrant l'enchaînement et les relations entre les mécanismes mis en jeu, mécanismes qui aboutissent à créer des conditions favorables à la gestation en cas de fécondation.

(8 POINTS)

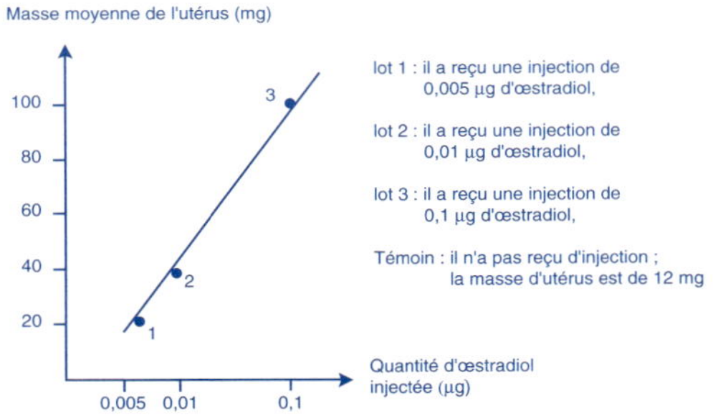

Document 1

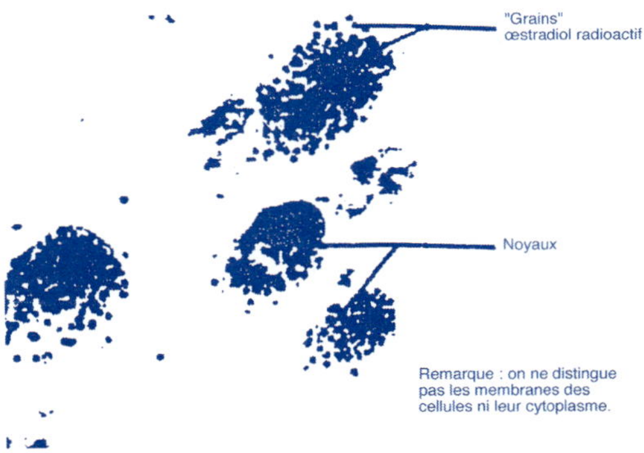

Document 2

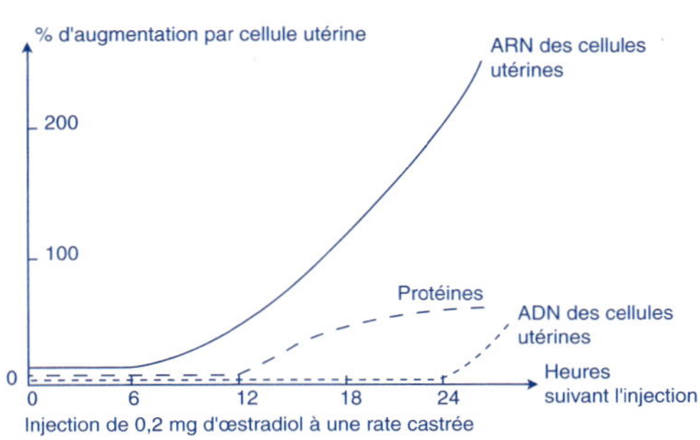

Document 3

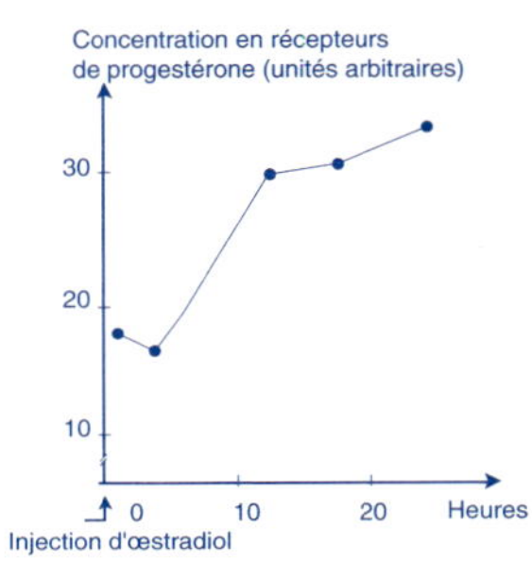

Document 4

CORRIGÉ

1 RESTITUTION ORGANISÉE DES CONNAISSANCES

Le déroulement de la réponse immunitaire

Les macrophages sont des cellules du système immunitaire issues de précurseurs de la moelle osseuse ayant subi la différenciation myéloïde. Ils dérivent plus précisément de monocytes qui quittent la circulation sanguine pour infiltrer les tissus de l'organisme. Leurs principales propriétés sont la phagocytose non-spécifique d'éléments étrangers et la présentation d'antigènes aux lymphocytes T.

La phagocytose (figure 1) est un processus non-spécifique d'internalisation et de lyse de particules.

Figure 1.
Principales étapes de la phagocytose d'une particule étrangère par un macrophage

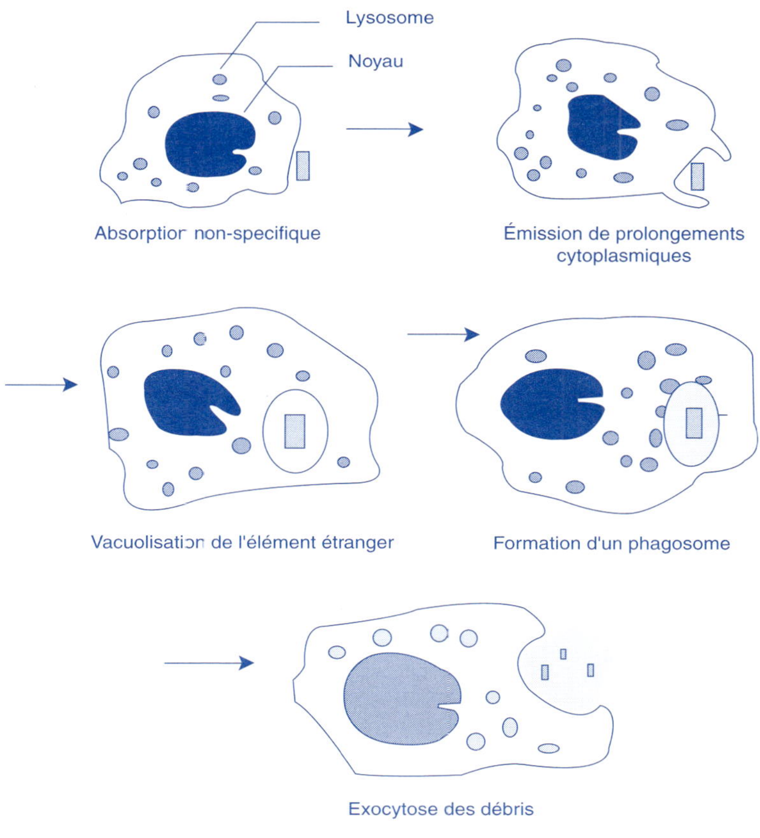

La particule étrangère est adsorbée sur la membrane plasmique du macrophage qui émet des prolongements cytoplasmiques autour d'elle jusqu'à former une vacuole. Les lysosomes, présents en grand nombre dans le cytoplasme, fusionnent avec cette vacuole pour y déverser les enzymes lytiques qu'ils contiennent. Le phagosome ainsi formé permet la lyse de l'élément étranger dont les débris sont rejetés à l'extérieur de la cellule par exocytose.

Au cours de ce processus, certains peptides issus de la digestion de la particule sont associés à des molécules du CMH. Le complexe peptide-CMH est exposé à la face externe de la membrane plasmique du macrophage qui devient une cellule présentatrice d'antigène. L'antigène peut être associé au CMH de classe I comme au CMH de classe II, ce qui permet une reconnaissance spécifique par les lymphocytes T8 comme par les lymphocytes T4 respectivement, et d'initier aussi bien une réponse cellulaire qu'une réponse humorale (figure 2).

Figure 2.
Initiation de la réponse spécifique par un macrophage

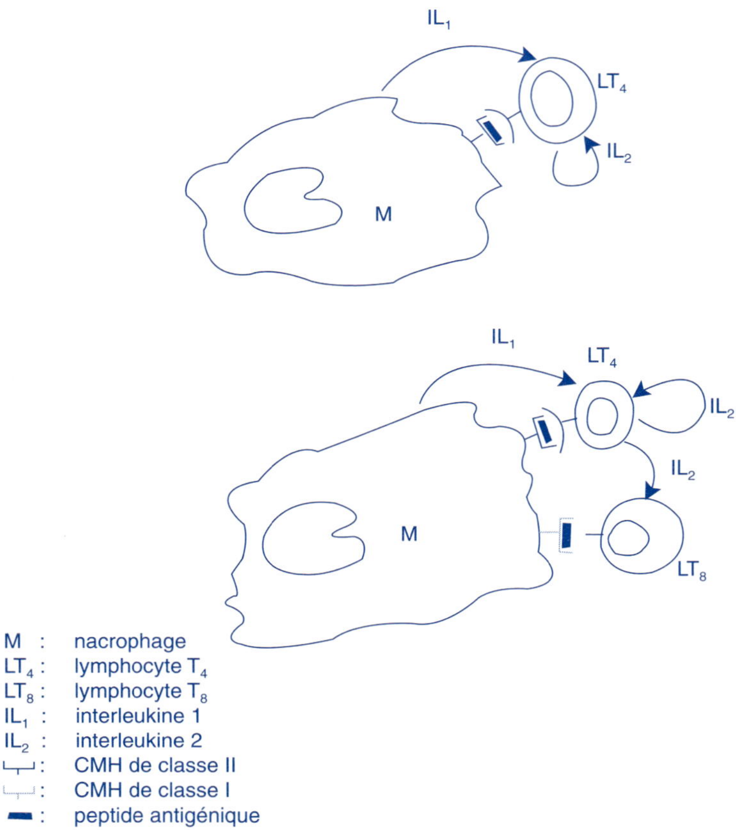

La reconnaissance spécifique de l'antigène par le LT4 provoque la libération d'interleukine 1 par le macrophage. Cette cytokine se fixe sur un récepteur membranaire exprimé à la surface du LT4 qui, en réponse, libère l'interleukine 2. Celle-ci déclenche l'expansion clonale des lymphocytes T4 et T8 ainsi que la différenciation des LT8 en lymphocytes cytotoxiques.
Les LT4, à leur tour, déclencheront l'expansion clonale et la différenciation en plasmocytes de lymphocytes B ayant reconnu le même antigène. L'induction de la réponse immunitaire à médiation humorale aboutira à la production d'anticorps spécifiques de l'épitope présenté à l'origine par le macrophage.
Les LTc, quant à eux, détruiront par contact direct toute cellule du soi présentant cet épitope dans le cadre du CMH de classe I.
Au terme de la réponse humorale, les macrophages participent à l'élimination des complexes immuns. Les récepteurs à la partie constante des anticorps qu'ils expriment sur leur membrane leur permettent de phagocyter les produits de la phase effectrice de cette réponse. Ces cellules interviendront également dans l'élimination des débris cellulaires dus à l'action des lymphocytes Tc.
Les propriétés de phagocytose et de présentation de l'antigène que possèdent les macrophages leur confèrent un rôle central dans le système immunitaire. Ils interviennent en effet dans l'immunité naturelle comme dans l'initiation et la phase effectrice de la réponse spécifique.

2 SYNTHÈSE DE DOCUMENTS

Mode d'action et effets physiologiques de l'œstradiol sur la muqueuse utérine

L'œstradiol, hormone ovarienne produite en quantité croissante au cours de la phase folliculaire, prépare l'endomètre utérin à une éventuelle gestation. En effet, cette hormone a pour cellule-cible les cellules de la muqueuse utérine qui possède des récepteurs nucléaires (document 2). Cette fixation déclenche une succession d'événements cytologiques que montre le document 3 ; une intense activité de transcription (augmentation du taux d'ARN) prépare une phase de protéosynthèse.
L'augmentation du métabolisme est le signe que les cellules utérines préparent leur multiplication elles entrent en phase S du cycle cellulaire (synthèse d'ADN) 24 heures après l'injection d'œstradiol. Les nombreuses mitoses causent un épaississement de la couche fonctionnelle de l'endomètre responsable de l'augmentation de la masse de l'ensemble de l'organe (document 1).
L'œstradiol est également responsable de l'expression par les cellules utérines du récepteur à la progestérone (document 4). C'est cette autre hormone ovarienne, produite au cours de la phase lutéale, qui achèvera de préparer l'endomètre à la nidation.

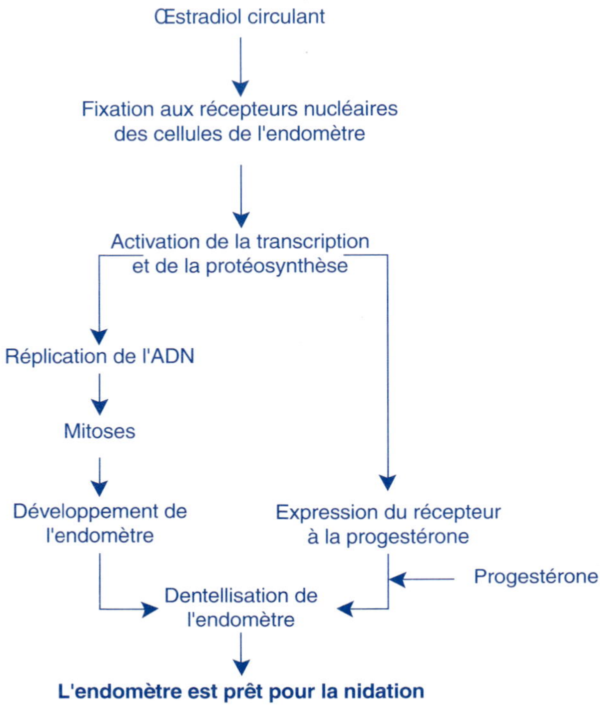
Œstradiol circulant
Fixation aux récepteurs nucléaires des cellules de l'endomètre
Activation de la transcription et de la protéosynthèse
Réplication de l'ADN
Mitoses
Développement de l'endomètre
Expression du récepteur à la progestérone
Progestérone
Dentellisation de l'endomètre
L'endomètre est prêt pour la nidation

Sujets complets ergothérapeutes

SUJET 1 Berck-sur-Mer (I)

Le schéma ci-dessous représente un arc réflexe.
L'exercice se compose d'une première partie dans laquelle vous restituerez vos connaissances et d'une seconde partie qui nécessitera l'intégration de vos connaissances au raisonnement.

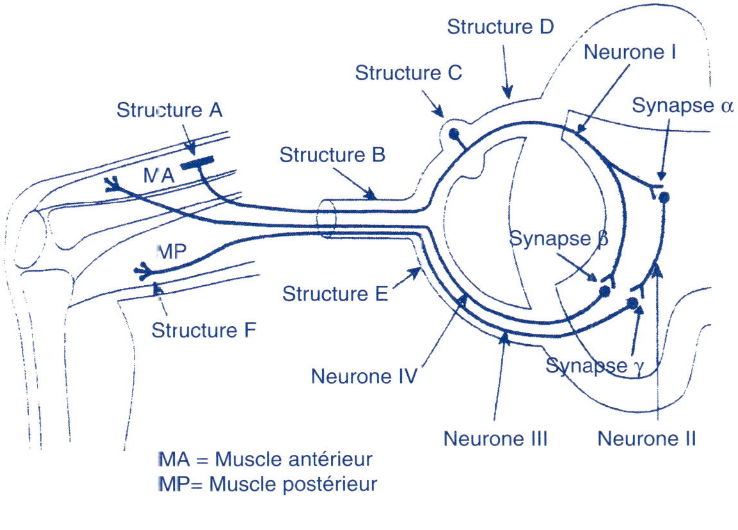

PREMIÈRE PARTIE

1. Réalisez un tableau à 2 colonnes.
a. Dans la première colonne, indiquez les lettres correspondant aux différentes structures et les chiffres romains correspondant aux différents neurones.
b. Dans la seconde colonne, nommez ces structures et neurones.

2. Répondez aux questions suivantes sans justification.
a. Quel est le stimulus de ce réflexe ?
b. Quelle est la particularité fonctionnelle de la structure B ?
c. Qualifiez le muscle MP.
d. Qualifiez les synapses α, β et γ.
e. Nommez le centre nerveux de ce réflexe.
f. Quelle structure est strictement afférente ?
g. Donnez un titre précis au schéma.

SECONDE PARTIE

Répondez aux questions 1 à 4 avec justification *uniquement des questions a*.
1. Si on stimule efficacement la structure A :
a. Qu'enregistrera-t-on au niveau des neurones I, II, III et IV ?
b. Quelle sera exactement la réponse à cette stimulation à l'échelle de l'organisme ?

2. Si on stimule le neurone 1 avec une intensité liminaire :
a. Qu'enregistrera-t-on au niveau des neurones I, II, III et IV ?
b. Quelle sera exactement la réponse à cette stimulation à l'échelle de l'organisme ?

3. Si on stimule fortement l'extrémité du neurone III :
a. Qu'enregistrera-t-on au niveau des neurones I, II, et III ?
b. Quelle sera exactement la réponse à cette stimulation à l'échelle de l'organisme ?

4. Si on stimule fortement l'extrémité du neurone IV :
a. Qu'enregistrera-t-on au niveau des neurones I et II ?
b. Quelle sera exactement la réponse à cette stimulation à l'échelle de l'organisme ?
Répondez aux questions 5 et 6 en justifiant brièvement.

5. Si on sectionne la structure D et que l'on stimule efficacement la structure A : Quelle sera exactement la réponse à cette stimulation à l'échelle de l'organisme ?

6. Si, en absence de toute stimulation, on injecte du GABA à forte dose au niveau des synapses :
a. Quelle sera exactement, à l'échelle de l'organisme, la réponse à cette injection si elle est effectuée dans la fente synaptique des synapses α et β
b. Quelle sera exactement, au niveau du neurone III et à l'échelle de l'organisme, la réponse à cette injection si elle est effectuée dans la fente synaptique de la synapse γ ?

7. Expliquez par un schéma annoté et non commenté, comment on peut influencer le fonctionnement de ce réflexe par contraction volontaire du muscle MP. Votre schéma se limitera au circuit neuronique contenu dans la substance grise du centre nerveux.

CORRIGÉ

PREMIÈRE PARTIE

1.

Structure A	Muscle extenseur de la jambe et fuseau neuromusculaire
Structure B	Nerf rachidien
Structure C	Ganglion rachidien
Structure D	Racine dorsale de la moelle épinière
Structure E	Racine ventrale de la moelle épinière
Structure F	Muscle fléchisseur de la jambe
Neurone I	Neurone afférent sensitif
Neurone II	Inter-neurone inhibiteur
Neurone III	Motoneurone α efférent innervant MP
Neurone IV	Motoneurone α efférent innervant MA
Synapse α	Synapse neuro-neuronique excitatrice du circuit nerveux d'innervation réciproque
Synapse β	Synapse neuro-neuronique excitatrice du circuit nerveux du réflexe myotatique
Synapse γ	Synapse neuro-neuronique inhibitrice du circuit nerveux d'innervation réciproque

2.

a. Le stimulus est l'étirement du muscle extenseur.

b. Le nerf rachidien est un nerf mixte contenant à la fois des fibres sensitives et motrices.

c. Le muscle MP est le muscle fléchisseur de la jambe, c'est le muscle antagoniste de l'extenseur MA.

d. Les synapses α, β et γ sont des synapses chimiques neuro-neuroniques, zones de communication entre 2 neurones par l'intermédiaire de neurotransmetteurs.

e. Le centre nerveux de ce réflexe est la moelle épinière.

f. La structure strictement afférente est la racine rachidienne dorsale qui contient uniquement des fibres sensitives.

g. Schéma des circuits nerveux du réflexe myotatique rotulien et de son innervation réciproque.

SECONDE PARTIE

1.

a. La stimulation perçue au niveau du fuseau neuromusculaire génère un influx nerveux sous forme de potentiels d'action qui parcourt le neurone sensitif I.

La transmission synaptique au niveau des synapses excitatrices α et β permet d'augmenter la fréquence des potentiels d'action sur la fibre motrice IV ainsi que sur l'interneurone II.

La transmission synaptique *via* la synapse γ vers le neurone III aura pour effet d'inhiber l'activité de celui-ci. La fréquence des potentiels d'action diminue.

b. Le résultat de la stimulation efficace sera l'extension de la jambe.

2.

a. On considère ici l'intensité liminaire comme l'intensité seuil suffisante pour entraîner une réponse motrice.

Les réponses observées seront similaires à celles observées en cas de stimulation du muscle MA.

b. Le résultat de la stimulation avec une intensité liminaire du neurone sensitif sera une extension de la jambe.

3.

a. La stimulation du neurone III génère un train de potentiels d'action sur ce neurone. Il n'y aura aucune modification à l'enregistrement sur les autres neurones. En effet une stimulation efficace et artificielle en un point donné sur un neurone génère des potentiels d'action qui peuvent parcourir la fibre dans les 2 sens. Cependant les potentiels d'action seront arrêtés au niveau de la synapse γ, structure polarisée ne pouvant transmettre l'influx nerveux que dans un seul sens.

b. La stimulation du motoneurone provoquera une réponse motrice du muscle MP.

4.

a. La stimulation du motoneurone IV génère des potentiels d'action sur ce même motoneurone qui ne pourront pas du fait de la polarité des synapses stimuler les neurones I et II

b. La stimulation du motoneurone IV provoquera une réponse motrice du muscle MA qui se contracte. On observe une extension de la jambe.

5. La section de la racine dorsale revient à sectionner l'ensemble des fibres sensitives parcourant la racine rachidienne.

L'influx nerveux généré par la stimulation n'atteint plus le centre nerveux, il n'y a plus de transmission synaptique et donc plus de réponse motrice à la stimulation.

6.

a. Le GABA est un neurotransmetteur des synapses inhibitrices. Il n'a aucune action au niveau des synapses excitatrices α et β où il n'existe pas de récepteurs post-synaptiques au GABA. A l'échelle de l'organisme il n'y aura aucune réponse observée.

b. La synapse γ est une synapse inhibitrice qui possède des récepteurs post-synaptiques au GABA. En conséquence le GABA induit une inhibition du motoneurone III qui se traduit par une diminution de la fréquence des potentiels d'action. Le muscle MP se relâche.

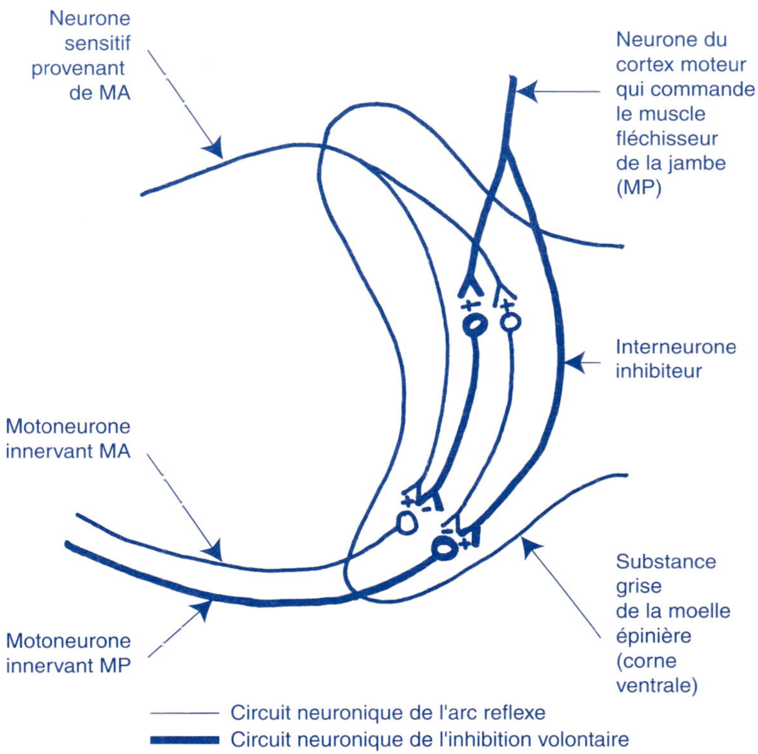

7.

Circuits nerveux de l'inhibition du réflexe myotatique du muscle MA par contraction volontaire du muscle MP.

SUJET 2 Berck-sur-Mer (II)

1 La lignée humaine

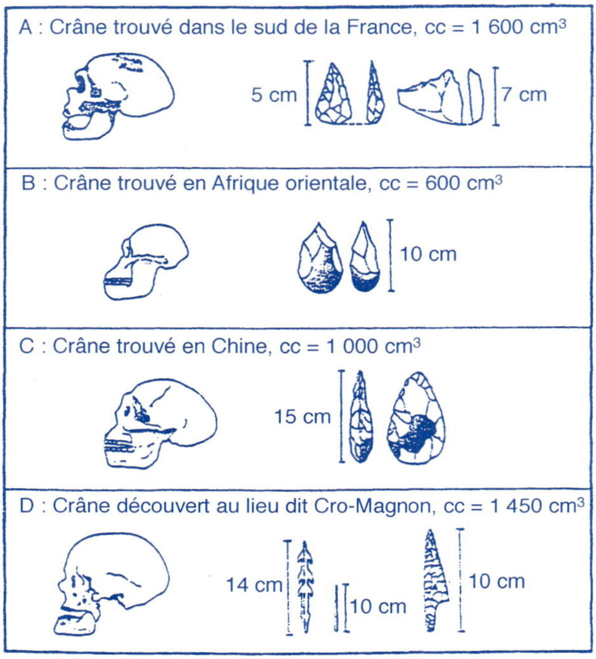

Dans l'armoire d'un musée ont été retrouvés 4 cartons notés A, B, C et D dont le contenu est décrit dans le document ci-contre. Dans chaque carton, un crâne fossile est associé à des outils de silex ou d'os et quelques notes y sont inscrites comme le lieu de la découverte et la capacité crânienne (cc). Pour les utiliser, il manque au moins l'identification des 4 hominidés et l'ordre chronologique dans lequel ils sont apparus. Une datation de ces fossiles a été demandée mais malheureusement les résultats ont été mélangés ; on peut ainsi lire sur la fiche :

A : 15 000 ans
B : 100 000 ans
C : 1 MA
D : 4 MA.

En justifiant votre choix par l'exploitation du contenu des cartons, identifiez les 4 hominidés et réattribuez à chacun la datation qui doit lui correspondre.

2 La génétique des haploïdes

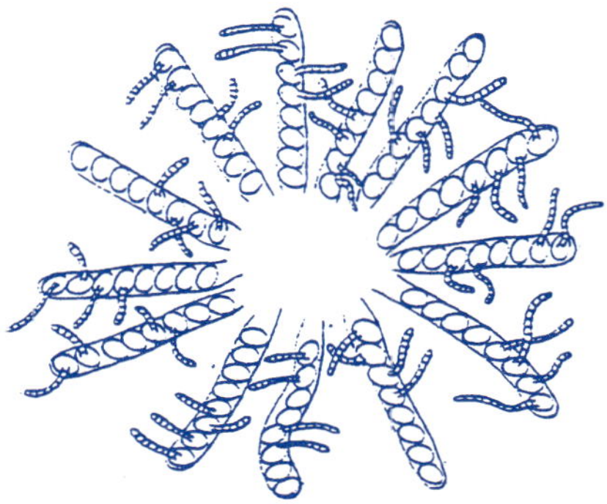

Neurospora est un chamignon ascomycète. On en connaît une souche sauvage capable de se développer sur un milieu carencé en un acide aminé : l'histidine; on note cette souche His$^+$ et on nomme le milieu : minimum.
La souche mutante correspondante nécessite la présence dans le milieu nutritif de l'histidine sans laquelle les spores ne peuvent germer; on note cette souche His.
On croise ces deux souches et les asques obtenus sont étalés sur un milieu minimum. Après quelques heures de culture, les asques présentent l'aspect schématisé ci-dessus.

1. Qualifiez l'acide aminé histidine pour la souche mutante et précisez pourquoi la souche sauvage peut germer même si l'histidine est absente du milieu.

2. Dénombrez et classez les différents asques obtenus. Vous mettrez en évidence les asques recombinés.

3. Émettez une hypothèse explicative (deux lignes maximum).

4. Expliquez par un schéma complètement légendé les mécanismes aboutissant à la formation d'un asque recombiné.

3 Une méthode contragestive

Le RU 486 est une molécule capable d'interrompre une grossesse débutante. Le traitement au RU 486 déclenche dans les heures qui suivent une expulsion de l'embryon par élimination d'une partie de l'endomètre dans lequel l'embryon s'était nidé (réapparition de règles).

On cherche à comprendre certains aspects du mode d'action de cette molécule.

Document 1. Expériences réalisées sur des lapines impubères

		Lot 1	Lot 2	Lot 3	Lot 4	Lot 5
Expérience	Injections d'œstradiol au temps t_1	Non	Oui	Oui	Oui	Oui
	Injection de progestérone au temps t_2	Non	Non	Oui	Oui	Oui
	Absorption de RU486 au temps t_2	Non	Non	Non	5 $mg.kg^{-1}$	20 $mg.kg^{-1}$
Résultat	Aspect de l'utérus (coupe microscopique) en fin de traitement					
	Dentellisation de l'endomètre	Non	Non	Oui^{+++}	Oui^{+}	Non

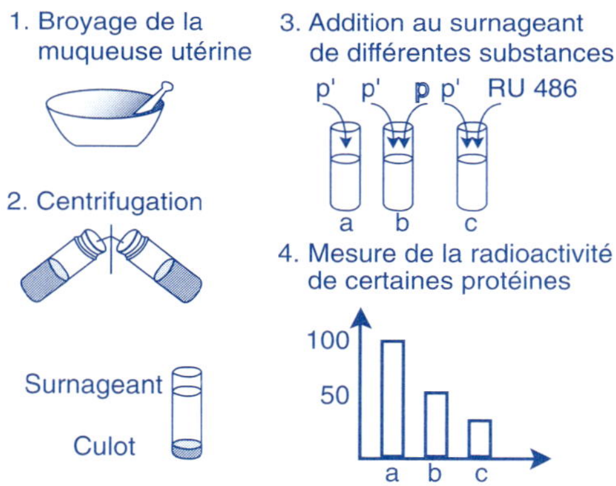

1. En exploitant rigoureusement les données du tableau du document 1, tirez les informations relatives aux rôles des deux hormones ovariennes et à l'action du RU 486.

Pour étudier l'action du RU 486 sur les cellules de la muqueuse utérine, on prélève un utérus de lapine dont on isole l'endomètre; celui-ci subit un traitement décrit dans le protocole du document 2. Le surnageant, contenant toutes les protéines cellulaires est réparti dans trois tubes, on ajoute alors :

– tube a : progestérone marquée (x molécules) ;
– tube b : progestérone marquée (x /2) et progestérone non marquée (x /2) ;
– tube c : progestérone marquée (x /2) et RU 486 non marqué (x /2) .

On mesure, 30 à 60 minutes plus tard, la radioactivité liée à un certain type de protéines extraites de l'endomètre. Les résultats sont présentés sous forme d'un histogramme indiquant le % de radioactivité.

2. Après avoir expliqué comment certaines protéines sont « devenues » radioactives, précisez le mode d'action du RU 486 à l'aide des résultats obtenus.

1 LA LIGNÉE HUMAINE

Carton A : le crâne possède une forte capacité, un prognathisme certain, un menton fuyant et des arcades sus-orbitaires marquées. L'outillage associé est constitué de bifaces présentant de nombreuses arêtes. Ce crâne, trouvé en Europe, appartient à Homo sapiens neandertalensis. Âge 100 000 ans (B).
Carton B : le crâne a une capacité réduite, un prognathisme prononcé, l'outillage est constitué de galets éclatés peu retouchés. Ces pièces se rapportent à un Australopithèque, exclusivement africain. Âge 4 mA (D).
Carton C : ce crâne de capacité moyenne reste prognathe, la mandibule est lourde, l'outillage est constitué de bifaces. Cet hominidé asiatique est un Homo erectus.
Âge 1 MA (C).
Carton D : le crâne a une capacité comparable à l'homme actuel, un menton net, un outillage diversifié (harpon, aiguille, racloir). Cet hominidé, présent sur toute la surface de la planète, est un Homo sapiens sapiens. Âge 15 000 ans (A).

2 LA GÉNÉTIQUE DES HAPLOÏDES

1.
L'histidine est un acide aminé essentiel pour la souche mutante. La souche sauvage peut réaliser la synthèse de cet acide aminé et est donc indépendante d'un apport extérieur.

2.

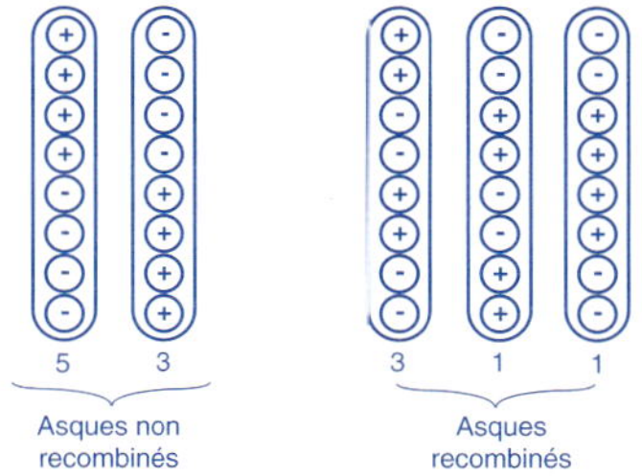

3. Indépendamment de leur position dans l'asque, on n'observe que deux phénotypes de spores, His- et His+. Il n'existerait donc que deux allèles et un seul gène mis en jeu dans ce croisement.

4.

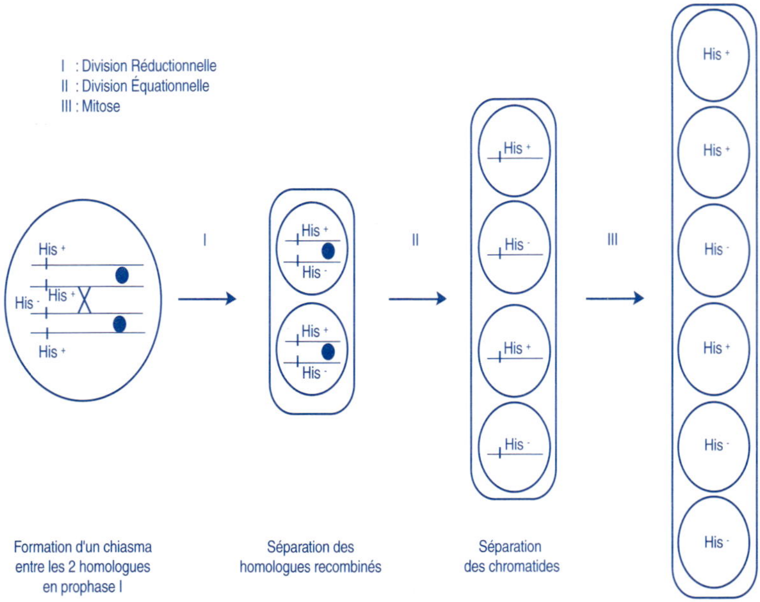

3 UNE MÉTHODE CONTRAGESTIVE

1. L'œstradiol injecté seul provoque le développement de l'endomètre utérin sans dentellisation (comparaison des lots 1 et 2), alors que si cette injection est suivie de l'administration de progestérone, le développement est plus important et la dentellisation est nette (lot 3). L'action de ces hormones est inhibée de manière dose-dépendante par le RU 486 (lots 4 et 5).

2. La radioactivité des protéines est attribuable à la fixation spécifique de la progestérone marquée à son récepteur.
Le RU 486 diminue sensiblement le taux de fixation de la progestérone à son récepteur (document 2-4, comparaison des tubes b et c), car il entre en compétition avec l'hormone pour son récepteur. Cependant, il ne reproduit pas ses effets sur l'endomètre (document 1). Le RU 486 empêche la progestérone de maintenir le développement de l'endomètre utérin indispensable à la nidation, ce qui explique son utilisation à des fins d'avortement.

SUJET 3 Créteil (I)

1

Selon la théorie de la communication, une communication s'établit entre un émetteur et un récepteur, sous la forme d'un message qui emprunte un canal de communication.

Dans l'organisme, deux types de communication, l'une hormonale, l'autre nerveuse, permettent la transmission de l'information.

1. Préciser avec clarté ce qui constitue chaque type de communication, l'émetteur, le message, le canal et le récepteur.

2. Expliciter comment se traduit, dans chaque cas, le codage du message.

3. Indiquer deux exemples d'hormones, une hormone végétale et une hormone gonadotrope féminine en précisant leur origine, leur organe ou cellule-cible et leur action sur cette dernière.

4. Réaliser un schéma annoté et légendé du neurone que l'on trouve au niveau de la racine dorsale rachidienne.

2

Une femme séropositive pour le VIH met au monde un enfant. Des tests de dépistage du SIDA sont réalisés sur le bébé après la naissance.

Moment du test	2 jours	1 mois	3 mois	6 mois	1 an
Résultats du test	positif	limite	négatif	négatif	négatif

1. En introduction, donner la signification des abréviations suivantes : SIDA ; VIH

2. Qu'est ce que la séropositivité ?

3. Nommer et décrire les éléments mis en évidence par le test de dépistage.

4. Expliquer très succinctement comment le VIH a entraîné leur formation.

5. Pourquoi l'enfant est-il séropositif à la naissance ?

6. Pourquoi l'enfant devient-il séronégatif ?

7. Conclure sur les modes de transmission du SIDA

3

Répondre impérativement dans l'ordre dans lequel sont posées les questions. Les réponses doivent être précises et concises.

1. Définir l'expression famille multi génique.

2. Donner la signification des abréviations suivantes : ICSI ; FIVETE

3. Citer les organes ou cellules cibles des œstrogènes chez la femme adulte.

4. Qu'est ce qu'un test-cross et quel est son intérêt ?

5. Donner les modes d'action du RU 486 (Mifépristone) et de la pilule du lendemain (Norlevo) et comment qualifie-t-on ces molécules chimiques ?

CORRIGÉ

1

1. Les hormones sont des substances de diverses natures (protéiques, lipidiques...) sécrétées par des cellules endocrines regroupées le plus souvent en glandes et véhiculées par le sang jusqu'aux cellules cibles dont elles modifient le métabolisme.
Les hormones sont véhiculées dans tout l'organisme mais seules les cellules cibles qui possèdent des récepteurs spécifiques sont sensibles au message hormonal.
La communication nerveuse comporte 2 grands types de message :
– Un message de nature électrique limité aux cellules excitables. Le potentiel d'action est généré au pôle récepteur (dendritique) d'un neurone et véhiculé le long de la fibre nerveuse (axone) jusqu'au pôle sécréteur de ce même neurone (ensemble des boutons synaptique de l'arborisation terminale).
– Un message chimique sous forme de neurotransmetteur sécrété par le neurone pré-synaptique dans la fente synaptique à destination des récepteurs protéiques de l'élément post-synaptique (neurone, fibre musculaire, glande)

2. Dans le cas de la communication hormonale, c'est la concentration de l'hormone qui permet de coder l'intensité du message. Cependant l'efficacité du message dépend aussi de la richesse en récepteurs des cellules cibles.
À la surface d'un neurone, l'intensité du message est codée en fréquence de potentiel d'action.
Au niveau de la synapse l'intensité du message est codée en concentration de neurotransmetteur déversé dans la fente synaptique.

3. L'auxine est une hormone végétale fabriquée essentiellement au niveau des méristèmes apicaux des végétaux. Elle est transportée par la sève élaborée dans l'ensemble de la plante et il se crée un gradient depuis le sommet jusqu'à la base de la plante à l'origine de la dominance apicale. Les concentrations importantes d'auxine au sommet de la plante inhibent le développement des bourgeons les plus proches du bourgeon apical.
L'auxine augmente aussi la plasticité des parois des jeunes cellules issues des méristèmes qui sous l'effet de la pression de turgescence s'allongent. L'hormone est ainsi responsable de la croissance orientée des tiges vers la lumière (phototropisme).
La progestérone est une hormone stéroïde sécrétée par les cellules du corps jaune. Elle agit sur les cellules de l'endomètre utérin. Elle favorise la dentellisation de l'endomètre et la sécrétion de ses glandes en tubes ainsi que la sécrétion des glandes du col de l'utérus. Elle inhibe aussi les contractions des fibres musculaires lisses du myomètre.
La progestérone inhibe l'activité sécrétrice des cellules hypophysaires. Elle exerce donc un rétrocontrôle négatif sur le complexe hypothalamo-hypophysaire.

4. Schéma d'un neurone en T, sensitif

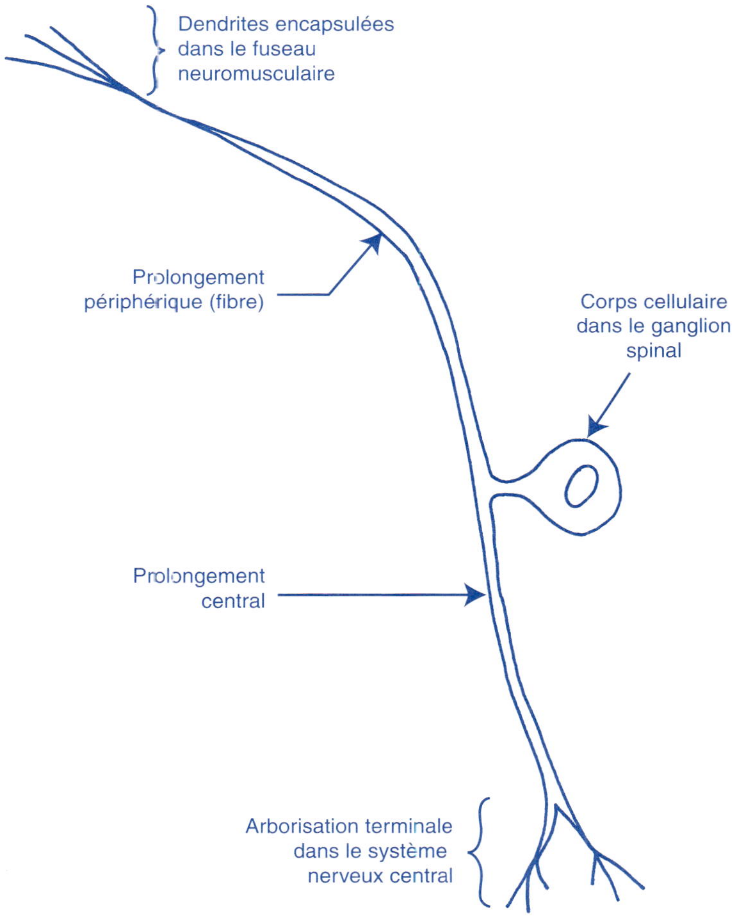

2

1. SIDA : Syndrome de l'immunodéficience acquise.
VIH : virus de l'immunodéficience humaine.

2. La séropositivité est le fait d'identifier dans le sérum d'un patient des anticorps spécifiques d'un antigène donné.

3. Le test de dépistage permet de détecter dans le sérum de l'enfant âgé de 2 jours des anticorps spécifiques anti-VIH.
Ces anticorps sont des protéines constitués de 2 chaînes lourdes et de 2 chaînes légères reliées par des ponts disulfure.

Un anticorps possède 2 sites de fixation à l'antigène constitués chacun par les extrémités variables d'une chaîne lourde et d'une chaîne légère.

4. Ces anticorps sont les effecteurs d'une réaction immunitaire à médiation humorale qui s'est déroulée chez la mère.
Le virus introduit dans l'organisme est reconnu spécifiquement par des lymphocytes B dont certains vont se différencier en plasmocytes sécréteurs d'anticorps.

5. Certains anticorps produits par la mère ont la capacité de traverser la barrière placentaire permettant la protection du nouveau-né dans les premières semaines de sa vie. Ainsi le test positif de l'enfant est lié à la présence d'anticorps maternels reçus pendant la grossesse.

6. Les anticorps transmis par la mère disparaissent progressivement de l'organisme de l'enfant qui devient séronégatif à 3 mois.

7. Certains liquides biologiques permettent la contamination par le VIH : le sang, les sécrétions sexuelles (sperme, liquide pré-séminale de l'homme, sécrétions vaginales de la femme) et le lait maternel.
Le virus est fragile et la contamination nécessite un contact direct entre une de ces sécrétions infectées et une muqueuse. La contamination n'est alors possible que dans 4 circonstances :
– Relations sexuelles avec pénétration.
– Utilisation d'une seringue qui vient de servir à une injection (drogue, médicament...) ou à un prélèvement sanguin.
– Transmission de la mère à l'enfant lors de l'accouchement ou plus rarement au cours du troisième trimestre de grossesse.
– Transmission de la mère à l'enfant pendant l'allaitement.

3

1. Une famille multi génique est un ensemble de gènes issus d'un gène ancestral. Les processus de duplication et de transposition créent dans le génome des copies de gènes qui divergent ensuite par mutation.

2. ISCI : injection intra-cytoplasmique de spermatozoïde.
FIVETE : fécondation in vitro et transferts d'embryons.

3. Les oestrogènes sont des hormones stéroïdes sécrétées par les cellules de la thèque interne et de la granulosa des follicules en croissance et par les cellules du corps jaune. Elles ont pour principales cellules cibles les cellules de l'endomètre utérin dont elles stimulent la prolifération. Les oestrogènes agissent aussi sur les cellules sécrétrices du col de l'utérus.

4. Un test-cross est le croisement d'un individu dont on veut connaître le génotype avec un homozygote récessif. En fonction de la descendance obtenue, le test-cross permet d'évaluer le type de gamètes produits par cet individu ainsi que leur proportion. Il permet alors d'évaluer le taux de recombinaison entre des gènes liés ainsi que la distance entre ces gènes.

5. Le RU 486 est analogue structural de la progestérone qui se fixe sur les récepteurs des cellules utérines de l'hormone, empêchant celle-ci d'agir sur ses cellules cibles.
Le RU 486 est à l'origine de la dégradation de la muqueuse utérine et de l'évacuation de l'embryon. C'est un contragestif.
La pilule du lendemain contient un progestatif de synthèse permettant d'éviter la nidation après un rapport potentiellement fécondant. C'est un contraceptif d'urgence.

SUJET 4 Créteil (II)

1 **Recopier sur la copie d'épreuve le numéro de la question et la ou les lettres correspondant à la bonne réponse ou aux bonnes réponses.**

1. À propos des ribosomes

a. les ribosomes interviennent dans le mécanisme de traduction

b. les protéines participent à la réalisation du phénotype.

c. un codon peut coder pour le même acide aminé qu'un autre codon

d. un changement d'un acide aminé dans la séquence d'une protéine entraîne une mutation dans la séquence nucléotidique correspondante

2. Un rapport concentration d'auxine sur concentration de cytokinine éleve chez un végétal supérieur

a. entraîne une orientation de la morphogenèse vers la rhizogenese

b. entraîne une orientation de la morphogenèse vers la caulogenése

c. est caractéristique des bourgeons

d. explique la dominance apicale

3. Les caractères embryonnaires homologues chez les vertèbres

a. ont le même plan d'organisation

b. n'ont pas toujours la même fonction chez l'adulte

c. derivent d'une même structure commune à un stade plus précoce du developpement

d. sont herités d'un même ancêtre commun

4. Dans le cortex cérebral

a. on observe une structure en sept couches de neurones

b. on observe des neurones interconnectés.

c. on observe une organisation en couches fonctionnelles

d. tous les neurones d'une colonne répondent a des stimulations différentes

5. Une enzyme

a. catalyse de manière spécifique un seul type de réaction chimique

b. présente une capacité de catalyse liée à sa forme spatiale

c. présente une double spécificité spécificité de substrat et spécificité d'action.

d. peut être indirectement responsable de la réalisation d'un phénotype.

6. Parmi les structures anatomiques suivantes, quelles sont celles qui désignent certains éléments de l'appareil génital des Mammifères Primates adultes normaux ?

a. l'urospermiducte

b. la trompe d'Eustache

c. l'épididyme

d. le canal de Müller

e. l'urètre
f. l'uretère

7. Un test cross
a. utilise un homozygote récessif
b. donne quatre phénotypes équiprobables dans le cas de deux genes liés
c. détermine la liaison entre deux gènes
d. permet de déterminer le génotype de l'individu testé

8. Un vaccin
a. est un traitement curatif
b. contient des anticorps
c. met en jeu une immunité passive.
d. contient des déterminants antigéniques

9. Certains homninés ont un volume crânien de plus de 600 cm^3. Il s'agit de
a. Homo habilis
b. Homo erectus
c. Homo sapiens
d. Australopithécus afarensis

10. Chercher l'intrus
a. hypoglycémie
b. cellule alpha
c. glycogénolyse hépatique
d. pancréas
e. foie

2 Donner le mot ou l'expression correspondant à la définition donnée

1. Ensemble de cellules végétales indifférenciées, siège de nombreuses mitoses
2. Genes dont certaines formes alleliques augmentent le risque d'apparition d'une maladie
3. Présence dans le milieu intérieur d'anticorps spécifiques d'un antigène donné
4. Facteur physique ou chimique capable d'augmenter la fréquence des mutations
5. Cellule végétale dépourvue de paroi cellulaire par action enzymatique
6. Ensemble des organes et des messagers impliqués dans la régulation d'un paramètre.
7. Canaux embryonnaires évoluant en trompes utérines chez la femme normale.
8. Individu hypothétique possédant l'ensemble des caractères dérivés partagés par des espèces qui lui sont postérieures.

3 *Chronologie* : mettre les étapes dans l'ordre en se servant des lettres pour chaque question

1. Réflexe myotatique
a. passage d'un influx nerveux dans la racine ventrale de la moelle épinière.
b. etirement du muscle

c. intégration neuronale.
d. action du neurotransmetteur au niveau de la plaque motrice.
e. conduction de potentiels d'action afférents : **f.** contraction du muscle

2. Début de grossesse
a. première division de l'œuf.
b. caryogamie.
c. seconde division de mérose.
d. nidation.
e. sécrétion d'HCG.

3. Aide médicale à la procréation
a. transfert d'embryons.
b. développement in vitro d'embryons.
c. ICSI.
d. prélèvement d'ovocytes
e. stimulation ovarienne

4. Cycle du VIH
a. transcription de l'ARN viral en ADN grâce à la transcriptase inverse.
b. assemblage et bourgeonnement, libération de multiples particules virales.
c. pénétration de la capside.
d. amarrage du VIH et fusion des membranes.
e. transcription et traduction des ARN en protéines
f. incorporation de l'ADN viral au génome

5. Biosynthèse protéique
a. lecture du codon AUG.
b. formation et élongation de la chaîne polypeptidique.
c. passage de l'ARNm dans le cytoplasme.
d. transcription.
e. fin de traduction

CORRIGÉ

1

1. a. ; b. ; c.
Le code génétique est redondant (dégénéré), certains acides aminés sont codés par plusieurs codons.

2. a. ; d.
Au niveau de la plante on observe deux gradients hormonaux antagonistes. Celui de l'auxine des bourgeons terminaux vers les racines à effet inhibiteur et celui des cytokinines à effet stimulateur sur le développement des bourgeons.

L'application expérimentale de cytokinines à l'apex de la tige permet de lever la dominance apicale.

3. a. ; b. ; c. ; d.

4. b.
Le cortex cérébral est organisé en 6 couches fonctionnelles constituées de neurones interconnectés. Dans chaque colonne fonctionnelle du cortex sensoriel, les neurones répondent à des stimulations mécaniques de même type appliquées au même endroit du corps.

5. a. ; b. ; c. ; d.

6. a. ; c. ; e.
Le canal de Müller est une structure embryonnaire.
L'uretère est un conduit qui conduit les urines du rein vers la vessie.
Ne pas confondre trompe d'Eustache, conduit qui relie l'oreille moyenne au rhinopharynx et la trompe de Fallope (oviducte).

7. a. ; c. ; d.

8. d.
Le traitement curatif contenant des anticorps et mettant donc en jeu une immunité passive est une sérothérapie.

9. a. ; b. ; c.
La capacité moyenne cérébrale de Homo habilis est supérieure à 600 cm3 même si dans les ouvrages elle varie de 580 à 700 cm3 et plus.

10. a.
Toutes les propositions ont à voir avec la régulation de la glycémie. Ici A est la variable corrigée alors que les autres propositions appartiennent au système réglant.

2

1. Méristème
2. Gènes de prédisposition
3. Séropositivité
4. Agents mutagènes
5. Protoplaste
6. Système réglant
7. Canaux de Müller
8. Ancêtre commun

3 CHRONOLOGIE

1. b ; e ; c ; a. ; d. ; f.

2. c ; b. ; a. ; e. ; d.

La sécrétion d'HCG par le trophoblaste embryonnaire est très précoce. Elle est sécrétée dès que le trophoblaste quitte sa zone pellucide (avant la nidation). Elle apparait dans le sang circulant dès le début de l'implantation (8 +/- 1 jour après la fécondation.

3. e. ; d. ; c. ; b. ; a.

4. d. ; c. ; a. ; f. ; e. ; b.

5. d. ; c. ; a. ; b. ; e.

SUJET 5 Créteil (III)

1 Système nerveux

On étudie le fonctionnement d'un motoneurone M de la moelle épinière.

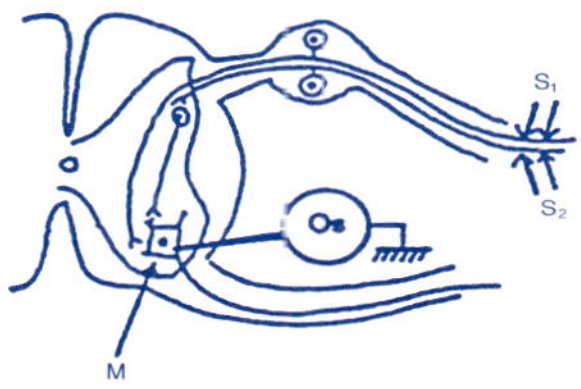

Figure 1 – Schéma expérimental

La stimulation des fibres nerveuses issues du muscle extenseur (stimulation S1, figure 1) entraîne l'activité électrique d'un motoneurone M innervant ce muscle. L'enregistrement de cette activité est montrée figure 2.

Celle des fibres issues de l'un des muscles fléchisseurs (stimulation S2, figure 1) entraîne un changement de l'état électrique de ce même motoneurone, visualisé sur la figure 2. Précisez quel renseignement apporte chaque série d'expériences.

(6 POINTS)

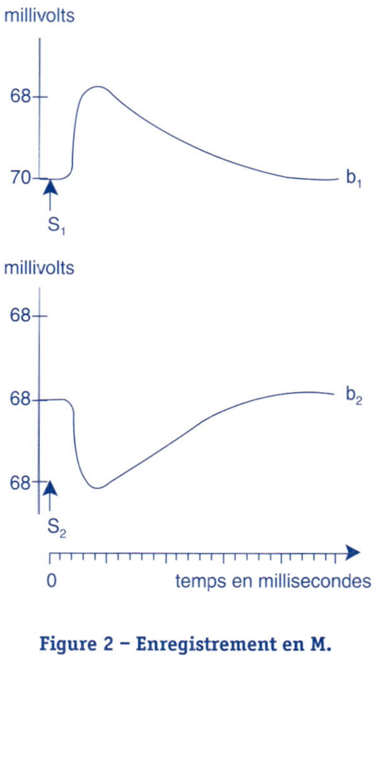

Figure 2 – Enregistrement en M.

2 Reproduction

On cherche à étudier le fonctionnement ovarien, à l'aide d'expériences chez la guenon – dont le cycle est identique à celui de la femme –, et à l'aide de dosages hormonaux chez la femme.

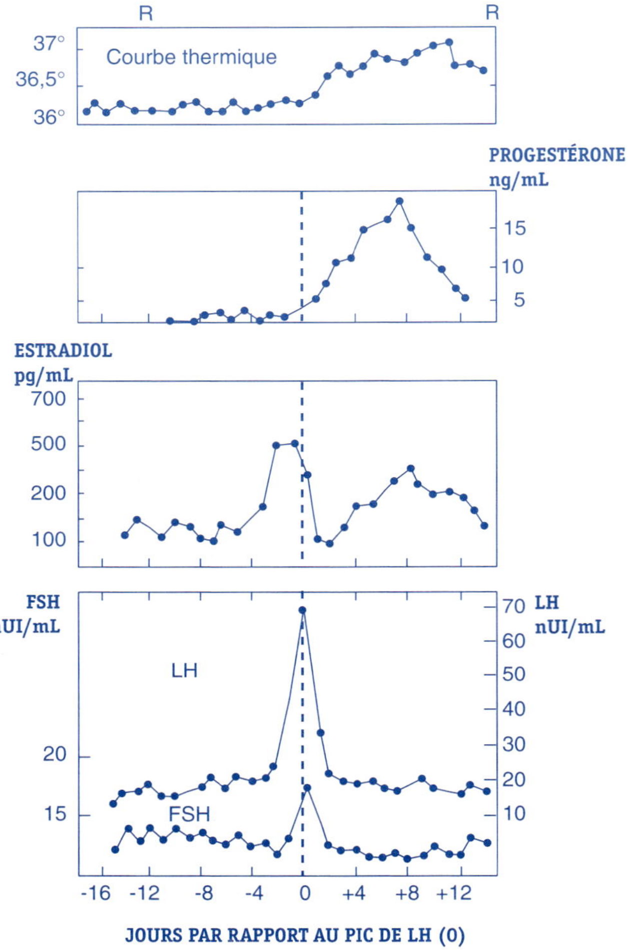

Figure 3 – Résultats obtenus chez une femme fertile.

1. Chez la guenon, l'ablation de l'utérus n'est suivie d'aucune perturbation du cycle ovarien. En revanche, l'ablation des deux ovaires provoque une régression de l'utérus, et une interruption de son activité.
Chez l'animal normal la section de tous les nerfs de l'utérus ne modifie pas l'activité de cet organe.

a. À partir de ces seules données, établissez la nature des relations qui existent entre ovaires et utérus.

b. Proposez deux expériences pour confirmer votre réponse à la question 1.

2. Chez la femme, on dose les hormones, au cours d'un cycle normal (voir fig. 3).

a. Indiquez l'origine ovarienne précise de l'œstradiol et la progestérone.

b. En comparant les courbes a2, a3 et a4 du document, établissez la chronologie précise des événements hormonaux.

(4 POINTS)

3 Génétique

Le syndrome de Lesch-Nyhan est une forme de paralysie héréditaire rare. On considère l'arbre généalogique de la figure 4.

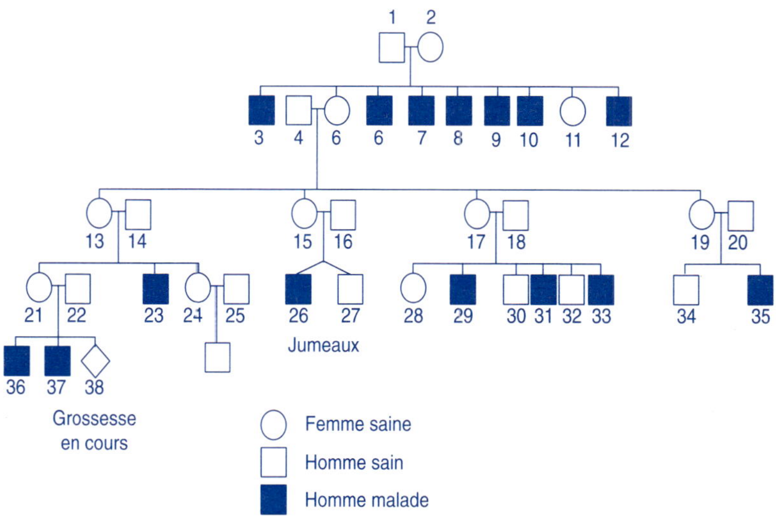

Figure 4

À partir de l'analyse de ce document :

1. L'allèle responsable de la maladie est-il dominant ou récessif ?

2. Quels sont les arguments en faveur d'un cas d'hérédité liée au sexe ?

(4 POINTS)

CORRIGÉ

1 SYSTÈME NERVEUX

L'enregistrement effectué en S1 montre une dépolarisation de la membrane post-synaptique du moto-neurone M, c'est-à-dire un potentiel post-synaptique excitateur ou PPSE. Par conséquent, cette synapse est excitatrice.

L'enregistrement effectué en S2 montre une hyperpolarisation de la membrane post-synaptique du moto-neurone M, c'est-à-dire un potentiel post-synaptique inhibiteur ou PPSI. Par conséquent, cette synapse est inhibitrice.

Ces expériences permettent de préciser que la stimulation des afférences du muscle extenseur tendent à favoriser la contraction de ce muscle ; par contre, la stimulation des afférences du muscle antagoniste tendent à inhiber la contraction de l'extenseur.

2 REPRODUCTION

1.
a. Les ovaires contrôlent l'activité utérine sans que ce contrôle soit réciproque. La communication entre ces deux organes n'étant pas nerveuse, elle est probablement hormonale.
b. Première expérience : greffer un fragment d'ovaire chez une femelle castrée.
Deuxième expérience : injecter des extraits ovariens à une femelle castrée.
Dans ces deux cas, la reprise de l'activité utérine confirmerait la nature hormonale de la relation entre les ovaires et l'utérus.

2.
a. Les cellules de la thèque interne des follicules ovariens produisent des androgènes que les cellules de la granulosa convertissent en œstradiol. La progestérone est synthétisée par les cellules lutéales du corps jaune qui résulte de l'évolution du follicule rompu au cours de l'ovulation.
b. Au cours de la phase folliculaire (J_{-14} à J_{-1}), la maturation des follicules sous l'influence de LH et FSH s'accompagne d'une production croissante d'œstradiol. Le taux élevé de cette hormone à J_{-1} déclenche une brusque libération de LH (et de FSH) responsable de l'ovulation et de la transformation du follicule rompu en corps jaune (J_0). Celui-ci sécrétera de la progestérone et de l'œstradiol tout au long de la phase lutéale (J_0 à J_{+14}). Cependant, le rétrocontrôle négatif qu'exercent les hormones ovariennes sur l'hypophyse au cours de cette phase prive le corps jaune du soutien hormonal de LH et FSH, ce qui explique sa dégénérescence et la chute des taux d'hormones ovariennes entre J_{+8} et J_{+14}.

3 GÉNÉTIQUE

1. Les parents 1 et 2 sont phénotypiquement sains et ont des enfants malades. C'est donc qu'ils transmettent et possèdent l'allèle conférant la maladie sans l'exprimer. Cet allèle est par conséquent récessif.

2. Un premier argument (mais ce n'est pas une preuve !) est que seuls les hommes sont touchés, et que cette maladie se transmet par des femmes saines.
Le second argument est que, l'allèle morbide étant récessif, tous les individus rattachés à cette généalogie seraient hétérozygotes si la transmission était autosomale. Or, l'énoncé précise que cet allèle est rare. Il est donc peu probable que ces individus sans lien de parenté le possèdent tous.

SUJET 6 Créteil (IV)

Répondre brièvement et avec précision (mots-clefs).

1

L'évolution de la biologie moléculaire a permis le diagnostic de certaines anomalies avant la naissance :

1.

a. Citez un type d'anomalie pouvant faire l'objet d'un diagnostic prénatal.

Citez, dans le type d'anomalie précédente, un exemple de maladie pour laquelle un diagnostic prénatal est proposé à toute femme enceinte âgée de plus de 38 ans.

b. Citez l'autre type d'anomalie pouvant faire l'objet d'un diagnostic prénatal.

Citez un exemple très connu du grand public de ce type d'anomalie beaucoup plus fréquente chez le garçon.

2. La technique du diagnostic prénatal est basée sur le prélèvement de cellules fœtales : citez les deux techniques courantes.

3. Comment nomme-t-on la thérapeutique permettant de mofidier le patrimoine génétique de cellules pathologiques ?

4. Citez une technique de clonage de fragments d'ADN.

2

La contraction réflexe d'un muscle s'accompagne d'un relâchement du muscle antagoniste.

1. Comment appelle-t-on ce type d'innervation ?

2. Quel est le centre nerveux du réflexe myotatique ?

3. Un neurotransmetteur se fixe sur un récepteur situé sur la membrane post-synaptique :

a. Si le potentiel déclenché correspond à une dépolarisation : quel est le nom de ce potentiel ?

b. Si le potentiel déclenché correspond à une hyperpolarisation : quel est le nom de ce potentiel ?

3

Citez trois techniques de procréation médicalement assistée (sans les décrire).

4 DIAGNOSTIC DE CERTAINES ANOMALIES AVANT LA NAISSANCE

1.

a. Un diagnostic prénatal peut déceler une anomalie portant sur le nombre de chromosomes. Les femmes de plus de 38 ans sont plus sujettes au syndrome de Down ou trisomie 21.

b. Le diagnostic prénatal peut également détecter des anomalies portant sur la taille des chromosomes qui résulteraient de translocations, comme la myopathie de Duchenne.

2. Il s'agit de l'amniocentèse et de la choriocentèse (ou biopsie des villosités choriales).

3. La thérapie génique.

4. Le clonage génomique.

5 CONTRACTION RÉFLEXE D'UN MUSCLE

1. On parle d'innervation réciproque.

2. Le centre nerveux du réflexe mytotatique est la moelle épinière.

3.

a. Potentiel post-synaptique excitateur.

b. Potentiel post-synaptique inhibiteur.

6 PROCRÉATION MÉDICALEMENT ASSISTÉE

Fécondation *in vitro* et transfert d'embryon (FIVETE), insémination artificielle avec donneur, insémination artificielle avec sperme du conjoint.

SUJET 7 Adere (I)

1

1. Une blessure peu profonde et mal soignée se reconnaît dès le lendemain par des signes particuliers : contour rouge, chaud, gonflé et douloureux. Plus tard, du pus apparaît : il contient des bactéries telles que Streptocoques, Staphylocoques.

Quelles sont les différentes réactions immunitaires de l'organisme face à cette agression ?

2. La blessure non soignée évolue. L'organisme est envahi par les Streptocoques. Pour connaître la réponse de l'organisme à un envahissement par des Streptocoques, on pratique l'expérience suivante :

Deux boîtes de pétri a et b contenant de la gélose enrichie de sang stérile sont ensemencées avec le filtrat d'une culture de Streptocoques. Le filtrat ne contient pas de bactéries. L'expérience et les résultats sont décrits dans le document. La décoloration observée est due à la destruction des hématies.

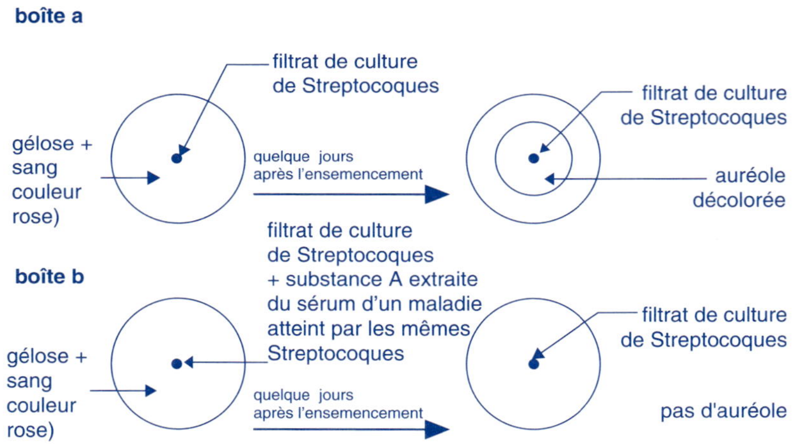

a. Expliquez les résultats de chacune des expériences de ce document.

b. Quelles informations vous apportent-ils sur le pouvoir pathogène du filtrat de ces bactéries et sur la nature de la substance A ?

2

La drépanocytose est une maladie fréquente dans certaines régions et elle atteint aussi bien les femmes que les hommes.

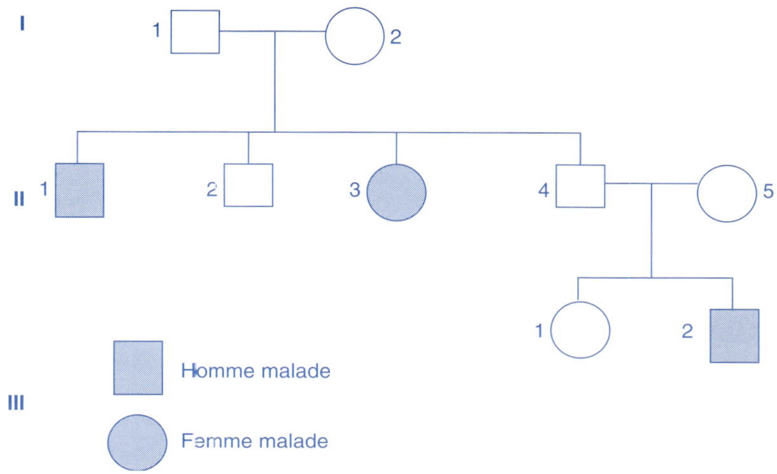

À partir d'une exploitation méthodique de ce document, précisez les modalités de la transmission de cette maladie.

CORRIGÉ

1

1. Les signes décrits, rougeur, chaleur, douleur, tuméfaction sont les 4 signes cardinaux de la réaction inflammatoire.

Cette réaction inflammatoire a pour but d'empêcher la propagation des éléments pathogènes dans les tissus plus profond et d'éliminer les débris cellulaires après la lésion des tissus.

Elle débute par la libération de substances solubles par les cellules immunitaires des tissus. Ces substances provoquent une vasodilatation responsable de la rougeur et de la chaleur et d'une augmentation de la perméabilité des capillaires sanguins. Une certaine quantité de plasma s'échappe alors vers les tissus provoquant l'œdème qui comprime à son tour les terminaisons nerveuses source de douleur.

Par ailleurs les phagocytes traversent les parois vasculaires par diapédèse. Les polynucléaires et les macrophages détruisent et nettoient la zone lésée. Il en résulte le pus.

La réaction inflammatoire est une réaction immunitaire non spécifique, mais les antigènes introduits induisent aussi une réaction immunitaire spécifique impliquant Lymphocytes B et T.

2.

a. Les boîtes sont ensemencées avec le filtrat d'une culture de bactéries.
Dans la boîte témoin (a) le filtrat diffuse à travers la gélose provoquant l'apparition d'une auréole décolorée. Les hématies ont été détruites.
Le filtrat contient donc une substance pathogène sécrétée par les streptocoques et responsable de la destruction des hématies.
La boîte b est ensemencée par le même filtrat auquel on rajoute une substance A extraite du sérum d'un malade. Les hématies ne sont pas détruites. La substance A est donc capable de neutraliser l'effet pathogène du filtrat.

b. Le filtrat ne contient pas de streptocoques mais uniquement des substances solubles. La substance soluble pathogène est une toxine bactérienne à effet hémolytique.
La substance A extraite du sérum est aussi une substance soluble. Ce sont des anticorps spécifiques, effecteurs d'une réaction immunitaire à médiation humorale dirigée contre la toxine et qui s'est déroulée chez le malade contaminé par les streptocoques.

2

Des enfants atteints de drépanocytose (II1 et II3 par exemple) sont issus de parents (I2 et I3) qui n'expriment pas la maladie. Ces parents possèdent alors l'allèle responsable sans l'exprimer eux-mêmes et la drépanocytose est donc liée à l'expression d'un gène récessif.
Cet allèle n'est pas porté par un hétérosome.
Dans le cas du chromosome Y, un fils malade (X//Yd) a obligatoirement un père malade, le chromosome Y porteur de l'allèle délétère provenant du père.
Dans le cas du chromosome X, une fille malade (Xd//Xd) peut avoir une mère porteuse saine (X//Xd) mais son père est obligatoirement atteint (Xd//Y). Le chromosome X qu'il transmet à ses filles est porteur de l'allèle délétère.
La drépanocytose est donc une maladie autosomique récessive.

SUJET 8 Adere (II)

1

On peut doser la quantité d'ADN du noyau d'une cellule humaine.
Les tableaux 1 et 2 résument les résultats obtenus :

TABLEAU 1
QUANTITÉS D'ADN DES DIFFÉRENTES CELLULES

Quantité d'ADN d'une cellule humaine (en picogrammes)	Cellules du foie	Cellule nerveuse	Cellule de la peau
	7,3	7,3	7,3

TABLEAU 2
QUANTITÉ D'ADN DES CELLULES APRÈS PLUSIEURS MITOSES

Quantité d'ADN d'une cellule humaine ayant subi des division (en picogrammes	Cellule après Génération 0	Cellule initiale Une division Génération 1	Cellule après Deux divisions Génération 2	Cellule après Trois divisions Génération 3
	7,3	7,3	7,3	7,3

1. À partir de vos connaissances et des résultats du tableau 1, tirer la conclusion qui s'impose.

2. Citer la principale caractéristique de la division que subit la cellule dont le dosage de l'ADN est donné dans le tableau 2.

3. Pourquoi ce résultat est-il comparable à ce que l'on obtiendrait avec l'ADN des cellules appartenant à un clone ?

2

Préciser si ces affirmations sont vraies ou fausses et justifier la réponse :

1. Lorsque des parents possèdent tous deux un allèle déficient situé sur un chromosome X, les garçons et les filles de la descendre expriment toujours ce caractère dans leur phénotype.

2. Lorsqu'un allèle est situé sur le chromosome Y, les garçons et les filles sont atteints.

3. Un individu homozygote pour un gène possède toujours dans son génotype deux allèles identiques pour ce gène.

4. Deux allèles codominants pour un même gène s'expriment toujours dans le phénotype d'un individu.

5. Les lymphocytes B reconnaissent les déterminants antigéniques associés à des molécules du système HLA.

6. Dans le thymus, les lymphocytes T apprennent à reconnaître le soi et le non soi.

7. Les lymphocytes B engendrent, après activation par un antigène, des monocytes sécréteurs d'anticorps.

8. Un dérèglement du système immunitaire peut conduire à l'apparition d'une maladie auto-immune.

9. Les lymphocytes B acquièrent leur immunocompétence dans la moelle.

10. Il y a de nombreux clones de lymphocytes B et T.

11. Les lymphocytes B possèdent chacun des récepteurs aux déterminants antigéniques très variés.

12. Les lymphocytes T acquièrent leur récepteurs aux déterminants antigéniques dans le thymus.

CORRIGÉ

1

1. La quantité d'ADN par cellule dans les trois exemples présentés est identique ($7{,}33\ 10^{-12}$ g).

On sait que toutes les cellules d'un organisme sont issues par division mitotique d'une seule cellule d'origine, le zygote, et possèdent donc le même nombre de chromosomes. Toutes ce cellules n'expriment pas obligatoirement les mêmes gènes et n'ont donc pas la même fonction mais quel que soit le type cellulaire la quantité d'ADN par cellule est toujours identique.

2. Les cellules subissent la mitose. C'est un processus de reproduction conforme qui permet d'obtenir à partir d'une cellule mère, deux cellules filles génétiquement identiques entre elles et à la cellule mère.

3. Un clone est constitué par l'ensemble des individus qui partagent le même patrimoine génétique.

Un clone peut avoir une origine naturelle : deux vrais jumeaux ou l'ensemble des plantes issues par multiplication végétative d'un pied mère constituent des clones.

Un clone peut avoir une origine artificielle : plantes obtenues par multiplication in vitro, animaux obtenus par clonage reproductif.

La quantité d'ADN et l'information génétique des cellules appartenant à deux vrais jumeaux sont identiques, les jumeaux étant issus d'une même cellule œuf qui s'est divisée par mitose.

Les résultats sont donc similaires que l'on étudie un clone ou une population cellulaire issue de mitose.

2

1. Faux : Par exemple, une mère possédant un chromosome X porteur d'un allèle déficient a un risque sur 2 de le transmettre à son fils sachant que le père transmettra obligatoirement son chromosome Y. Les fils présentent donc 50 % de risque d'exprimer le caractère dans leur phénotype.

2. Faux : Lorsqu'un allèle est situé sur le chromosome Y seuls les garçons seront atteint si le père est lui-même atteint.

3. Vrai : Pour un gène donné, un individu homozygote porte deux allèles identiques sur chaque chromosome d'une paire d'homologue.

4. Vrai : Deux allèles codominants s'expriment chez un hétérozygote qui présentent en général un phénotype intermédiaire.

5. Faux : Les lymphocytes B reconnaissent directement les déterminants antigéniques par l'intermédiaire de leurs anticorps membranaires.

6. Vrai : Dans le thymus, les lymphocytes T sont sélectionnés sur leur capacité à reconnaître les déterminants antigéniques associés à des molécules du système HLA.

7. Faux : Après activation antigénique, les lymphocytes B se transforment en plasmocytes sécréteurs d'anticorps.

8. Vrai : Dans le cas d'une maladie auto-immune, l'organisme produit des auto-anticorps dirigés contre le soi.

9. Vrai : Les lymphocytes B acquièrent leur immunocompétence dans la moelle rouge osseuse.

10. Vrai : Une réaction immunitaire repose sur la sélection clonale des lymphocytes B et T. La reconnaissance spécifique de l'antigène induit un processus de prolifération cellulaire pour donner différentes populations de cellules impliquées immédiatement dans la réaction immunitaire ou à l'origine de cellules mémoires.

11. Faux : Les lymphocytes B ne portent chacun qu'un seul type d'anticorps membranaire spécifique d'un antigène donné.

12. Vrai : Le thymus est colonisé par des cellules souches provenant de la moelle rouge osseuse. Celles-ci s'y différencient en lymphocytes T sélectionnés sur leur capacité à reconnaître les déterminants antigéniques associés à des molécules HLA.

SUJET 9 Adere (III)

1

Arbre généalogique d'une famille touchée par la phénylcétonurie.

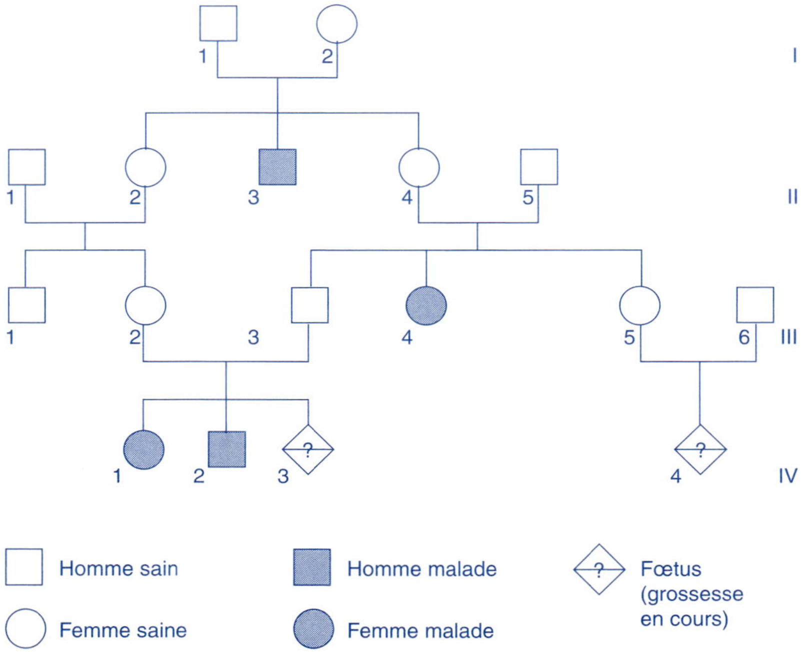

La phénylcétonurie est une maladie héréditaire grave due à déficit enzymatique, entraînant chez l'enfant des troubles nerveux. Une mutation génique en est la cause.
La mutation affecte le gène responsable de la synthèse d'une enzyme, la phénylalanine-hydroxylase, permettant normalement la transformation de la phénylalanine en tyrosine.

À partir d'une analyse rigoureuse et argumentée de l'arbre généalogique :

1. Expliquez le mode de transmission de la maladie ?

2. Calculez pour les couples III 2-3 et III 5-6 le risque de mettre au monde un enfant atteint. Justifiez votre réponse.

2

Relevez les affirmations inexactes et corrigez-les.

a. La phagocytose n'a aucun rapport avec les réponses immunitaires spécifiques.

b. Les lymphocytes T_4 jouent un rôle primordial seulement dans la réponse à médiation humorale.

c. Au départ de toute réponse spécifique, un lymphocyte est sélectionné par un déterminant antigénique.

d. L'activation d'un lymphocyte T_4 se traduit uniquement par l'expression membranaire de recepteurs aux messagers chimiques que sont les interleukines.

e. Les interleukines sont à la base de la formation d'un clone de lymphocytes T_4 spécifiques d'un épitope donné.

f. Un clone de plasmocytes synthétise le même anticorps, spécifique d'un épitope.

g. Pour être activés et pour se différencier en cellules effectrices, les lymphocytes B et T_8 ont besoin des interleukines sécrétées par les lymphocytes T_4.

h. La réponse à médiation cellulaire fait seulement intervenir les lymphocytes T_8.

i. Le complément est un ensemble de protéines sécrétées au moment de l'infection.

j. le mode d'action du complément sur une cellule étrangère ressemble beaucoup au mécanisme de lyse des cellules par les lymphocytes T_8.

3

Le tableau ci-dessous présente quelques caractéristiques de deux personnes affectées d'aberrations chromosomiques. On y a ajouté pour comparaison les caractéristiques d'un individu (N° 1) dont le caryotype est normal.

individu	n° 1	n° 2	n° 3
sexe	masculin	féminin	masculin
autosomes	22 paires	22 paires	22 paires
chromosomes sexuels	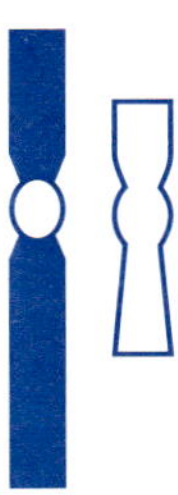	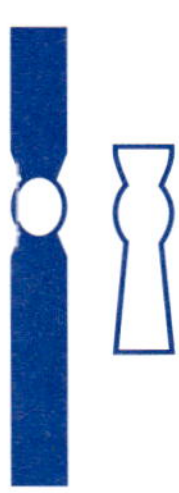	

1. Décrivez et comparez les chromosomes sexuels des trois individus.

2. En utilisant les données du tableau, formulez une hypothèse sur le rôle des gènes situés sur le bras court du chromosome Y.

CORRIGÉ

1

1. Les parents I1 et I2 sont sains, alors que leur fils II3 est malade. Les parents ont donc transmis l'allèle responsable de la maladie à leur fils mais ne l'expriment pas : l'allèle responsable de la Phénylcétonurie est récessif.
L'enfant III4 est malade. De sexe féminin, elle a reçu un chromosome X porteur de l'allèle responsable de la maladie de chacun de ses parents. Or son père, sain, n'exprime pas cet allèle : le gène qui code pour la phénylalanine hydroxylase est donc porté par un autosome.

2. Couple III 2-3 :
Les parents sont sains mais ils ont des enfants malades : ils sont donc hétérozygotes pour ce gène. Chacun des parents a une probabilité de un demi de transmettre l'allèle malade à sa descendance. La probabilité qu'ils aient un enfant malade est donc de $1//2 \times 1/2 = 1/4$.
Couple III 5-6 :
La future mère III 5 a un frère malade, ce qui indique que ses parents sont hétérozygotes. Comme elle est saine, la probabilité qu'elle porte l'allèle responsable de la maladie à l'état hétérozygote est de deux tiers. La probabilité que le futur père III 6, à la généalogie inconnue soit porteur de l'allèle et de 1/63. La probabilité qu'ils aient un enfant homozygote malade pour ce gène est donc de :
$2/3 \times 1/63 \times 1/4 = 1/378$.

2

Réponses inexactes

a. Les réponses immunitaires spécifiques sont initiées par la présentation de l'antigène aux lymphocytes par les cellules présentatrices d'antigène, qui ont auparavant phagocyté cet antigène.

b. Les LT4 interviennent également dans la réponse immunitaire à médiation cellulaire.

d. L'activation d'un LT4 se traduit également par son expansion clonale et la libération d'interleukines qui vont stimuler les lymphocytes B ou T8.

h. La réponse à médiation cellulaire fait intervenir les LT8 et les LT4.

i. Le complément est présent même en l'absence d'infection.

3

1. L'individu n° 1 possède deux chromosomes sexuels différents nommés X et Y : le sexe masculin est hétérogamétique. L'individu n° 2 présente une délétion de matériel chromosomique sur le bras court du chromosome Y. L'individu n° 3 ne présente qu'un chromosome X.

2. La présence du bras court du chromosome Y est suffisante (individu n° 3) et nécessaire (individu n° 2) pour déterminer le sexe masculin. On peut émettre l'hypothèse que le bras court du chromosome Y porte le(s) gène(s) responsables de la différenciation du sexe.

SUJET 10 Adere (IV)

1

On place dans une même culture *(in vitro)* des lymphocytes de deux individus A et B.
Les cellules de B ont été traitées par la mitocycine qui est un agent bloquant les mitoses.
Dans cette culture, on a incorporé de la thymidine radioactive, substance utilisée par les cellules lors de la duplication de leurs molécules d'ADN.
On mesure, en unités arbitraires, l'incorporation de la thymidine par les lymphocytes de A en fonction du temps, d'une part en présence de lymphocytes de B et, d'autre part, en leur absence.
Les résutats sont représentés sur le graphique de la figure 1.

1. Expliquez, en utilisant les connaissances acquises sur les marqueurs cellulaires de l'identité biologique (système HLA), les résultats expérimentaux obtenus du 1er au 6e jour.

2. Proposez une explication de l'évolution de l'incorporation de la thymidine par les lymphocytes issus de A, du 6e au 13e jour.

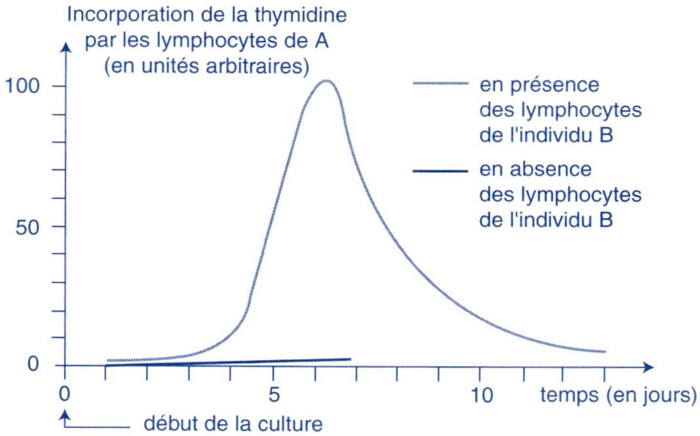

2

Certaines souris mutantes sont sans thymus à la naissance. Cette absence de thymus s'accompagne de l'absence de pelage, d'où l'aspect très caractéristique de ces animaux et le nom qui leur a été donné : Souris « Nude ».

1. Quelle est la conséquence de cette absence de thymus au niveau des réactions de thymus au niveau des réactions immunitaires de l'organisme?
2. On effectue chez une de ces souris une greffe de peau provenant d'un rate albinos. Comment appelle-t-on ce type de greffe? Comment évoluera cette greffe chez cette souris?
3. Que peut-on faire, au niveau des conditions d'élevage et au niveau expérimental, pour éviter à cette souris de souche « nude » une mort prématurée dans un environnement normal?

3

Précisez si ces affirmations sont vraies ou fausses et justifiez la réponse.

a. Lorsqu'un allèle est situé sur le chromosome Y, les garçons et les filles sont atteints.

b. L'immunité à médiation humorale entraîne la production d'anticorps.

c. Au cours de sa défense immunitaire, l'organisme doit avant tout reconnaître « le soi » afin de l'éliminer. Cette reconnaissance se fait grâce à des molécules situées sur la membrane des cellules, qui sont des lipides complexes.

d. Si on injecte des bacilles tuberculeux à un cobaye, il développe une réponse immunitaire à médiation cellulaire.

e. Au cours d'une vaccination, on induit une immunité passive.

f. Si l'on étudie un arbre généalogique, pour déterminer qu'une tare est dominante, il suffit que deux parents atteints aient un enfant sain.

g. On dit que deux gênes sont allèles s'ils expriment un même caractère de façon différente.

h. Une tare autosomale peut être dominante ou récessive et affecte les deux sexes.

i. Si l'on étudie un arbre généalogique, lorsqu'une tare récessive est liée au chromosome sexuel X, une mère attente ne peut avoir que des garçons atteints.

j. Une femme a des parents qui sont tous les deux du groupe A. Son mari a des parents qui sont respectivement des groupes B et AB. Ils ont un enfant du groupe O. C'est possible uniquement si l'un des deux est du groupe O.

CORRIGÉ

1

1. L'expérience montre que les lymphocytes de A incorporent le marqueur radioactif, ce qui signifie que les cellules dupliquent leur ADN, étape nécessaire à leur multiplication. Les lymphocytes de A ont reconnu comme étrangers les marqueurs du CMH des lymphocytes de B, ce qui a déclenché leur expansion clonale.

2. L'arrêt de l'incorporation de la thymidine tritiée après le 6e jour indique l'arrêt de la prolifération des lymphocytes : la phase d'expansion clonale est achevée. On peut supposer que les lymphocytes issus de la multiplication sont entrés dans une phase de différenciation cellulaire.

2

1. Le thymus est le lieu de maturation des lymphocytes T4, qui sont indispensables au déclenchement des réponses immunitaires spécifiques, à médiation humorale ou cellulaire. L'absence de thymus prive donc les souris « nude » de la capacité à déclencher une réponse immunitaire spécifique.

2. La greffe concerne deux espèces différentes : on parle donc de xénogreffe. En l'absence de réponse immunitaire spécifique, la greffe de peau de rat sera tolérée par la souris « nude ».

3. Les souris « nude » nécessitent des conditions d'asepsie particulières : cages stérilisées, manipulations sous atmosphère stérile, absence de contact avec d'autres animaux, etc.

3

a. Faux : seuls les garçons possèdent le chromosome Y.

b. Vrai : la production d'anticorps est une spécificité de la réponse humorale.

c. Faux : les marqueurs membranaires ne sont pas des lipides mais des protéines.

d. Vrai : le bacille tuberculeux pénètre à l'interieur des cellules et induit une réaction immunitaire à médiation cellulaire qui vise à détruire ces cellules infectées.

e. Faux : au cours d'une vaccination, on induit une immunité active.

f. Faux : une tare est dominante si elle s'exprime à chaque génération.

g. Vrai : les allèles sont les différentes expressions d'un gène.

h. Vrai : une tare autosomale affecte indifféremment les deux sexes.

i. Vrai : une mère atteinte transmettra systématiquement l'allèle à ses fils qui l'exprimeront.

j. Faux : quel que soit le groupe sanguin des parents, ils peuvent porter l'allèle 0 récessif chez les deux et avoir un enfant du groupe 0.

SUJET 11 Rennes

1

Le sida est une affection mortelle pouvant évoluer sur plusieurs années plus ou moins rapidement selon les individus.
On a étudié chez un groupe de personnes contaminées par le virus du sida l'évolution de l'infection (quantité de virus présents dans l'organisme) parallèlement à l'ampleur de la réponse immunitaire évaluée à partir du taux d'anticorps sécrétés. Les résultats sont donnés dans le graphe ci-dessous.

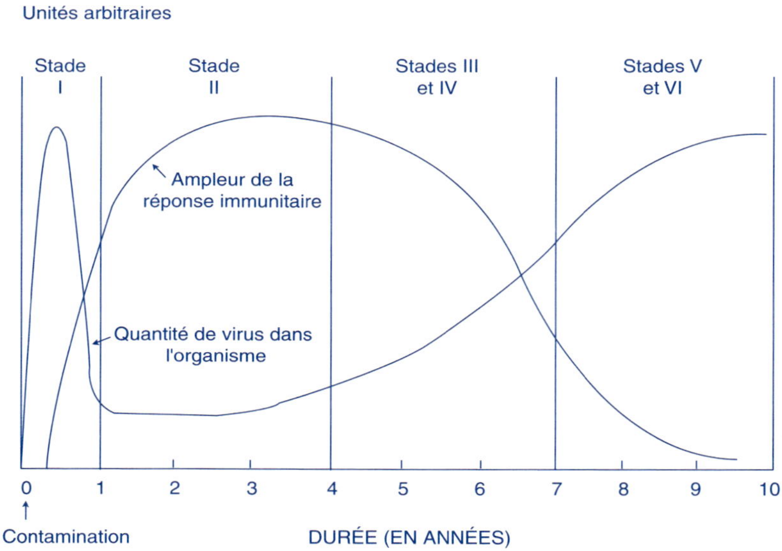

I : Infection aiguë sans signes particuliers.

II : Gonflement des ganglions lymphatiques.

III, IV : Mauvais fonctionnement du système immunitaire sans signes cliniques.

V, VI : Apparition puis aggravation des signes cliniques du sida : maladies opportunistes et cancers responsables de la mort du malade.

1.

a. En partant de l'analyse de ce graphe indiquez de quelle façon évolue cette maladie chez un individu infecté et quelles sont les relations qui existent entre l'infection et la réponse immunitaire (3,5 pts).

b. Que signifie le terme « sida » ? Expliquez pourquoi ce nom évoque bien l'évolution de cette maladie (1,5 pt).

c. Le risque de transmission du virus par la personne contanminée semble-t-il être le même tout au long de l'infection ? Expliquez votre réponse (1 pt).

2.

a. Parmi les cellules de l'organisme infectées par le virus figurent des cellules du système immunitaire.

Parmi les cellules immunitaires présentées ci-dessous (photographiées au microscope électronique à transmission) l'une d'entre elles est spécialisée dans la production d'anticorps, une autre dans la phagocytose et la troisième dans l'amplification de toutes les réponses.

Attribuez à chacune leur rôle respectif et indiquez celle qui est la cible principale du virus du sida (2 pts).

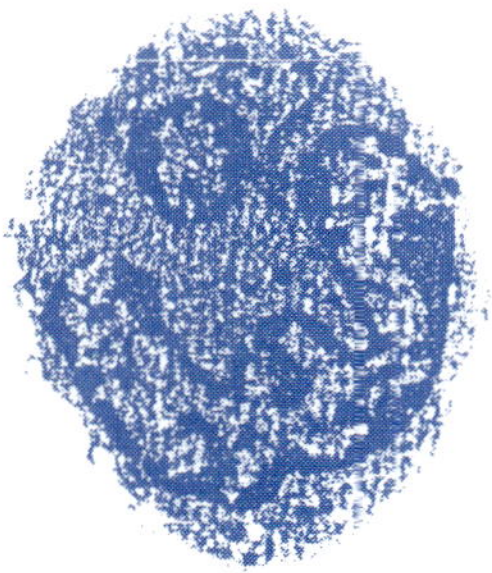

Granulocyte

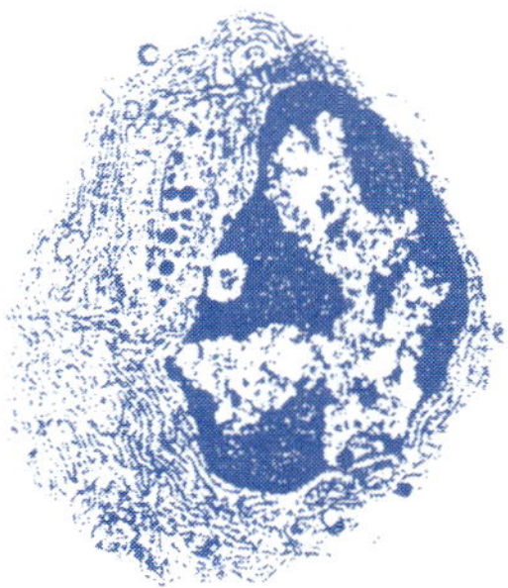

Plasmocyte

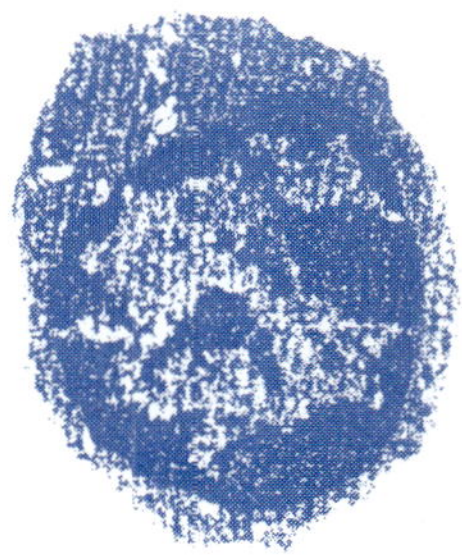

Lymphocyte

b. Quel rapport existe-t-il entre l'évolution de la maladie dans les phases III à VI du graphe et l'infection de ces cellules ? (1 pt)

(9 POINTS)

2

Une technique complexe permet d'établir le caryotype de cellules sexuelles au cours de leur maturation pour devenir des spermatozoïdes dans la paroi des tubes séminifères des testicules. Une cellule de cette nature est prélevée pour la détermination de son caryotype. Les résultats figurent ci-dessous.

1. De quel type de cellule peut-il s'agir et à quel stade de développement se trouve-t-elle ? Ce caryotype est-il normal ? (1,5 pt)

2. Lorsqu'un gène est porté par un chromosome de 1 à 22 combien la cellule à l'origine de ce caryotype contient-elle d'allèles de ce gène ? (0,5 pt)

3. Au cours de la gamétogénèse est-il possible d'observer dans d'autres cellules au même stade un caryotype différent de celui présenté sur le document ? Si oui, lequel ? (0,5 pt)

4. Quel est le phénomène au cours de la formation des spermatozoïdes permettant d'aboutir à ce genre de caryotype et en quoi contribue-t-il à la diversité génétique des individus ? (1,5 pt)

Caryotype, de la cellule prélevée dans le testicule du sujet

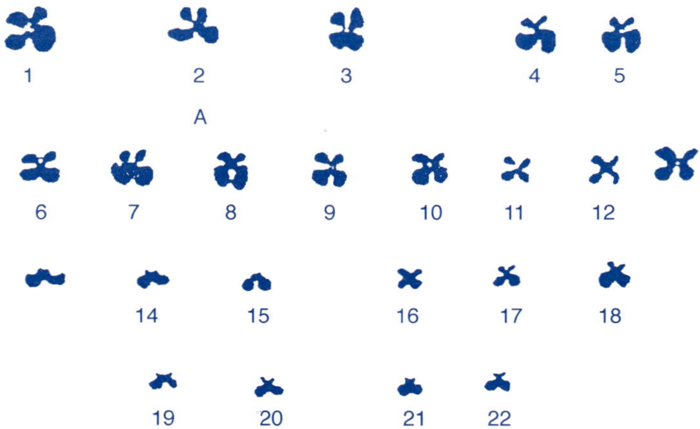

(4 POINTS)

CORRIGÉ

1 SIDA

1.

a. Le stade I (de 0 à 1 an après la contamination) se caractérise par une charge virale maximale puis une mise en route de la réponse immunitaire après un délai de 3 à 4 mois. (séroconversion). Ce stade de primo-infection ne s'accompagne d'aucun signe clinique.

Le stade II (de 1 à 4 ans) montre une réponse immunitaire maximale et une charge virale minimale, toujours sans signe clinique.

Au cours du stade III (de 4 à 7 ans), la tendance s'inverse progressivement, pour aboutir au cours du stade IV (7 ans et plus après la contamination) à un effondrement de la réponse immunitaire accompagné d'une augmentation de la charge virale qui retrouve l'ampleur qu'elle avait avant le début de la réponse immunitaire.

Les maladies opportunistes qui caractérisent la maladie sida n'apparaissent qu'au cours de la phase IV, les 3 premières phases étant qualifiées d'asymptomatiques.

Au vu de ces résultats, on peut dire que l'ampleur de la réponse immunitaire et la charge virale sont inversement proportionnelles.
b. « Sida » signifie : Syndrome d'immunodéficience acquise. Immunodéficience car la maladie fait suite à l'effondrement des défenses immunitaires, acquise car elle est le résultat de l'infection par un agent étranger.
c. La transmission du virus par les liquides de l'organisme (sang et sperme) est favorisée par la quantité de virus dans ces liquides. Le risque de contagion est donc plus élevé au cours des stades I et IV, V, VI.

2.

a. Le plasmocyte est spécialisé dans la production d'anticorps, le granulocyte dans la phagocytose et le lymphocyte est responsable de l'amplification de toutes les réponses.
La principale cible du virus du SIDA est le lymphocyte T4.
b. Les lymphocytes T4 sont essentiels dans le déclenchement de la réponse immunitaire à médiation humorale. Leur inactivation et leur destruction par le virus empêche la différenciation des LB en plasmocytes sécréteurs d'anticorps anti-VIH.

2 GÉNÉTIQUE

1. Il s'agit d'un spermatocyte de deuxième ordre (spermatocyte II) en métaphase de deuxième division méiotique. Ce caryotype est normal à ce stade car il montre 22 autosomes et un gonosome.

2. La cellule qui a permis de réaliser ce caryotype contient un allèle d'un gène porté par les autosomes.

3. D'autres spermatocytes II pourront présenter 22 autosomes et un gonosome Y en lieu et place du gonosome X.

4. La première division méiotique permet d'aboutir à cette cellule. Elle est source de diversité génétique car elle sépare de manière aléatoire les couples d'homologues en constituant des combinaisons alléliques originales.

PARTIE 3

L'épreuve de physique

Comment aborder l'épreuve de physique

L'épreuve de physique du concours d'entrée en écoles d'ergothérapie porte sur le programme de physique des classes de première et terminale scientifiques.

La biologie et la physique constituent une épreuve commune. Le temps imparti pour celle-ci est de 1 heure. Elle est notée sur 20 points dont seulement 5 à 7 points pour la physique.

L'épreuve de physique peut être constituée soit de 1 ou 2 exercices, soit de questions à choix multiples (QCM). Ce deuxième type d'épreuve peut comporter uniquement des questions de cours et porte en général sur une grande partie voire la totalité du programme.

Lors des épreuves de physique du concours d'ergothérapeutes, l'usage de la calculatrice est souvent interdit. Il est donc nécessaire de s'entraîner au calcul mental pour éviter une perte de temps lors des applications numériques. Dans les corrections des sujets qui suivent, certains calculs ont été volontairement détaillés dans ce sens.

N'oubliez pas les simplifications ! Il est également nécessaire pour certains sujets de connaître les valeurs des sinus et cosinus de certains angles « classiques » comme par exemple 30° et 60°.

Le temps dont vous disposez pour cette épreuve est court. Il est donc primordial de connaître parfaitement le cours pour travailler rapidement.

La rédaction des exercices doit être claire et les résultats mis en valeur (par exemple en les soulignant) car le correcteur doit pouvoir trouver la réponse à la question rapidement sans avoir à le chercher au milieu d'une démonstration (n'oubliez pas qu'il corrige énormément de copies). Pensez à justifier la réponse si cela vous est demandé.

Il est très important de suivre les consignes qui vous sont données, souvent au tout début du sujet, comme par exemple de déterminer les expressions littérales en les justifiant avant de faire les applications numériques.

Sujets complets ergothérapeutes

SUJET 1 Berck-sur-Mer (I)

1

Un mobile autoporteur S de masse m = 200 g est lâché sans vitesse initiale du haut d'une table inclinée d'un angle α = 30° par rapport à l'horizontale. Le mouvement de S se fait suivant la ligne de plus grande pente de la table inclinée. Le mobile est soumis sur la table à une force de frottement unique, s'opposant au mouvement et de valeur constante inconnue que l'on notera f. Le graphe ci-contre donne les variations de la vitesse de S en fonction du temps.

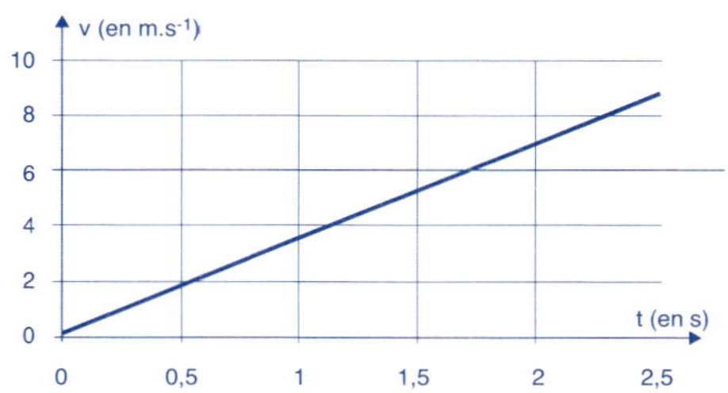

Donnée :
valeur du champ de pesanteur à la surface terrestre : g = 10 N.kg^{-1}

Aide au calcul : sin (30°) = 0,5
Calculer la valeur f (en N) de la force de frottement s'exerçant sur le solide
a : 0,20 **b :** 0,30 **c :** 0,40 **d :** 0,50 **e :** 0,60 **f :** aucune réponse exacte

2

Un satellite de masse m = 500 kg décrit une trajectoire circulaire autour de la Terre.
Ce satellite se situe à une altitude de 270 km par rapport à la surface terrestre.

Donnée : *constante de gravitation universelle : $G = 6,67.10^{11}$ SI*
masse de la Terre M - $6.0.10^{-24}$ kg *rayon de la Terre R - $6,4.10^{3}$ km*

Aide au calcul : $\sqrt{60} = 7,75$

Déterminer la valeur de la vitesse (en km.h^{-1}) du satellite dans le référentiel géocentrique.

a : $2,79.10^{3}$ **b :** $7,75.10^{3}$ **c :** $9,67.10^{3}$ **d :** $15,5.10^{3}$ **e :** $27,9.10^{3}$ **f :** aucune réponse exacte

3

Un oscillateur est constitué par un solide S de masse m = 200 g, accroché à l'extrémité libre d'un ressort à spires non jointives, de masse négligeable et de constante de raideur k. Le solide S oscille sans frottement suivant un plan horizontal.
On repère la position, à l'instant t, du centre d'inertie G de S par l'abscisse x, sur un axe horizontal dont l'origine correspond à la position du centre d'inertie au repos. L'équation du mouvement de G, exprimée en unités du système international, s'écrit :

$$x(t) = 4.0.10^{-2}.\cos\left(\frac{2\pi}{1,6}.t\right)$$

Aide au calcul : $\pi^2 \approx 10$

Déterminer la valeur de la force (en mN) exercée par le ressort sur le solide à l'élongation maximale.

a : 125 **b :** 250 **c :** 500 **d :** 750 **e :** 1000 **f :** aucune réponse exacte

4

Un courant d'intensité I_0 = 4,0 A circule dans un solénoïde de longueur L = 50 cm et comportant un nombre N inconnu de spires. On mesure à l'aide d'un teslamètre la valeur du champ magnétique au centre du solénoïde et on trouve B_0 = 5,0 mT. On fait ensuite circuler un courant d'intensité I_1 = 7,2 A et on mesure la nouvelle valeur B_1 du champ magnétique au centre du solénoïde.

Donnée : *perméabilité magnétique du vide : $\mu_0 = 4.\pi.10^{-7}$ SI*

Calculer la valeur de B1 (en mT).

a : 2,7 **b :** 5,0 **c :** 6,2 **d** : 7,2 **e :** 9,0 **f :** aucune réponse exacte

5

On considère la réaction de fusion suivante : ${}^{2}_{1}H + {}^{3}_{1}H \rightarrow {}^{4}_{2}He + {}^{1}_{0}n$

Données :

$m({}^{2}_{1}H) = 2,014\mu$ $m({}^{3}_{1}H) = 3,016\mu$ $m({}^{4}_{2}He) = 4,002\mu$ $m({}^{1}_{0}\eta) = 1,008\mu$

$1\mu \approx 1,6.10^{-27}$ kg $1eV = 1,6.10^{-19}$ J $c = 3,0.10^{8}$ m.s^{-1}

Calculer la valeur de l'énergie (en MeV) libérée par cette réaction de fusion

a : 9,0 **b :** 12 **c :** 18 **d :** 20 **e :** 22 **f :** aucune réponse exacte

6

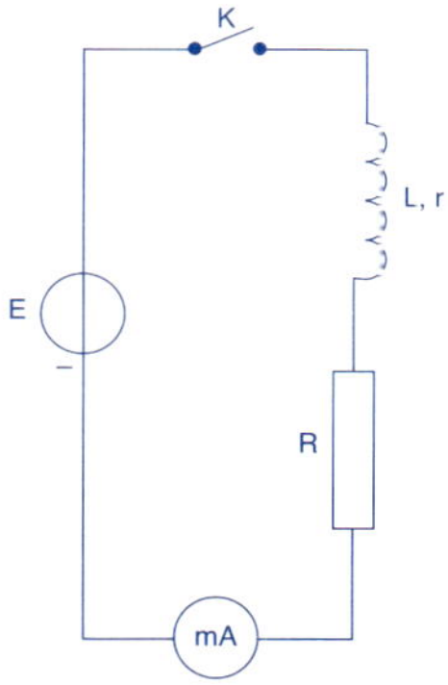

On considère le circuit ci-contre, composé :

- d'une bobine d'inductance L et de résistance interne r ;
- d'un conducteur ohmique de résistance R ;
- d'un générateur idéal de tension de force électromotrice E ;
- d'un interrupteur K ;
- d'un capteur ampèremètre relié à un ordinateur.

A t = 0, on ferme l'interrupteur K ce qui déclenche l'acquisition des mesures et on obtient la courbe suivante :

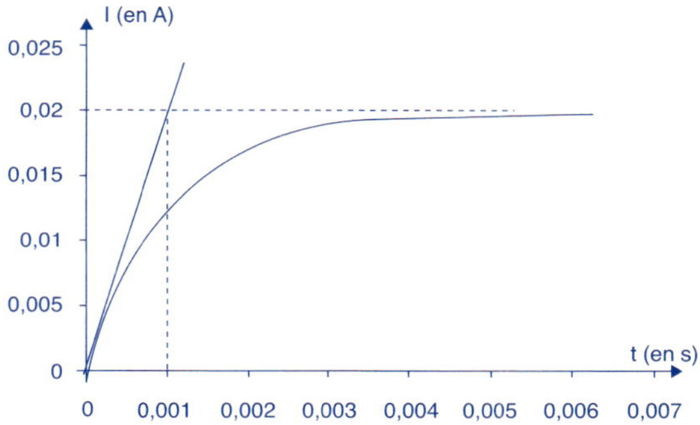

Données : E = 6,0 V R = 220 Ω

Parmi les affirmations suivantes relatives à ce circuit, combien y en a-t-il d'exacte(s) ?

- L'inductance de la bobine vaut L = 300 mH.
- La résistance interne de la bobine vaut r = 80 Ω.
- La constante du circuit a pour valeur $\tau = 1{,}0.10^{-2}$ s.
- La tension aux bornes de la bobine en régime permanent est de 1,6 V.
- L'énergie stockée dans la bobine est de 60 μJ en régime permanent.

a : 1 **b :** 2 **c :** 3 **d :** 4 **e :** 5 **f :** aucune affirmation exacte

7

La célérité des vagues de grande longueur d'onde λ se calcule par la relation : $v = \sqrt[k]{g.\lambda}$ où k est une constante positive. On observe à la surface de l'océan des vagues de longueur d'onde λ = 100 m se propageant à la vitesse v = 12,5 $m.s^{-1}$.

Donnée : *valeur du champ de pesanteur à la surface terrestre : g = 10 $N.kg^{-1}$*

Déterminer la longueur d'onde λ (en m) de vagues dont la célérité est de 10,0 $m.s^{-1}$.

a : 64 **b :** 80 **c :** 90 **d :** 125 **e :** 160 **f :** aucune réponse exacte

8

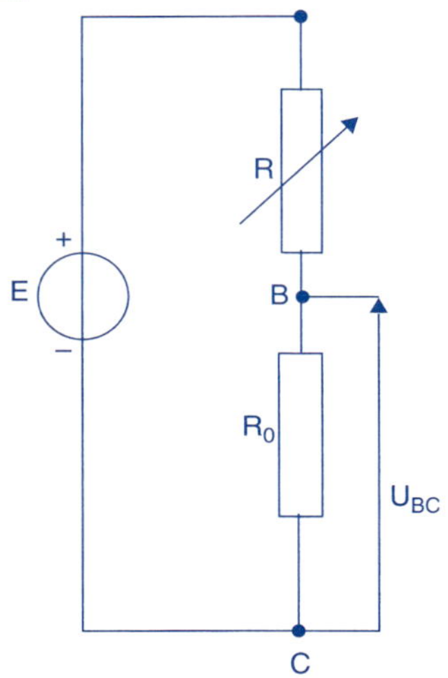

On réalise le circuit ci-contre, composé :
- d'un générateur idéal de tension de force électromotrice E = 6,0 V ;
- d'un conducteur ohmique de résistance R variable ;
- d'un conducteur ohmique de résistance R_0 = 100 Ω.

Déterminer la valeur que l'on doit donner à la résistance R (en Ω) pour avoir la tension U_{BC} = 1,0 V.

a : 125 **b :** 250 **c :** 500 **d :** 750 **e :** 1000 **f :** aucune réponse exacte

CORRIGÉ

1 **b.**

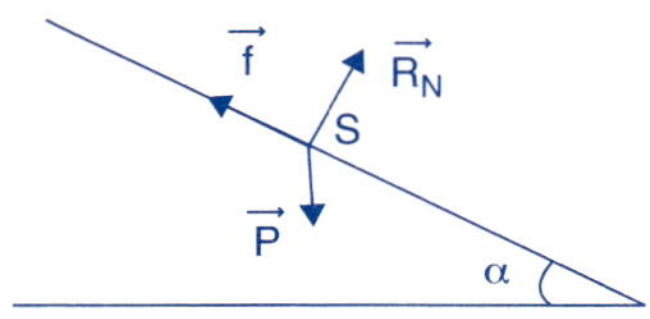

Le système S est soumis à :
- son poids $\vec{P}$
- la réaction normale du support $\vec{R_N}$
- la force de frottement $\vec{f}$

On applique, dans le référentiel terrestre galiléen, la seconde loi de Newton :

$$\vec{P} + \vec{R_N} + \vec{f} = m\vec{a_s}$$

On projette sur la ligne de plus grande pente ; dans le sens du mouvement :

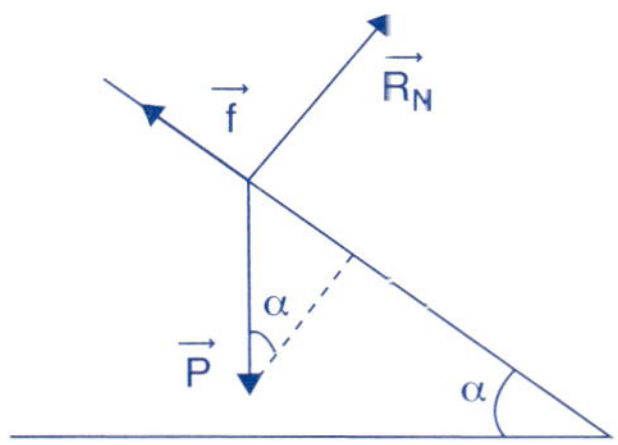

$$mg\sin\alpha + 0 - f = m\vec{a_s}$$

$$\Rightarrow \quad \boxed{f = m\left(g\sin\alpha - \frac{\Delta v}{\Delta t}\right)}$$

Lecture graphique : $\Delta t = 2$ s

$\Delta v = 7$ m/s

Application numérique : $= 0{,}2 \times \left(\overbrace{10 \times 0{,}5}^{10/2} - \frac{7}{2}\right)$

$$\underline{f} = 0{,}2 \times \frac{3}{2} = \underline{0{,}30\text{N}}$$

2 **c.** On a $v = \sqrt{\frac{GM}{r}}$ avec $r = R + h$

d'où $\boxed{v = \sqrt{\frac{GM}{R-h}}}$

Application numérique :

$$v = \sqrt{\frac{6{,}67 \times 10^{-11} \times 6{,}0 \times 10^{24}}{(6{,}4 \times 10^{3} + 270) \times 10^{3}}}$$

$$\text{soit } v = \sqrt{\frac{6{,}67 \times 6{,}0 \times 10^{13}}{6670 \times 10^{3}}} = \sqrt{\frac{\cancel{6{,}67} \times 6 \times 10^{10}}{\cancel{6{,}67} \times 10^{3}}}$$

$$v = \sqrt{6 \times 10^{7}} = \sqrt{60 \times 10^{6}}$$

d'après l'aide au calcul : $\sqrt{60} \approx 7{,}75$

d'où $v = 7{,}75 \times 10^{3}$ m/s

$\times 3{,}6$

$v = 27{,}9 \times 10^{3}$ km/h. ↵

3 **a.**

L'équation horaire du mouvement d'un oscillateur mécanique est

$$x(t) = Xm \quad \cos\left(\frac{2\pi t}{T_c} + \gamma\right) \quad (m) ;$$

par identification il vient $Xm = 4{,}0 \times 10^{-2}$ m

$T_0 = 1{,}6$ s

or $T_0 = 2\pi\sqrt{\frac{m}{k}}$ il vient $k = 4\pi^2\frac{m}{T_0^2}$

avec $F = k\,X_m$ lorsque le solide a l'élongation maximale on a :

$$\boxed{F = 4\pi^2 \times \frac{m}{T_0^2} \times X_m}$$

Application numérique : $F = 4 \times 10 \times \frac{0,2}{1,6^2} \times 4 \times 10^{-2}$

avec $\pi^2 \approx 10$

$$F = \frac{16 \times 2 \times 10^{-2}}{1,6^2} = \frac{\cancel{1,6} \times 0,2}{\cancel{1,6} \times 1,6} = \frac{1}{8}$$

$\underline{F} = 0,125 = \underline{125\ mN}$.

4 **e.**

$$\left.\begin{array}{l} B_0 = \mu_0\ \frac{N}{L}\ I_0 \\ B_1 = \mu_0\ \frac{N}{L}\ I_1 \end{array}\right\}\ \frac{B_0}{B_1} = \frac{I_0}{I_1}$$

$$\Rightarrow \boxed{B_1 = \frac{I_1}{I_0}B_0}$$

Application numérique : $B_1 = \frac{7,2}{4,0} \times 5 \times 10^{-3}$

$B_1 = 1,8 \times 5 \times 10^{-3}$

$\underline{B_1 = 9,0\ mT.}$

5 **c.** $\boxed{Q = \left[m_{\left({}^2_1H\right)} + m_{\left({}^3_1H\right)} - m_{\left({}^4_2He\right)} - m_{\left({}^1_0n\right)}\right]c^2}$

Application numérique :

$Q = (2,014 + 3,016 - 4,002 - 1,008) \times 1,6 \times 10^{-27} \times (3 \times 10^8)^2$

$Q = (5,030 - 5,010) \times 1,6 \times 9 \times 10^{-11}$ Joule

$Q = 0,020 \times \frac{\cancel{1,6} \times 9 \times 10^{-11}}{\cancel{1,6} \times 10^{-13}}$ MeV

car 1 MeV = 10^6 eV = $1,6 \times 10^{-13}$ Joule

$\underline{Q = 18\ MeV}$.

6 **d.** En présence d'une bobine, on observe un régime transitoire avant l'établissement d'un courant continu dans le circuit.

Mathématiquement $i(t) = I_{max}(1 - e^{-t/\tau})$

avec $I_{max} = \frac{E}{R + r}$

$$\tau = \frac{L}{R + r}$$

d'où $\boxed{r = \frac{E}{I_{max}} - R}$ avec $I_{max} = 0{,}02$ A

$$r = \frac{6}{0{,}02} - 220 = \underline{80\Omega}$$

$\boxed{L = \tau(R + r)}$ avec $\tau = 0{,}001 \text{ s} = \underline{1 \times 10^{-3} \text{ s}}$

$$L = 0{,}001 \times (220 + 80)$$

$$L = 0{,}3 \text{ H} = 300 \text{ mH}$$

En régime permanent la bobine se comporte comme un conducteur ohmique de résistance r

d'où $\boxed{u_{bob_{max}} = rI_{max}} = 80 \times 0{,}02$

$$\underline{u_{bob_{max}} = 1{,}6\text{V}}$$

L'énergie stockée est :

$$\boxed{\varepsilon_{bob_{max}} = \frac{1}{2} L\, I_{max}^{2}}$$

$$\varepsilon_{bob_{max}} = \frac{1}{2} \times 0{,}3 \times (2 \times 10^{2})^{2}$$

$$= 0{,}3 \times 2 \times 10^{-4}$$

$$= 6 \times 10^{-5} \text{ J}$$

$$\underline{\varepsilon_{bob_{max}} = 60 \ \mu\text{J}}$$

il y a donc 1 seule affirmation fausse (valeur de τ) soit 4 *affirmations exactes*.

7 **a.** $v = k\sqrt{g\lambda}$

$v' = k\sqrt{g\lambda'}$ $\Rightarrow \frac{v}{v'} = \sqrt{\frac{\lambda}{\lambda'}}$

et $\boxed{\lambda' = \frac{v'^2}{v^2} \times \lambda}$

Application numérique : $\lambda' = \left(\frac{10}{12{,}5}\right)^2 \times 100 = \left(\frac{10 \times 2}{25}\right)^2 \times 100$

$$= \left(\frac{100}{25}\right)^2 \times 4 = 4^3$$

d'où $\underline{\lambda = 64 \text{ m}}$

8 **c.**

$$\left.\begin{array}{l} u_{BC} = R_0 I \\ E = (R_0 + R)\, I \end{array}\right\} \Rightarrow E = (R_0 + R)\,\frac{u_{BC}}{R_0}$$

d'où $R = \frac{R_0 E}{u_{BC}} - R_0$

$$R = R_0\left(\frac{E}{u_{BC}} - 1\right)$$

Application numérique : $R = 100 \times \left(\frac{6}{1} - 1\right)$

$\underline{R = 500\ \Omega}$.

SUJET 2 Berck-sur-Mer (II)

1

1. On considère un satellite de masse **m** en orbite autour de la terre. Le satellite évolue à une altitude **h** par rapport à la surface de la terre. On se place dans le référentiel géocentrique.

Parmi les affirmations suivantes, combien y en a-t-il d'exactes ?

a. La constante de gravitation universelle vaut $G = 6{,}64\ 10^{-11}$ N kg^2 m^{-2}.

b. La force de gravitation exercée par la terre sur le satellite est inversement proportionnelle au carré de l'altitude h.

c. Le mouvement du centre d'inertie du satellite est uniforme.

d. L'accélération du centre d'inertie du satellite est nulle.

e. La valeur de la vitesse du centre d'inertie du satellite dépend de la masse du satellite.

2. Un ressort à spires non jointives, de masse négligeable et de constante de radeur K est suspendu à un support vertical par l'une de ses extrémités. Un solide S de masse m est accroché à l'autre extrémité du ressort. Le ressort s'allonge de $x_0 = 10$ cm : c'est la position d'équilibre.
À partir de cette position d'équilibre, le solide est tiré vers le bas suivant la verticale, puis lâché sans vitesse initiale.
Le solide effectue des oscillations non amorties autour de la position d'équilibre ($g = 10$ N/kg).
Calculez la période (en s) des oscillations du système (0,23 ; 0,34 ; 0,48 ; 0,52 ; 0,63 ; aucune réponse exacte).

3. Un cube de bois de côté a = 20 cm flotte dans de l'eau. Le cube émerge d'une hauteur **h** par rapport à la surface de l'eau.

- masse volumique du bois $\rho_B = 850$ kg m^{-3}.
- masse volumique de l'eau $\rho_E = 1\ 000$ kg m^{-3}.

Calculez h (en cm). (3,0 ; 6,0 ; 12,0 ; 17,0 ; 20,0 ; aucune réponse exacte.)

4. Une bille de masse m = 64 g est en chute verticale dans l'air. On négligera la poussée d'Archimède exercée par l'air sur la bille.
L'air exerce sur la bille une force de frottement dont la valeur est de la forme $f = kv^2$ avec $k = 4{,}0\ 10^{-4}$ S.I et v la vitesse de la bille.
La bille atteint au bout d'un certain temps une vitesse limite. ($g = 10$ N/kg)
Calculez la vitesse limite (m/s) atteinte par la bille. (10 ; 20 ; 30 ; 40 ; 50 ; aucune réponse exacte)

5. Une lampe à vapeur de sodium émet une radiation de fréquence $f = 5{,}1\ 10^{14}$ Hz. Une longueur d'onde de cette radiation dans un milieu transparent d'indice n est $\lambda = 400$ nm. ($c = 3{,}0\ 10^8$ m/s).
Calculez n (1,1 ; 1,3 ; 1,5 ; 1,7 ; 1,9 ; aucune réponse exacte).

6. On considère un solénoïde de longueur L = 40 cm et comprenant N = 600 spires. Au centre O du solénoïde on mesure la valeur B du champ magnétique.
Lorsque le solénoïde est parcouru par un courant d'intensité I_1 = 270 mA, la valeur du champ magnétique est B_1 = 340 µT. On négligera le champ magnétique terrestre. $\mu_0 = 4\,\pi\,10^{-7}$ S.I.
Calculez la valeur B_2 du champ magnétique (en mT) lorsque l'intensité vaut I_2 = 450 mA. (0,20 ; 0,34 ; 0,57 ; 0,78 ; 0,87 ; aucune réponse exacte)

7. On considère le circuit ci-dessous composé d'un générateur idéal de tension continue de f.e.m E et de 4 conducteurs ohmiques.

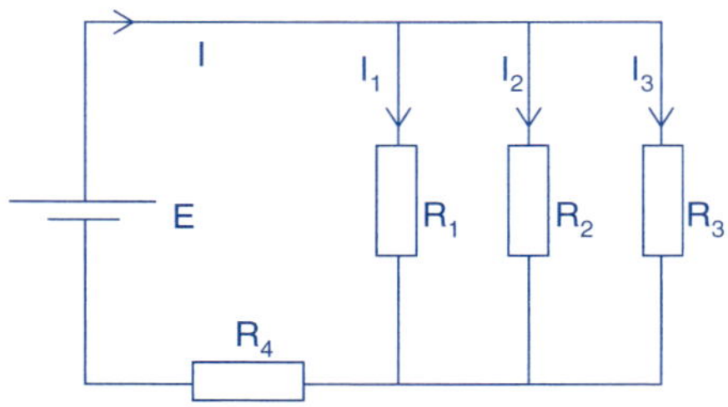

$R_1 = 5\ \Omega$; $R_2 = 10\ \Omega$; $R_3 = 15\ \Omega$; $R_4 = 20\ \Omega$

L'intensité du courant dans le conducteur ohmique R_3 vaut I_3 = 40 mA.

Déterminez la valeur de E (V). (4 ; 5 ; 6 ; 7 ; 8 ; aucune réponse exacte).

2

On étudie la trajectoire du centre d'inertie d'un ballon de basket-ball lancé vers le panier. On ne tiendra compte ni de la résistance de l'air ni de la rotation éventuelle du ballon. Le lancer est effectué vers le haut et le joueur lâche le ballon quand son centre d'inertie est au point A (voir figure).

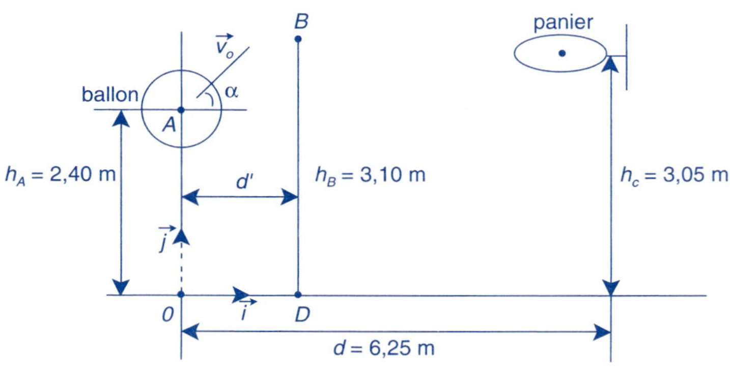

Pour établir les équations paramétriques du mouvement du centre d'inertie du ballon, on peut dresser le tableau ci-après.

	Axe $\vec{i}$	Axe $\vec{j}$
Accélération :	0	question 3.1
Vitesse initiale :	question 3.2	question 3.3
Nature du mouvement :	uniforme	question 3.4
Équations paramétriques	$x = (v_0 \cos \alpha)\, t$	$y = -1/2\, gt^2 + (v_0 \sin \alpha)t + h_A$

1. On peut écrire dans cette case :

❑ **a.** $a_x = -g$. ❑ **b.** $a_y = +g$. ❑ **c.** $a_y = -g$. ❑ **d.** $a_x = +g$.

2. La vitesse initiale dans cette case sera :

❑ **e.** $v_0 \sin \alpha$. ❑ **f.** $v_0 \cos \alpha$. ❑ **g.** $v_0 \tan \alpha$.

3. La vitesse initiale dans cette case sera :

❑ **h.** $v_0 \sin \alpha$. ❑ **i.** $v_0 \cos \alpha$. ❑ **j.** $v_0 \tan \alpha$.

4. Le mouvement est :

❑ **k.** constant. ❑ **l.** uniforme. ❑ **m.** uniformément varié. ❑ **n.** nul.

3

Une impulsion laser de longueur d'onde λ fait retour à son point de départ 1,5 µs après avoir été réfléchie sur un obstacle métallique.

1. L'obstacle est situé à une distance de la source laser qui est :

❑ **a.** d = L/2 où L est la longueur du parcours.

❑ **b.** d = ct/2 où c est la vitesse de la lumière : $c = 3.10^8$ km/s.

❑ **c.** d = L/2 = ct/2 où *t* est la durée du parcours

❑ **d.** d = ct/2 où c est égale à $1/\lambda$.

2. Pour une impulsion laser de longueur d'onde λ' supérieure à λ et réalisant le même parcours :

❑ **e.** la vitesse de l'onde sera supérieure

❑ **f.** la vitesse de l'onde rester la même (v = c).

❑ **g.** le temps de parcours sera le même

❑ **h.** le temps de parcours sera supérieur.

4 Parmi les unités suivantes, quelles sont celles qui ne peuvent être une unité de g (intensité du champ de pesanteur) ?

❑ **a.** mètre/seconde.
❑ **b.** newton/mètre.
❑ **c.** newton/seconde.
❑ **d.** newton/Kg.
❑ **e.** mètre.seconde^2.
❑ **f.** mètre/seconde^2.

5 En optique, un objet est dit réel s'il est placé dans le sens de propagation de la lumière mais :

❑ **a.** avant le plan de la lentille.
❑ **b.** à n'importe quel endroit.
❑ **c.** au niveau du plan de la lentille.
❑ **d.** après le plan de la lentille.

CORRIGÉ

1

1. Une seule affirmation est vraie.

a. FAUX

La force gravitationnelle terrestre vaut :

$$F = G \times \frac{M \times m}{(R + h)^2}$$

soit
$$G = \frac{F \times (R + h)^2}{M \times m}$$

et
$$[G] = \frac{[F] \times [R + h]^2}{[M] \times [m]} = \frac{N \times m^2}{kg^2}$$

soit
$$G = 6{,}67 \times 10^{-11}\ N \times kg^{-2} \times m^2$$

L'affirmation est donc fausse.

b. FAUX

$$F = \frac{GmM}{(R + h)^2}$$

La force gravitationnelle est inversement proportionnelle au carré **de la distance entre les centres de la Terre et du satellite**. L'affirmation est donc fausse.

c. VRAI

On considère que dans le référentiel géocentrique, le mouvement du centre d'inertie du satellite est circulaire uniforme, son accélération étant centripète. (schéma)

d. FAUX

Seule la composante tangentielle du vecteur accélération du centre d'inertie du satellite est nulle. L'accélération normale est constante et vaut $\frac{v^2}{R+h}$.

L'affirmation est donc fausse.

e. FAUX

Comme $\vec{F} = G\frac{Mm}{(R+h)^2}\vec{n} = m\vec{a_n}$

il vient $\frac{GM\cancel{m}}{(R+h)^2} = \cancel{m}\frac{v^2}{(R+h)}$

soit $v^2 = \frac{GM}{(R+h)}$

et $v = \sqrt{\frac{GM}{R+h}}$ **v est indépendante de la masse m du satellite**

L'affirmation est fausse.

2.

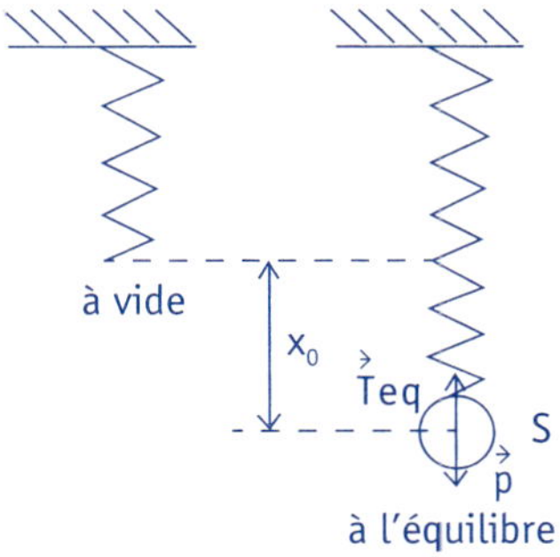

À l'équilibre, le principe de l'inertie s'écrit :

$$\vec{P} + \vec{Teq} = \vec{0}$$

Par projection sur la verticale ascendante :

$$Teq - mg = 0$$

$$\Rightarrow \quad kx_0 = mg$$

$$\Rightarrow \quad m = \frac{kx_0}{g} \ (*)$$

D'autre part, le solide S effectue des oscillations libres, non amorties autour de sa position d'équilibre, la période propre est :

$$T_0 = 2\Pi\sqrt{\frac{m}{k}}$$

soit $T_0 = 2\Pi\sqrt{\frac{kx_0}{gk}}$ d'après (*)

d'où : $$T_0 = 2\Pi\sqrt{\frac{x_0}{g}}$$

AN : $$T_0 = 2\Pi \times \sqrt{\frac{10 \times 10^{-2}}{10}} = 2\Pi \times 10^{-1}$$

ou $$T_0 = 0{,}628 \text{ s} \approx 0{,}63 \text{ s}$$

La période des oscillations est de 0,63 seconde.

3.

Bilan des forces :

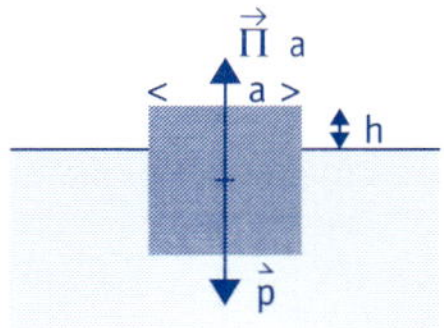

$\overrightarrow{\Pi a}$: poussée d'Archimède

$\vec{P}$: poids du cube

le cube flotte, il est pseudo isolé

On applique le Principe de l'inertie au centre d'inertie du cube : $\vec{P} + \overrightarrow{\Pi a} = \vec{0}$

Par projection sur un axe vertical ascendant :

$$\underbrace{\rho_E(a-h)\times a^2}_{\text{volume d'eau déplacé}} g - \rho_B \underbrace{a^3}_{\text{volume du cube de bois}} g = 0$$

d'où $$\rho_E(a-h) - \rho_B a = 0$$

soit $$a - h = \frac{\rho_B a}{\rho_E}$$

d'où $$h = a\left(1 - \frac{\rho_B}{\rho_E}\right)$$

AN : $$h = 20 \times 10^{-2}\left(1 - \frac{850}{1000}\right)$$

$$h = 0,2 \times (1 - 0,85)$$

$$h = 0,2 \times (0,15)$$

$$h = 0{,}030 \text{ m} = 3{,}0 \text{ cm}$$

4.

Bilan des forces :

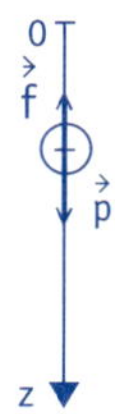

$\vec{p}$: poids de la bille

$\vec{f}$: force de frottements fluides

On applique la seconde loi de Newton,
dans le référentiel du laboratoire galiléen :

$\vec{p} + \vec{f} = m\vec{a}$

Par projection sur un axe (0z) vertical, descendant

$$mg - kv^2 = m\frac{dv}{dt}$$

soit : $$\frac{dv}{dt} + \frac{k}{m}v^2 = g \quad (*)$$

Lorsque la vitesse limite est atteinte, v ne varie plus, et $\frac{dv}{dt} = 0$

d'où : $$\frac{k}{m}v_{lim}^2 = g \text{ d'après } (*)$$

soit $$v_{lim} = \sqrt{\frac{mg}{k}}$$

AN : $$v_{lim} = \sqrt{\frac{64 \times 10^{-3} \times 10}{4,0 \times 10^{-4}}}$$

$$v_{lim} = \sqrt{\frac{64 \times 10^{2}}{4,0}}$$

$$v_{lim} = \frac{8 \times 10}{2}$$

$$v_{lim} = 40 \text{ m.s}^{-1}$$

5.

La lumière émise par la lampe à sodium n'a pas la même célérité v dans le milieu d'indice n, que dans le vide ($c = 3,0 \times 10^8$ m/s)

L'indice n du milieu vaut : $n = \frac{c}{v}$

avec $v = \lambda \times f$ (la fréquence est la même que dans le vide)

d'où $$n = \frac{c}{\lambda f}$$

AN : $$n = \frac{3,0 \times 10^8}{400 \times 10^{-9} \times 5,1 \times 10^{14}}$$

$$n = \frac{3,0 \times 10^8}{4 \times 5,1 \times 10^7} = \frac{30}{20,4} \simeq \frac{3\not{0}}{2\not{0}}$$

soit $n \simeq 1,5$

6.

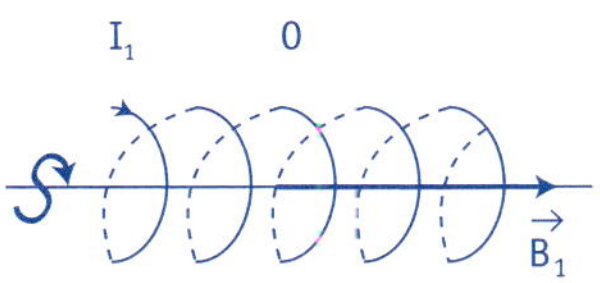

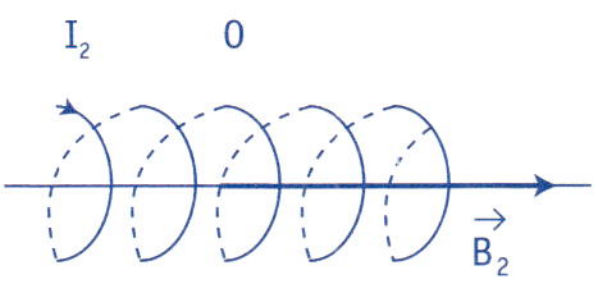

Comme $B_1 = \mu_0 \cdot \frac{N}{L} I_1$ et $B_2 = \mu_0 \cdot \frac{N}{L} I_2$

il vient $\frac{B_1}{I_1} = \frac{B_2}{I_2}$

d'où $B_2 = \frac{I_2}{I_1} B_1$

AN : $B_2 = \frac{450 \times 10^{-3}}{270 \times 10^{-3}} \times 340 \times 10^{-6}$

$$B_2 = \frac{15}{9} \times 340 \times 10^{-6} = \frac{5,1 \times 10^{-3}}{9}$$

d'où $B_2 \simeq 5 \times 10^{-3} \times \frac{1}{9} \approx 0,55 \text{ mT}$

La réponse la plus proche est 0,57 mT.

7.

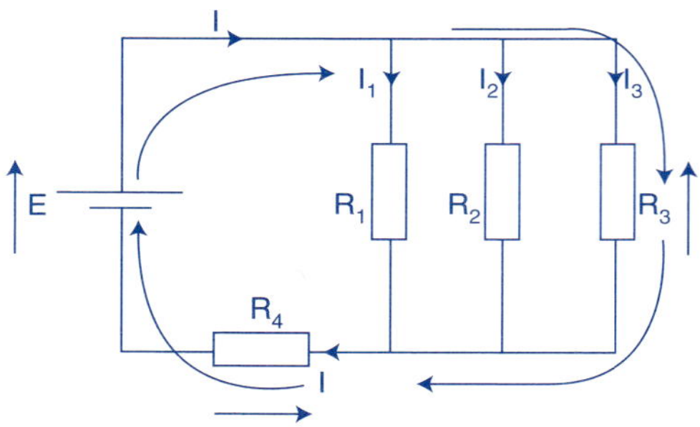

On applique une loi des mailles :

$$E - R_3 I_3 - R_4 I = 0 \qquad (*)$$

D'autre part, le circuit est équivalent à :

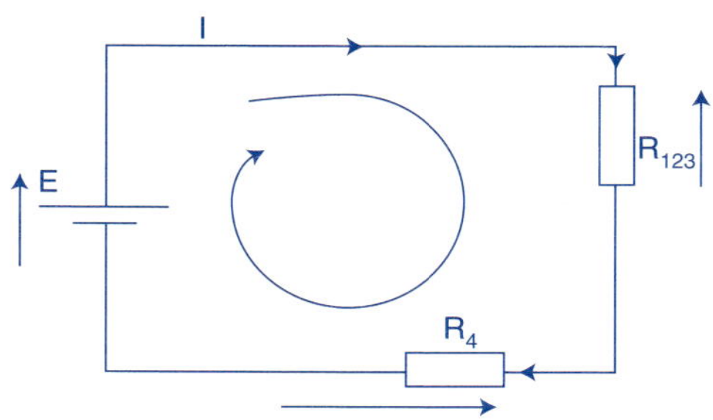

avec $\frac{1}{R_1} + \frac{1}{R_2} + \frac{1}{R_3} = \frac{1}{R_{123}}$

On applique une loi des mailles :

$$E - R_{123}I - R_4 I = 0$$

$$\Rightarrow \quad I = \frac{E}{R_{123} + R_4}$$

En remplaçant dans (*) il vient :

$$E = R_3 I_3 + R_4 \times \frac{E}{R_4 + R_{123}}$$

soit $$E\left(1 - \frac{R_4}{R_4 + R_{123}}\right) = R_3 I_3$$

ou $$E = \frac{R_3}{1 - \frac{R_4}{R_4 + R_{123}}} I_3$$

ou $$E = \frac{R_3(R_4 + R_{123})}{R_{123}} I_3$$

AN : $$\frac{1}{R_{123}} = \frac{1}{5} + \frac{1}{10} + \frac{1}{15}$$

$$\Rightarrow \quad \frac{1}{R_{123}} = \frac{1}{5}\left(1 + \frac{1}{2} + \frac{1}{3}\right)$$

$$\Rightarrow \quad R_{123} = 5 \times \frac{1}{1 + \frac{1}{2} + \frac{1}{3}}$$

$$\Rightarrow \quad R_{123} = 5 \times \frac{6}{11} = \frac{30}{11}$$

et $$E = \frac{15 \times \left(20 + \frac{30}{11}\right)}{\frac{30}{11}} \times 40 \times 10^{-3}$$

$$E = \frac{15 \times (220 + 30)}{30} \times 40 \times 10^{-3}$$

$$E = \frac{15 \times 250}{30} \times 40 \times 10^{-3} \Rightarrow \quad E = 5V$$

2

1. c. Une fois lancé, le ballon n'est soumis qu'à son poids donc le théorème du centre d'inertie s'écrit : $\vec{P} = m \cdot \vec{a}$ soit $m \cdot \vec{g} = m \cdot \vec{a}$ et $\vec{a} = \vec{g}$. Le vecteur $\vec{g}$ est orienté vers le bas donc sa projection sur l'axe $\overrightarrow{Oj}$ donne $a_y = -g$.

2. f.

3. h.

4. m. Les équations horaires obtenues sont celles d'un mouvement uniformément varié.

3

1. a. et c. Si L est la longueur totale du parcours c'est-à-dire « point de départ-obstacle-point de départ » alors effectivement $d = L/2$. De même si t est la durée du parcours alors $L = c.t$ puisque le faisceau laser se déplace à la vitesse de la lumière $c = 3.10^8$ m.s^{-2} et donc $d = c\ t/2$.

Par contre $1/\lambda = \nu$: fréquence de l'onde lumineuse.

2. f. et g. Les ondes lumineuses dans le vide se déplacent à la vitesse de la lumière *c*.

4

a., b., c. et e. L'unité du champ de pesanteur est le N.kg^{-1} ou les m.s^{-2}. Attention, on demande celles qui ne peuvent pas être des unités de *g*.

5

a.

SUJET 3 Créteil (I)

LENTILLE CONVERGENTE

Soit une lentille convergente de vergence $C = 5\delta$.

1. Calculer la distance focale $\overline{OF'} = f'$ de cette lentille.

Soit un objet AB (A sur l'axe optique) placé perpendiculairement à l'axe optique et A'B' son image par la lentille convergente.

2. Établir *l'expression littérale* de $\overline{OA'}$ en fonction de $\overline{OA}$ et f'.

Cet objet se trouve à une distance de 15 cm en avant du centre optique de la lentille.

3. Caractériser l'image obtenue (trois caractéristiques sont attendues et devront être justifiées par le calcul). Quel est l'effet obtenu ?

On retire la première lentille et on la remplace par une lentille de vergence inconnue.

Pour cette lentille convergente, on obtient un grandissement $\gamma = -2$ pour un objet placé à une distance de 1,2 m devant le centre optique de la lentille.

4. Établir *l'expression littérale* de sa distance focale f' en fonction du grandissement γ et de $\overline{OA}$.

5. En déduire la valeur numérique de f'.

6. Calculer $\overline{AA'}$ et en déduire la distance entre l'objet et l'image.

CORRIGÉ

LENTILLE CONVERGENTE

1. $\boxed{f' = \frac{1}{C}}$ $\qquad f' = \frac{1}{5} = 0{,}2m$

2. Si A et A' ; B et B' sont conjugués

on a la relation de conjugaison : $\frac{1}{\overline{OA'}} = \frac{1}{\overline{OA}} + \frac{1}{f'}$

soit $\frac{1}{\overline{OA'}} = \frac{f' + \overline{OA}}{\overline{OA} \times f'}$ d'où $\boxed{\overline{OA'} = \frac{\overline{OA} \times f'}{f' + \overline{OA}}}$

3. Calcul de la *position* de l'image :

$$\overline{OA'} = \frac{-15 \times 10^{-2} \times 0,2}{0,2 - 15 \times 10^{-2}} = \frac{-15 \times 20 \times 10^{-4}}{(20 - 15) \times 10^{-2}}$$

$$\Rightarrow \quad \overline{OA'} = -\frac{15 \times 20}{5} \times 10^{-2} \Rightarrow \overline{OA'} = -3 \times 20 \times 10^{-2}$$

$$\text{ou } \underline{\overline{OA'} = -60 \text{ cm}}$$

l'image est à *60 cm devant* la lentille.

elle est donc *virtuelle*.

Calcul de la *taille* et du *sens* de l'image :

relation de grandissement : $\gamma = \dfrac{\overline{A'B'}}{\overline{AB}} = \dfrac{\overline{OA'}}{\overline{OA}}$

$\gamma = \dfrac{-60}{-15} = 4$: l'image est *4 fois plus grande* que l'objet, elle est *droite*.

L'effet obtenu est celui d'une LOUPE

4. On a : $\overline{OA'} = \dfrac{\overline{OA} \times f'}{\overline{OA} + f'}$ et $\gamma = \dfrac{\overline{OA'}}{\overline{OA}}$ $\Big\}\ \gamma = \dfrac{\dfrac{\overline{OA} \times f'}{\overline{OA} + f'}}{\overline{OA}}$

soit $\gamma = \dfrac{\cancel{\overline{OA}} \times f'}{\cancel{\overline{OA}}(\overline{OA} + f')} \Rightarrow \gamma(\overline{OA} + f') = f'$

et $f'(1 - \gamma) = \gamma\overline{OA} \quad \Rightarrow \quad \boxed{f' = \dfrac{\gamma}{1 - \gamma}\overline{OA}}$

5. Application numérique :

$$f' = \frac{-2}{1 - (-2)} \times (-1,2) = \frac{2}{3} \times 1,2$$

$$\underline{f' = 0,8 \text{ m}}$$

6. $\overline{AA'} = \overline{AO} + \overline{OA'}$ d'où $\overline{AA'} = -\overline{OA} + \overline{OA'}$ avec $\overline{OA'} = \gamma\overline{OA}$

$$\boxed{\overline{AA'} = (\gamma - 1)\overline{OA}}$$

$$\overline{AA'} = (-2 - 1) \times (-1,2)$$

$$\overline{AA'} = 3 \times 1,2 = 3,6 \text{ m}$$

L'image est à 3,6 m de l'objet.

SUJET 4 Créteil (II)

On construit un plan incliné pour permettre à une personne handicapée de franchir avec son fauteuil roulant électrique la dénivellation menant à son appartement. Le plan incliné est tel que pour 2 m parcourus, on s'élève de 20 cm.
La masse totale fauteuil + personnes est M_T = 80 kg.g ≈ 10ms^{-2}.

1. Sur un schéma, représenter les forces agissant sur le système, les forces de frottements étant supposées négligeables.

2. Quel est le travail effectué par le moteur électrique pour monter ce plan incliné?

3. Quelle est la puissance de ce moteur si sa vitesse est de 4 m.s^{-1}?

4. Le moteur étant en panne, avec quelle vitesse minimale le fauteuil (et son passager) doit-il arriver en bas de la pente pour franchir les 2 m?

5. En réalité, dans les conditions du 4., le fauteuil roulant s'arrête à 1,80 m et redescend. Pourquoi?

CORRIGÉ

1. On considère le référentiel terrestre supposé galiléen et le système {fauteuil + personne}.
Les forces agissant sur le système sont :

- le poids $\vec{P}$ du système,
- la réaction normale $\vec{R}$ du plan incliné,
- la force de traction $\vec{F}$ due au moteur électrique.

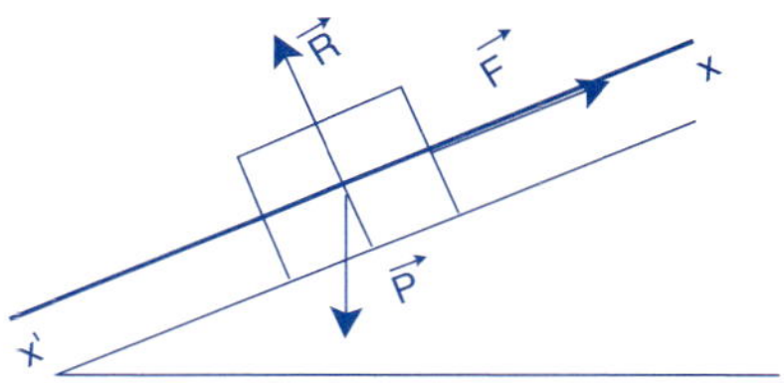

2. En admettant que la vitesse du fauteuil est constante, on peut utiliser le principe d'inertie :
$\vec{P} + \vec{R} + \vec{F} = \vec{0}$

En projection sur l'axe $x'x$ (voir figure), on obtient :
$-mg\sin\alpha + F = 0$ avec $\sin\alpha = 0,2 / 2 = 0,1$
$F = m\,g\,\sin\alpha$
$F = 80 \times 10 \times 0,1 = 80$ N

Par définition, le travail de $\vec{F}$ est :

$W(\vec{F}) = \vec{F} \cdot \overrightarrow{AB} = F \times AB \times \cos(\vec{F};\overrightarrow{AB})$

$\vec{F}$ et $\overrightarrow{AB}$ sont colinéaires donc $\cos(\vec{F};\overrightarrow{AB}) = 1$
Application numérique :

$W(\vec{F}) = 80 \times 2 = 160\text{J}$

3. La puissance développée par la force motrice est par définition $\mathcal{P} = \vec{F} \cdot \vec{v}$.

Or, le vecteur vitesse $\vec{v}$ et la force motrice $\vec{F}$ sont colinéaires donc $\mathcal{P} = F \cdot v$ car

$\cos(\vec{F};\vec{v}) = 1$
On en déduit que la puissance $\mathcal{P}$ est : $\mathcal{P} = 80 \times 4 = 320$ W.

4. Le moteur étant en panne, il n'y a plus de force motrice. Les deux seules forces auxquelles est soumis le système sont donc son poids $\vec{P}$ et la réaction normale $\vec{R}$. Le théorème de l'énergie cinétique entre A et B s'écrit donc :

$\Delta Ec = W(\vec{P}) + W(\vec{R})$ or, $W(\vec{R}) = 0$ car $\vec{R}$ est perpendiculaire au déplacement.

$\frac{1}{2}mV_B^2 - \frac{1}{2}mV_A^2 = -mgh$ or, $V_B = 0$ car le système doit atteindre le point B.

$v_A^2 = 2gh$

$v_A = \sqrt{2gh}$

$v_A = \sqrt{2 \times 10 \times 20 \cdot 10^{-2}}$

$v_A = 2\,m \cdot s^{-1}$

5. Théoriquement avec une vitesse de 2 $m.s^{-1}$, le système devrait franchir les 2 mètres. S'il n'atteint que 1,80 m, cela signifie qu'il existe une force de frottements jusque là négligée. Celle-ci effectue un travail résistant qui s'oppose au mouvement du fauteuil.

SUJET 5 Créteil (III)

On considère le circuit suivant comprenant, montés en série : un générateur de tension continue de fem E = 10 V et de résistance interne nulle, une résistance R = 1,0 kΩ, un condensateur de capacité C et un interrupteur K.

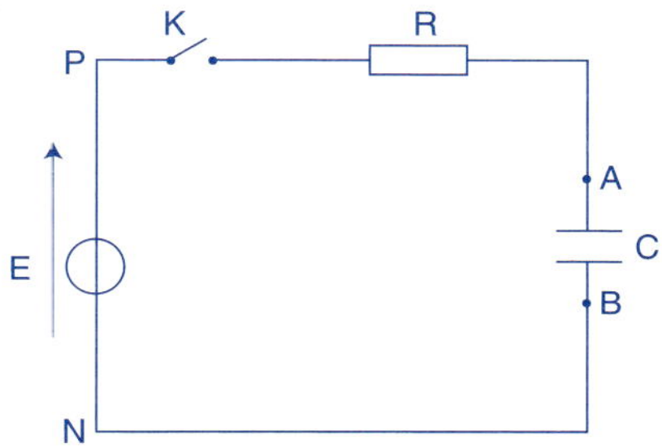

1. Établissez avec rigueur l'équation différentielle liant la tension $\mu_{AB}(t)$ aux bornes du condensateur et sa dérivée par rapport au temps du_{AB}/dt en fonction de R, C et E.

2. Vérifiez que l'expression $u_{AB}(t) = E(1\text{-}\exp(-t/(RC))$ est bien solution de l'équation différentielle.

3. Le condensateur possède une tension u_{AB} = 6,3 V au bout de 0,10 ms. En déduire, en justifiant la valeur de la capacité C (en nF).

4. Quelle est la valeur de la tension $u_{AB}(t)$ à t = 1 ms? Justifiez. En déduire l'expression littérale de l'énergie emmagasinée dans le condensateur puis sa valeur numérique en µJ.

5. En utilisant la solution de l'équation différentielle exprimez Cdu_{AB}/dt et déduisez-en la valeur de l'intensité du courant quand t devient très grand.

CORRIGÉ

1.

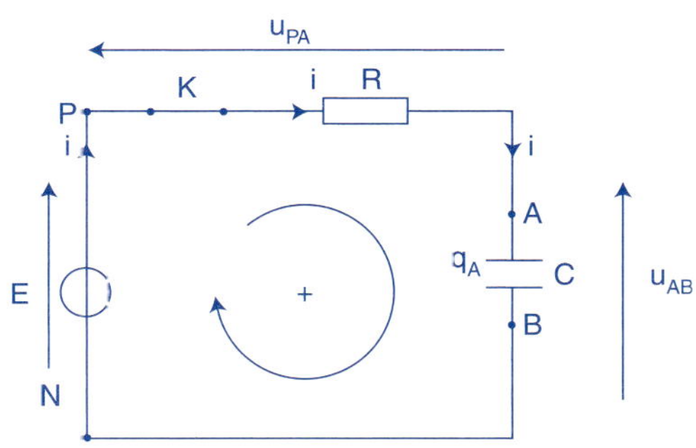

On applique la loi des mailles :

$$E - u_{PA} - u_{AB} = 0 \Rightarrow E - Ri - u_{AB} = 0$$

le condensateur se charge,

on a donc $i = \dfrac{dq_A}{dt} > 0$

avec $q_A = Cu_{AB}$

soit $i = C\dfrac{du_{AB}}{dt}$

finalement : $E - RC\dfrac{du_{AB}}{dt} - u_{AB} = 0$

soit $\boxed{RC\dfrac{du_{AB}}{dt} + u_{AB} = E \ (*)}$

2. Montrons que $u_{AB}(t) = E(1 - \exp(- t/RC))$ est solution de l'équation différentielle (*)

$$\frac{du_{AB}}{dt}(t) = E \times (-1) \times \left(-\frac{1}{RC}\right)\exp(-t/RC)$$

$$\frac{du_{AB}}{dt}(t) = \frac{E}{RC}\exp(-t/RC)$$

d'où $RC\dfrac{du_{AB}}{dt} + u_{AB} = E\left[1 - \exp\left(-\dfrac{t}{RC}\right)\right] + \dfrac{E}{RC}\exp\left(-\dfrac{t}{RC}\right)$

soit $RC\dfrac{du_{AB}}{dt} + u_{AB} = E, \forall\, t$

l'équation différentielle est vérifiée quel que soit t ; $u_{AB}(t)$ est bien solution de (*).

3. u_{AB} à 6,3 V après t = 0,10 ms.

Lorsque uAB atteint 63 % de sa valeur maximale, soit $\dfrac{63}{100} \times E$ il s'est écoulé une durée égale à la constante de temps

$$T = RC$$

On en déduit $\boxed{C = \dfrac{T}{R}}$

AN : $C = \dfrac{0,10 \times 10^{-3}}{1,0 \times 10^{3}}$

$\Rightarrow$ $C = 1,0 \times 10^{-7}\,F$

soit $C = 100\,nF$

On considère que le régime permanent est atteint à la date t = 1 ms (soit 10 fois la durée de la constante de temps T).

Montrons que $u_{AB}(t = 1\text{ ms}) = 10$ V.

4. $u_{AB}(t = 1\text{ ms}) = u_{AB}(10T) = u_{AB}(10 \times RC)$

Remplaçons dans l'expression littérale de $u_{AB}(t)$:

$$E\left(1-\left(\exp-\frac{10\cancel{RC}}{\cancel{RC}}\right)\right) = E(1-\exp(-10))$$

d'où $u_{AB}(t = 1\text{ms}) = 0{,}99995\ E$

avec $E = 10$ V

on retrouve $u_{AB}(t = 1\text{ ms}) = 9{,}9995$ V

soit $u_{AB}(t = 1\text{ ms}) = 10$ V

L'énergie emmagasinée à t = 1 ms est :

$\boxed{\mathcal{E}_{(t = 1ms)} = \frac{1}{2}CE^2}$ car la tension u_{AB} a atteint sa valeur maximale E

5. AN : $\mathcal{E}\ (t = 1\text{ ms}) = 0{,}5 \times 100 \times 10^{-9} \times 10^2$

$\mathcal{E}\ (1\text{ ms}) = 5 \times 10^{-6}$ J soit 6 μJ

$$i = c\frac{du_{AB}}{dt}$$

et $$\frac{du_{AB}}{dt} = \frac{E}{RC}\exp\left(-\frac{t}{RC}\right)$$

d'où $$i = C \times \left(\frac{E}{RC}\exp\left(-\frac{t}{RC}\right)\right)$$

ou $$i(t) = \frac{E}{R}\exp\left(-\frac{t}{RC}\right)$$

Lorsque t tend vers l'infini, $\exp\left(-\frac{t}{RC}\right)$ tend vers 0.

d'où $$\lim_{t \to t_x} i(t) = 0 \text{ A}$$

L'intensité du courant tend à s'annuler au bout d'une durée très longue.

SUJET 6 Adere (I)

EXERCICE

On considère le montage électrique représenté sur la figure ci-dessous. On notera :

- E la force électromotrice du générateur ;
- L l'inductance de la bobine de résistance négligeable ;
- R_1, R_2, R_3 et R_4 les différentes résistances, telles que $R_1 = R_2 = R$ et $R_4 = 2\,R_3 = 2\,R$;
- L'interrupteur K.

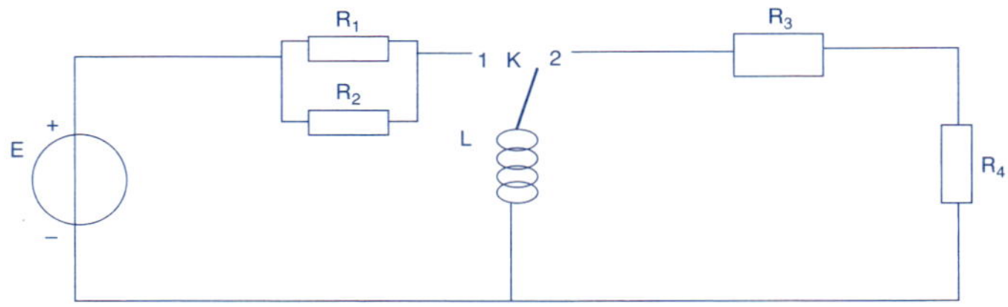

A. Dans un premier temps l'interrupteur K est en position *1*, la bobine étant déchargée à l'instant d'origine.

1. Décrire ce qui se passe brièvement et représenter sur le schéma les sens du courant et des tensions positives des différents dipôles concernés.

2. Exprimer la résultante équivalente de R_1 et R_2 en fonction de R.

3. Donner l'équation différentielle à laquelle obéit $i(t)$.

4. Soit $i(t) = I_M\,(1 - e^{\beta.t})$ la solution de cette équation avec I_M intensité maximale. Exprimer I_M lors de l'établissement du régime permanent, en fonction de E et R.

5. Exprimer β en fonction de L et R. Que représente β ? Calculer sa valeur.

B. Le régime permanent étant atteint en position 1, on bascule l'interrupteur en position *2*.

1. Exprimer les tensions des dipôles L et R_4 en fonction de la tension $U(t)$ du dipôle R_3. En déduire l'équation différentielle à laquelle obéit $U(t)$.

2. Soit $U(t) = U_{max}\,e^{y.t}$, solution de cette équation. Exprimer ? en fonction de L et R.

Que représente γ ? Calculer sa valeur.

On donne : R = 10 Ω L = 0,1 H

EXERCICE

A. Interrupteur en position 1 ; le circuit devient :

1.

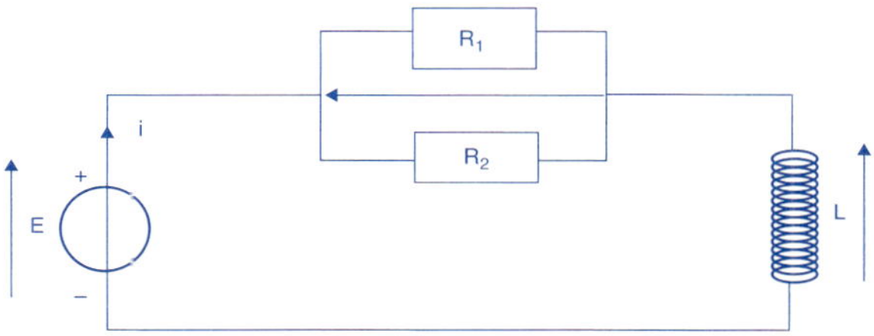

On observe un *régime transitoire* au cours duquel le courant s'établit dans le circuit, puis la bobine laisse passer un courant continu, c'est le *régime permanent*.

2. Résistances en parallèle on a : $\frac{1}{Réq} = \frac{1}{R_1} + \frac{1}{R_2}$ avec $R_1 = R_2 = R$

il vient $\frac{1}{Réq} = \frac{1}{R} + \frac{1}{R} = \frac{2}{R}$

d'où $\boxed{Réq = \frac{R}{2}}$

3. On a $E = Réq\ i + L\frac{di}{dt}$: loi d'additivité des tensions

d'où $\boxed{\frac{di}{dt} + \frac{R}{2L}i = \frac{E}{L}}$

4. Lorsque le régime permanent est atteint $\frac{di}{dt} = 0$

d'où $\frac{R}{2L}I_M = \frac{E}{L}$ soit $\boxed{I_M = \frac{2E}{R}}$

5. Il aurait été plus conventionnel de poser :

$$i(t) = I_M (1 - e^{-\beta t})$$

on dérive $\frac{di}{dt} = I_M(0 + \beta e^{-\beta t})$ soit $\frac{di}{dt} = \beta\ I_M\ e^{-\beta t}$

on remplace dans l'équation différentielle obtenue en 3°)

$$\underbrace{\beta\ I_M\ e^{-\beta t}}_{\frac{di}{dt}} + \frac{R}{2L}(\underbrace{I_M(1 - e^{-\beta t})}_{i(t)}) = \frac{E}{L}$$

d'où $I_M\, e^{-\beta t}\left[\beta - \frac{R}{2L}\right] + \underbrace{\frac{R}{2L}I_M - \frac{E}{L}}_{=0 \text{ car } I_M = \frac{2E}{R}} = 0$

soit $I_M\, e^{-\beta t}\left[\beta - \frac{R}{2L}\right] = 0$

comme $e^{-\beta t} \neq 0$ il vient $\beta - \frac{R}{2L} = 0 \Rightarrow \boxed{\beta = \frac{R}{2L}}$

La constante β représente *l'inverse* de la constante de temps du circuit.

Application numérique : $\underline{\beta} = \frac{10}{2 \times 0{,}1} = \underline{50\ s^{-1}}$

B. Interrupteur en position 2

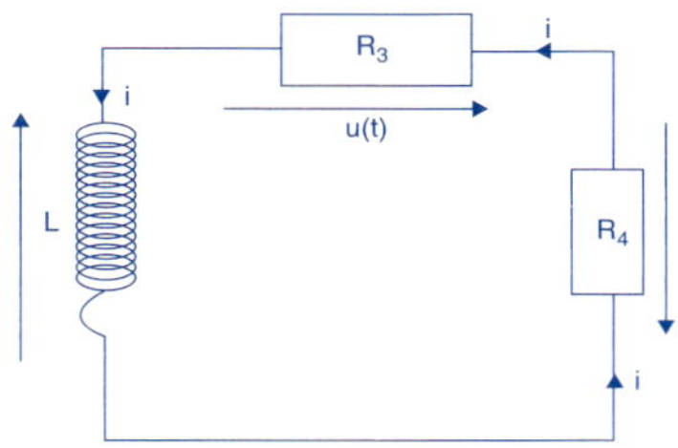

1. On a $u(t) = R_3\, i(t)$

et $u_L = L\frac{di}{dt} \Rightarrow \boxed{u_L = \frac{L}{R_3}\frac{du}{dt}}$

De plus $u_{R4} = R_4\, i(t)$ soit $u_{R_4} = \frac{R_4}{R_3}u(t)$

On applique la loi des mailles : $u_L + u + u_{R4} = 0$

soit $\frac{L}{R_3}\frac{du}{dt} + u(t) + \frac{R_4}{R_3}u(t) = 0$

d'où $\boxed{\frac{du}{dt} + \frac{(R_3 + R_4)}{L}u(t) = 0}$

2. Là encore, il est plus judicieux de poser :

$U(t) = U_{max}e^{-\gamma t}$

en dérivant : $\frac{du}{dt} = -\gamma U_{maxe^{-\gamma t}}$

On remplace dans l'équation différentielle ci-dessus

$$-\gamma U_{max}e^{-\gamma t} + \frac{(R_3 + R_4)}{L}U_{max}e^{-\gamma t} = 0$$

soit $U_{max}e^{-\gamma t}\left[-\gamma + \frac{(R_3 + R_4)}{L}\right] = 0$

Comme $U_{max}e^{-\gamma t} \neq 0$ on a $-\gamma + \left(\frac{R_3 + R_4}{L}\right) = 0$

$$\Rightarrow \gamma = \frac{R_3 + R_4}{L} \text{ ou } \gamma = \left(\frac{R + 2R}{L}\right)$$

soit $\boxed{\gamma = \frac{3R}{L}}$

γ représente *l'inverse* de la constante de temps de circuit.

Application numérique : $\gamma = \frac{3 \times 10}{0,1} \Rightarrow \underline{\gamma = 300 \text{ s}^{-1}}$

SUJET 7 Adere (II)

A. Un skieur de masse *M = 90 kg*, portant un équipement de masse m_{eq}, tiré par une perche d'un remonte pente, gravit à vitesse constante, une pente enneigée faisant un angle de *30°* avec le plan horizontal. L'ensemble des forces de frottements a une valeur de *500 N* dans toute cette partie.

1. Faire le bilan des forces extérieures qui s'exercent sur le système {skieur et son équipement} et schématiser la situation.

2. Calculer la masse m_{eq} de l'équipement que porte le skieur sachant que la perche tracte le système avec une force d'intensité *T = 1000 N*.

3. Après *300 m*, le skieur s'arrête et se débarrasse de son équipement. Il gravit ensuite avec le remonte pente avec la même force *T*, la distance *d = 100 m*, qui le sépare du sommet, avec une accélération constante. Déterminer les équations horaires du mouvement sur ce parcours et en déduire la durée qu'il mettra pour arriver au sommet.

B. Une fois au sommet, il fait un saut de *80 m* sur l'autre versant de la piste, sans vitesse initiale. Avec quelle vitesse arrivera t-il au sol en fin de parcours, si on néglige les frottements ?

On donne : $g = 10 \text{ m.s}^{-2}$; $\sin 30 = \frac{1}{2}$; $\cos 30 = \frac{\sqrt{3}}{2}$; $\sqrt{10} = 3{,}16$.

CORRIGÉ

A. 1.

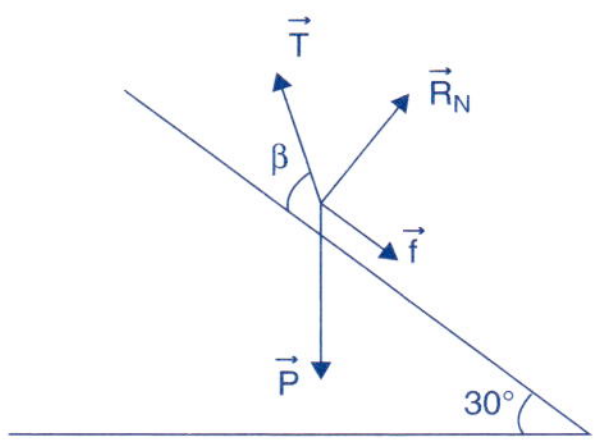

Le système {skieur + équipement} est soumis :

– à son poids $\vec{P} = (M + m_{éq})\vec{g}$

– la réaction normale de support $\vec{R_N}$

– la traction de la perche $\vec{T}$

– la force de frottement $\vec{f}$

2. Dans le référentiel terrestre, galiléen, on applique au système la 1ère loi de Newton :

$$\vec{P} + \vec{R_N} + \vec{T} + \vec{f} = \vec{0}$$

On projette sur la direction de la pente :

$$-(M + m_{ép})\, g \sin 30 + T \cos \beta - f = 0$$

d'où : $$\boxed{m_{ép} = \frac{T\cos\beta - f}{g\sin 30} - M}$$

Application numérique : $m_{ép} = \frac{1000 - 500}{10 \times 1/2} - 90$

$$\begin{cases} \text{avec } T\cos\beta = 1000\text{N} \\ f = 500\text{N} \end{cases}$$

$$m_{ép} = 100 - 90 = 10 \text{ kg}$$

3. Le système {skieur} est soumis à son poids $\vec{P} = M\vec{g}$, la réaction normale de support $\vec{R_N}$ la traction de la perche $\vec{T}$ et la force $\vec{f}$ de frottement.

On applique, dans le référentiel terrestre, galiléen, la 2nde loi de Newton :

$$\vec{P} + \vec{R_N} + \vec{T} + \vec{f} = M\vec{a}$$

On projette sur la ligne de pente :

$$Mg\sin\alpha + T\cos\beta - f = Ma$$

$$\Rightarrow \boxed{a = \frac{T\cos\beta - f}{M} - g\sin\alpha}$$

On intègre par rapport au temps avec comme vitesse initiale nulle :

$$\boxed{v(t) = \left(\frac{T\cos\beta - f}{M} - g\sin\alpha\right)t}$$

On intègre encore :

$$\boxed{x(t) = \frac{1}{2}\left(\frac{T\cos\beta - f}{M} - g\sin\alpha\right)t^2}$$

On calcule la durée du parcours en notant x = d

$$\text{d'où } t^2 = \frac{2d}{\left(\frac{T\cos\beta - f}{M}\right) - g\sin\alpha}$$

$$\Rightarrow \boxed{t = \sqrt{\frac{2d}{\left(\frac{T\cos\beta - f}{M}\right) - g\sin\alpha}}}$$

Application numérique : avec $T\cos\beta = 1000$ N et $f = 500$ N

$$t = \sqrt{\frac{2 \times 100}{\frac{1000 - 500}{90} - 10 \times \frac{1}{2}}}$$

$$t = \sqrt{\frac{200 \times 90}{500 - 5 \times 90}} = \sqrt{\frac{2 \times 9 \times 10^3}{50}}$$

avec $1/5 = 0{,}2$ $\quad t = \sqrt{2 \times 9 \times 100 \times 0{,}2}$

$$t = \sqrt{9 \times 4 \times 10} = 3 \times 2 \times \sqrt{10}$$

avec $\sqrt{10} \approx 3{,}16$ $\quad \underline{t} = 18{,}96\,s \approx \underline{19\,s}$

B. Dans le référentiel terrestre, galiléen nous pouvons appliquer le théorème de l'énergie cinétique au système skieur lois de sa chute libre.
On note h la hauteur de chute :

$$\Delta\varepsilon_C = W_{\vec{P}}$$

sans vitesse initiale :

$$\frac{1}{2}Mv^2 - 0 = Mgh$$

$$\Rightarrow \boxed{v = \sqrt{2gh}}$$

$$\text{soit } v = \sqrt{2 \times 10 \times 80} = \sqrt{1600}$$

$$\underline{v = 40 \text{ m/s}}.$$

SUJET 8 Adere (III)

1. À 60 cm d'une lentille mince convergente L de centre optique O, on place un objet AB de 5 cm de haut; AB est perpendiculaire à l'axe optique de la lentille L et A est situé sur cet axe. La lentille donne de l'objet AB une image A'B' réelle, renversée et 2 fois plus grande que AB.

a. En justifiant votre réponse, déterminez la valeur du grandissement γ.

b. En déduire la distance focale image f' de la lentille L.

2. On place à présent l'objet AB à 15 cm de lentille L.

a. Déterminez, **en les justifiant**, les caractéristiques de l'image A"B" obtenue : position, nature, dimension.

b. Vérifiez ces résultats par une construction géométrique à l'échelle 1/10e.

c. On place un œil, que l'on supposera ponctuel, au foyer image F' de la lentille L. Quel est le diamètre apparent de l'image A"B" pour cet œil?

Données : $\tan 33{,}8° \approx 0{,}67$
$\tan 18{,}4° \approx 0{,}333$
$\tan 7{,}1° \approx 0{,}125$
$\tan 3{,}8° \approx 0{,}067$

CORRIGÉ

1.

a. Le grandissement est la valeur algébrique du rapport, des tailles de l'image et de l'objet.

$$\gamma = \frac{\overline{A'B'}}{\overline{AB}} < 0 \quad \text{car l'image est renversée.}$$

D'autre part, l'image étant deux fois plus grande, on peut conclure : $\gamma = -2$.

b. Schéma de principe du montage optique : (échelle non respectée).

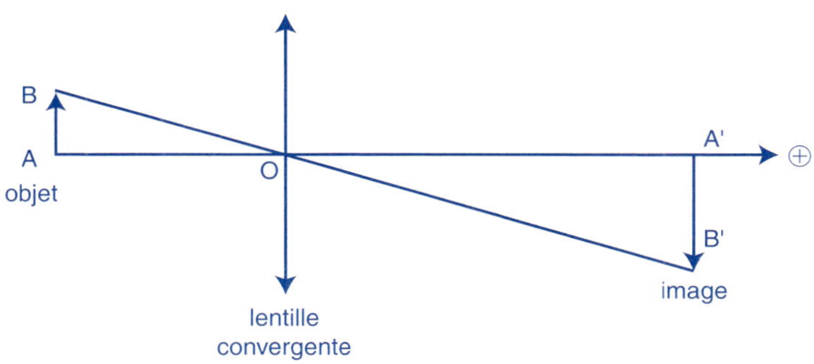

On vérifie par Thalès que $\frac{\overline{A'B'}}{\overline{AB}} = \frac{\overline{OA'}}{\overline{OA}} = \gamma$

d'où $\gamma = \frac{\overline{OA'}}{\overline{OA}} \Rightarrow \overline{OA'} = \gamma\overline{OA} = -2\overline{OA}$

Formule de conjugaison : $\frac{1}{\overline{OA'}} = \frac{1}{\overline{OA}} + \frac{1}{f'}$

d'où $\frac{1}{f'} = \frac{1}{\overline{OA'}} - \frac{1}{\overline{OA}} = \frac{\overline{OA} - \overline{OA'}}{\overline{OA} \times \overline{OA'}}$

d'où $f' = \frac{\overline{OA} \times \overline{OA'}}{\overline{OA} - \overline{OA'}}$ avec $\overline{OA'} = -2\overline{OA}$

$$f' = \frac{\overline{OA} \times (-2\overline{OA})}{\overline{OA} - (-2\overline{OA})} \text{ avec } \overline{OA} \neq 0$$

$$f' = \frac{-2\overline{OA}}{3}$$

AN : $f' = -\frac{2}{3} \times (-60)$

$$f' = 40 \text{ cm}$$

La distance focale de la lentille L est de 40 cm.

2.

a. L'objet étant placé à 15 cm du centre optique O, il est plus proche de la lentille que le foyer principal objet F (situé à 40 cm devant la lentille).
On en déduit que **l'image A''B'' obtenue est virtuelle**.
Par conséquent, l'image et l'objet sont tous deux du même côté de la lentille, dans le plan principal objet.

De ce fait $\frac{\overline{OA''}}{\overline{OA}} > 0 \Rightarrow \gamma > 0$

Comme le grandissement est positif, **l'image A''B'' est droite**.
Déterminons sa position et sa taille par les formules de conjugaison :

$$\frac{1}{\overline{OA''}} = \frac{1}{\overline{OA}} + \frac{1}{f'}$$

$\Rightarrow$ $\overline{OA''} = \frac{\overline{OA} \times f'}{\overline{OA} + f'}$

avec $\overline{OA} = -15 \text{ cm}$

$$f' = 40 \text{ cm}$$

AN : $\overline{OA''} = \frac{-15 \times 40}{-15 + 40} = \frac{-600}{25}$

ou $\overline{OA''} = -24 \text{ cm}$

l'image A"B" est placée à 24 cm devant la lentille L.

et $$\gamma = \frac{\overline{OA''}}{\overline{OA}} = \frac{-24}{-15} = \frac{8}{5} = 1,6$$

l'image est 1,6 fois plus grande que l'objet. Elle mesure donc 8 cm de haut.
Conclusion : l'image A'B" est virtuelle, droite elle est située à 24 cm devant la lentille et mesure 8 cm de haut.

b. Échelle 1/10e

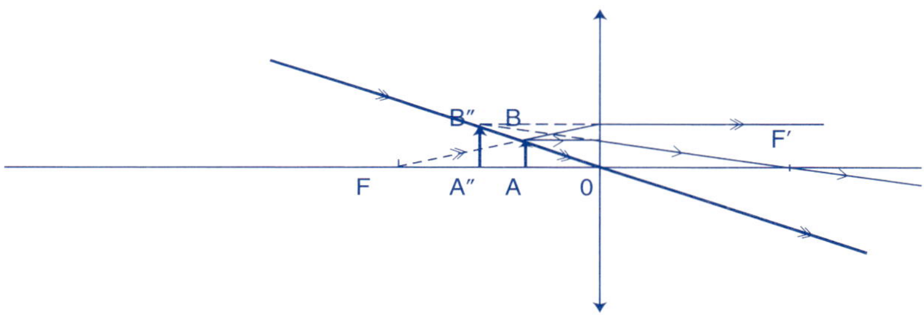

c.

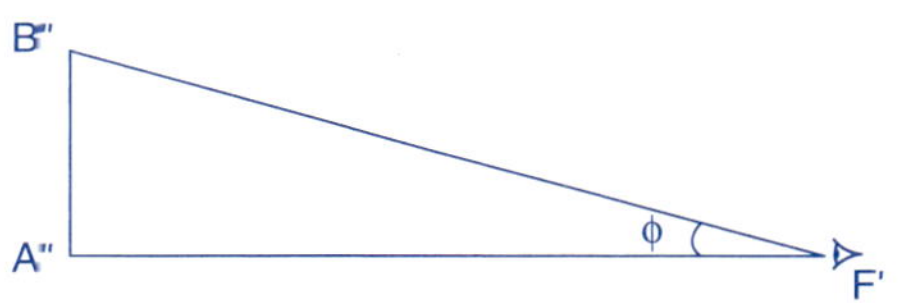

Le diamètre apparent de l'image pour l'œil placé en F' est l'angle sous lequel est vue l'image (pour l'œil en F').
Dans le triangle rectangle A"B"F'

on a $$\tan\phi = \frac{A''B''}{A''F'}$$

avec A"F' = A"0 + 0F' = 24 + 40 = 64 cm
et A"B" = 8 cm

d'où $$\tan\phi = \frac{8}{64} = \frac{1}{8} = 0,125$$

On trouve dans les données $\tan 7,1° \approx 0,125$
d'où $\phi = 7,1°$

SUJET 9 Rennes

1

À l'extrémité libre d'un ressort vertical de longueur lo, on suspend un cylindre en fer de masse m. Le ressort, de masse négligeable, s'allonge de $\Delta l = 1{,}6$ cm.

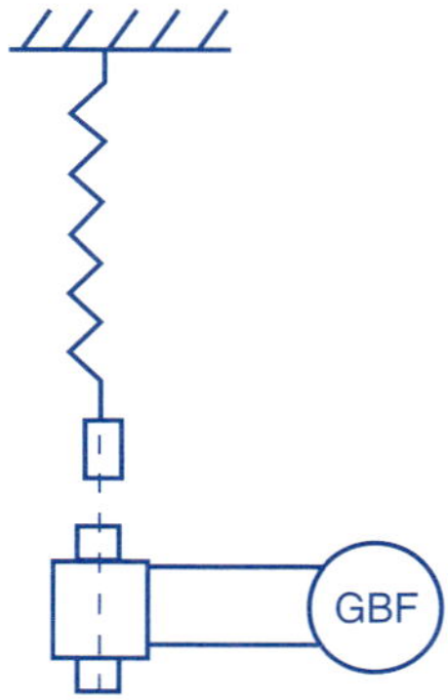

À quelques centimètres au-dessous du cylindre suspendu, on dispose un électro-aimant alimenté en courant alternatif en créneaux par un générateur GBF de très basse fréquence.

1.

a. Représenter l'évolution au cours du temps d'un courant alternatif en créneaux de fréquence $f = 10$ Hz et de valeur maximale Io.

b. Pourquoi les pôles de l'électro-aimant sont-ils alternativement nord et sud ?

2. Le cylindre de fer est aussi bien attiré par le pôle nord que par le pôle sud. Avec quelle fréquence varie la force d'attraction exercée par l'électro-aimant sur le cylindre ?

3. On propose les expressions suivantes de la période propre To de l'oscillateur élastique libre :

$$T_1 = 2\pi\sqrt{\frac{k}{m}},\ T_2 = 2\pi\sqrt{\frac{1}{mg}},\ T_3 = 2\pi\sqrt{\frac{m}{k}},\ T_4 = 2\pi\sqrt{\frac{m}{l}}$$

a. Par analyse dimensionnelle, choisir l'expression correcte de la période To.

b. Établir la relation entre To, l'allongement Δl du ressort à l'équilibre et la valeur g du champ de pesanteur. Evaluer la fréquence propre fo de cet oscillateur. Prendre $g = 10\ \text{N.kg}^{-1}$ et $\pi \approx 25/8$.

4. Quel type d'oscillations effectue l'oscillateur élastique quand l'électro-aimant est alimenté ?
L'action de l'air étant négligée, pour quelle fréquence f_1 du GBF ces oscillations prendront-elles leur plus grande amplitude ? Comment nomme-t-on ce phénomène ?

(4 POINTS)

2

Une bobine d'inductance L et de résistance r en série avec une résistance R = 20 Ω est soumise à une tension positive u en créneaux délivrée par un générateur basse fréquence.

Un oscilloscope bicourbe, réglé sur u = 0 en l'absence de tension sur les 2 voies, permet de visualiser :

- sur la voie Y_1 la tension u_1 (t) aux bornes de R ;
- sur la voie Y_2 inversée la tension u_2 (t) aux bornes de la bobine.

On relève les oscillogrammes suivants :

- base de temps : 1 ms.div^{-1} ;
- sensibilité verticale sur les 2 voies : 1 V. div^{-1}.

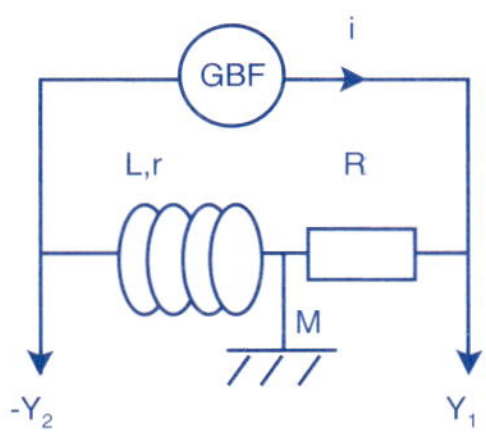

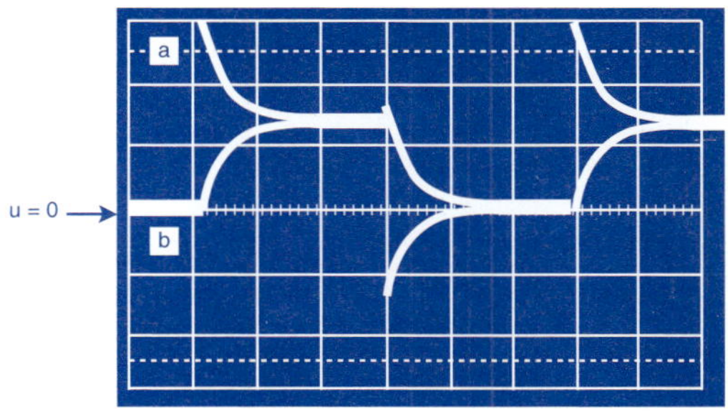

1.
a. Sur quelle voie visualise-t-on la tension informant sur l'évolution de l'intensité du courant ?
b. À quel oscillogramme a ou b correspond-elle ?

2. Établir l'expression de la tension u_2 en fonction de u_1 et des paramètres L, r et R du circuit.

3. À partir de l'oscillogramme et en justifiant le raisonnement, évaluer :

- l'intensité maximale Im du courant passant dans la bobine ;
- la période T et la valeur maximale E de la tension aux bornes du GBF ;
- la résistance r de la bobine.

(3 POINTS)

CORRIGÉ

1

1.

Figure 1

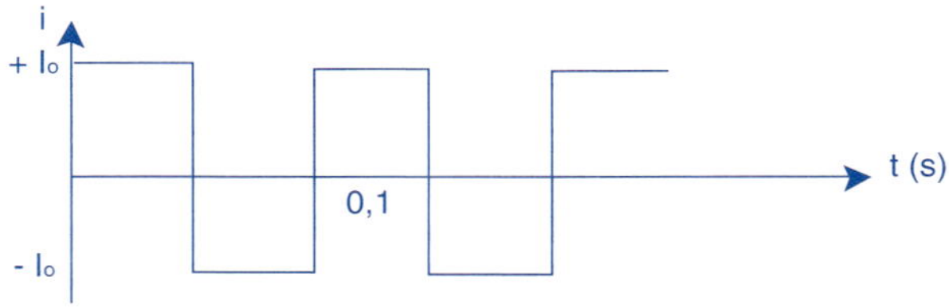

a. Un courant alternatif oscille entre une valeur positive et une valeur négative. On obtient alors la figure 1.

b. Le courant est alternativement positif et négatif, ce qui signifie qu'il change de sens. Or, dans un électroaimant le sens du courant est lié à la nature des pôles. Donc, à chaque changement de signe, les pôles s'inversent.

2. La fréquence de la force d'attraction va varier deux fois plus vite que celle du générateur puisque quelque soit le sens c'est-à-dire le signe du courant le cylindre est attiré par l'électroaimant.

3.

a. La période T_0 s'exprime en secondes, elle doit donc être homogène à un temps.

D'après le théorème du centre d'inertie : $F = m \cdot a$ donc $m = \frac{F}{a} = \frac{[N]}{[m] \cdot [s]^{-2}}$

La tension T d'un ressort est : $T = k \cdot x$ d'où $k = \frac{T}{x} = \frac{[N]}{[m]}$.

Le rapport $\frac{m}{k} = \frac{[N]}{[m] \cdot [s]^{-2}} \times \frac{[m]}{[N]}$

$$\frac{m}{k} = [s]^2.$$

On en déduit que $\sqrt{\frac{m}{k}} = [s]$.

L'expression correcte de la période T_0 est donc $T_3 = 2\pi\sqrt{\frac{m}{k}}$. (1)

b. À l'équilibre, le principe d'inertie s'écrit : $\vec{P} + \vec{T} = \vec{0}$.

En projection sur l'axe oz, on obtient :

$$-P + T = 0$$

$$P = T$$

$$mg = k\Delta l$$

$$\frac{m}{k} = \frac{\Delta l}{g}$$

d'où

$$\sqrt{\frac{m}{k}} = \sqrt{\frac{\Delta l}{g}}$$

La relation (1) s'écrit donc $T_0 = T_3 = 2\pi\sqrt{\frac{\Delta l}{g}}$

La fréquence et la période sont reliées par :

$$f_0 = \frac{1}{T_0}$$

soit

$$f_0 = \frac{1}{2\pi}\sqrt{\frac{g}{l}}$$

$$f_0 = \frac{1}{2} \times \frac{8}{25} \times \sqrt{\frac{10}{1,6 \cdot 10^{-2}}}$$

$$f_0 = \frac{4}{25} \times \sqrt{\frac{10}{16 \cdot 10^{-3}}}$$

$$f_0 = \frac{4}{25} \times \sqrt{\frac{10^4}{16}}$$

$$f_0 = \frac{4}{25} \times \frac{10^2}{4}$$

$$f_0 = 4\text{Hz}.$$

4. L'oscillateur effectue des oscillations forcées.
Les oscillations prendront leur plus grande amplitude lorsque la fréquence de la force d'attraction f' sera égale à la fréquence propre f_0 de l'oscillateur non amorti soit $f' = f_0$.
Or d'après la question 2), $f' = 2\,f_1$, on en déduit donc que :

$$f_0 = 2\ f_1$$

$$f_1 = \frac{f_0}{2}$$

$f_1 = 2$ Hz.

Ce phénomène s'appelle la résonance.

2

1.

a. L'évolution de l'intensité du courant est donnée par la tension aux bornes du conducteur ohmique car elle suit la loi d'Ohm U = R.i.
D'après le schéma, la tension aux bornes de la résistance R se lit sur la voie Y_1.

b. Le générateur basse fréquence délivre une tension périodique qui est soit positive soit nulle. Lorsque la tension délivrée est non nulle, il y a établissement de courant. La bobine va s'opposer à l'établissement de courant en créant une *f.e.*m. d'auto-induction.
Donc au départ, l'intensité du courant est nulle dans le circuit donc la tension aux bornes du conducteur ohmique est nulle. Puis l'intensité du courant augmente jusqu'à atteindre sa valeur maximale i_0, alors la tension aux bornes du conducteur ohmique sera également maximale. Ceci correspond donc à l'oscillogramme b.
Remarque : lors de la rupture de courant on observera le phénomène inverse c'est-à-dire que la tension aux bornes du conducteur ohmique sera dans un premier temps maximale puis elle s'annulera.

2. La tension aux bornes du conducteur ohmique s'écrit : $U_1 = R.i$ (1)

La tension aux bornes de la bobine s'écrit : $U_2 = L\left(\frac{di}{dt}\right) + r \cdot i$ (2)

D'après la relation (1) : $i = \frac{U_1}{R}$ et donc $\frac{di}{dt} = \frac{1}{R} \times \frac{dU_1}{dt}$

En remplaçant dans la relation (2) on obtient :

$$U_2 = \frac{L}{R} \times \frac{dU_1}{dt} + \frac{r \cdot U_1}{R}$$

3. L'intensité maximale Im : quand le courant est établi dans le circuit, la *f.e.*m. d'auto-induction de la bobine est nulle et la tension aux bornes du conducteur ohmique est maximale et est égale à $U_1 = R.Im$.
D'après le graphe $U_1 = 1{,}4$ V, donc :

$$Im = \frac{U_1}{R} = \frac{1,4}{20}$$

Im = 0,07 A.
La période T correspond à un cycle établissement de courant / rupture de courant. Ce cycle correspond à 6 divisions sur le graphe soit :

$$T = 6 \times 1,10^{-3}$$

$$T = 6,10^{-3} s = 6 ms.$$

La valeur maximale de la tension aux bornes du générateur : dans le circuit on peut écrire la relation suivante :

$$U_G = U_1 + U_2$$

soit $U_G = 2{,}9$ V.
La valeur de la résistance r de la bobine : en régime permanent $\frac{di}{dt} = 0$, la relation (2) devient donc $U_2 = r.Im$.
D'après la courbe $U_2 = 1{,}5$ V et Im = 0,07 A,

$$r = \frac{U_2}{Im} = \frac{1,5}{0,07}$$

$$r = 21,4\Omega.$$

PARTIE 4

L'épreuve de tests psychotechniques

L'épreuve de tests psychotechniques est obligatoire au concours d'entrée en école d'ergothérapeutes (mais facultative pour celui de psychomotriciens, voire même de moins en moins proposée) et représente un tiers de la note globale au concours. Il est donc important de s'y préparer avec sérieux et méthode.
Ces tests visent à mesurer la créativité, l'attention, la logique, le sens pratique, la mémoire ou l'aptitude verbale du candidat, autant de qualités essentielles dans l'exercice de la profession d'ergothérapeute.
Les tests sont différents d'une école à l'autre et changent chaque année. Les annales n'étant pas disponibles (sauf Créteil qui consent à montrer quelques-uns des exercices proposés), les exemples présentés ci-après sont destinés à offrir au candidat une idée du type d'épreuves auxquels il doit s'attendre. Construits à partir des témoignages précis d'élèves qui se sont présentés au concours, ils offrent un reflet assez fidèle de la réalité des tests qui y sont proposés.

Tests de raisonnement logique

1 Suites logiques

Il s'agit à chaque fois de trouver l'élément manquant qui complète logiquement la suite.

1.

a. ↑ ↓ ↔ ↓ ↑ ↔ ?

b. ↓ ↓ ↔ ↑ ↑ → ↑ ← ↓ → ?

c. ↑ ↓ ↑ ↔ ↑ ↑ ↑ ↔ ↓ ↑ ↓ ↔ ?

d. ↑ ↑ ↓ ↔ ↓ ↓ ↓ ↔ ↓ ↑ ↑ ↔ ↑ ↓ ↑ ↔ ↑ ↑ ↓ ↔ ?

e. ↓ ↑ ↑ ↔ ↑ ↓ ↓ → ↑ ↓ ↔ ↓ ↑ → ↓ ↔ ?

2.

a. 1 - 2 - 4 - 7 - 11 - ?

b. 2 - 4 - 8 - 10 - 20 - 22 - ?

c. 1 - 3 - 2 - 5 - 4 - 8 - 7 - ?

d. 3 - 6 - 9 - 18 - 21 - 42 - ?

e. 2 - 3 - 6 - 8 - 24 - 27 - ?

3.

A

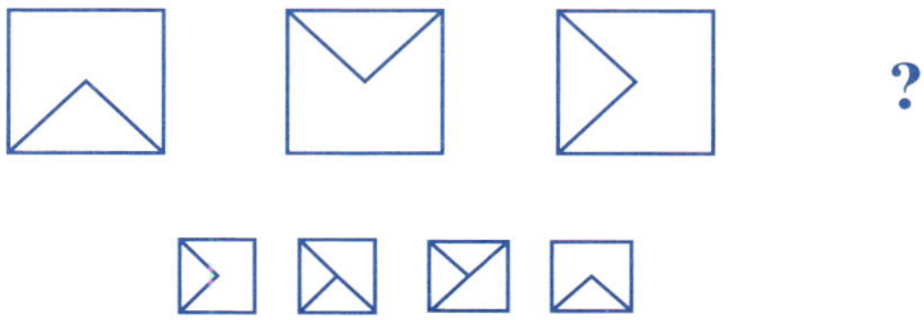

1 2 3 4

B

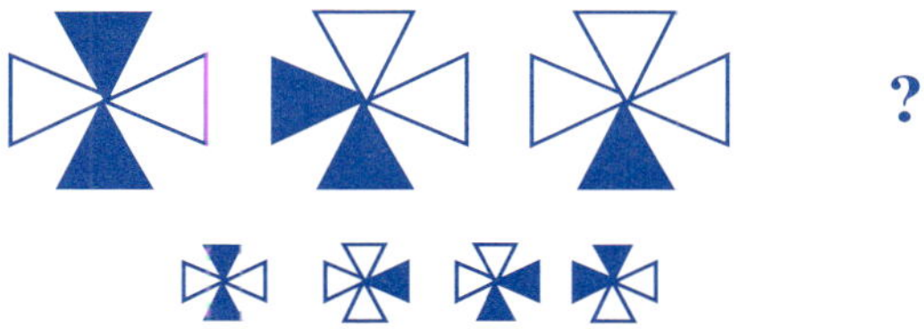

1 2 3 4

C

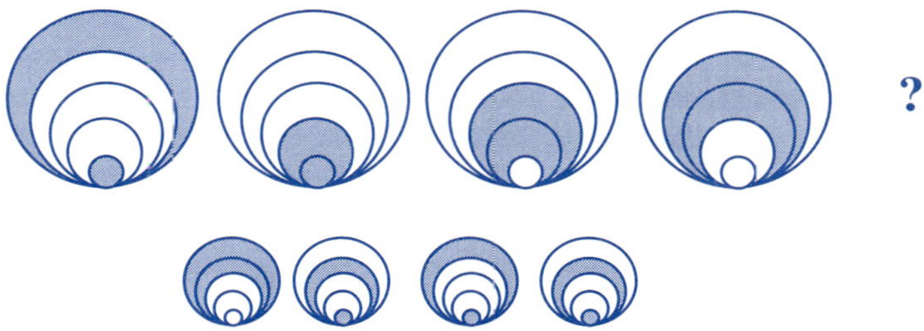

1 2 3 4

2 Équations et combinaisons

1. À partir des données fournies, retrouvez la valeur numérique de chacune des trois figures suivantes.

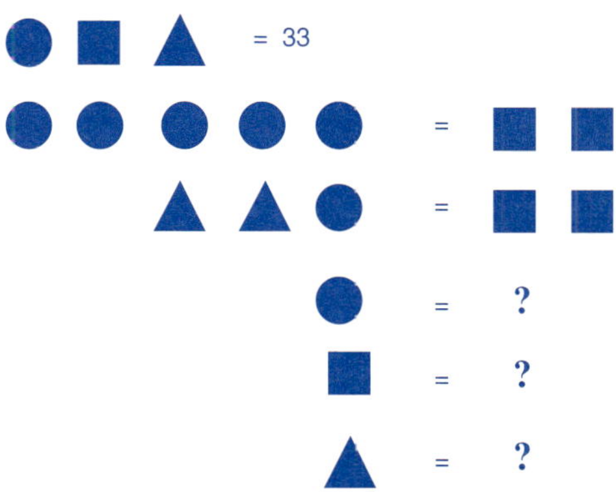

2. Vous devez aligner les 10 lettres contenues dans les 5 séries suivantes en respectant les 6 consignes fournies. Attention les deux lettres contenues dans chaque série restent accolées mais ne sont pas nécessairement données dans le bon ordre (AB ou BA).

Série 1 : A B
Série 2 : C D
Série 3 : E F
Série 4 : G H
Série 5 : I J

1. Trois lettres sont placées entre le A et le H

2. La série 2 se trouve après la série 3 et à côté de la série 1

3. Le F ne suit pas le E mais se trouve avant le G

4. La série 4 se trouve avant la série 1 et après la série 5

5. Le D est à côté du B et suit le C

6. La série 3 est après la série 5 et le J n'est pas à côté du F

3 Énigmes logico-mathématiques

1. Une bûche pèse 2 kg + 1/2 bûche. Combien pèse une bûche ?

2. Titou mange 1 gâteau en 1 heure. Son copain Pierre mange le même gâteau en 1 heure 30 et sa sœur Pauline en 2 heures.
Combien de temps leur faudra-t-il pour manger le gâteau à eux 3 ?

3. Bernard dit « l'oncle de Jeanne est le frère du mari de la fille de la sœur de mon grand-oncle ».
Quel est le lien de parenté entre Bernard et Jeanne ?

4. Jean n'est pas le plus vieux puisqu'il est plus jeune que Bernard, mais il est plus vieux que René. René est plus jeune que Maxime qui est plus vieux que Bernard. Paul est plus âgé que Maxime.
Qui est le plus jeune ?

CORRIGÉ

1 SUITES LOGIQUES

1. a. ↑ ↓ ; b. ↓ ; c. ↓ ↓ ↓ ; d. ↓ ↓ ↓ ; e. ↑

2. a. 16 ; b. 44 ; c. 12 ; d. 45 ; e. 108.

3. A. 4 ; B. 3 ; C. 1

2 ÉQUATIONS ET COMBINAISONS

1. rond = 6, carré = 15, triangle = 12

2. J – I – F – E – G – H – C – D – B – A.

3 ÉNIGMES LOGICO-MATHÉMATIQUES

1. Soit x le poids d'une bûche. On pose x = 2 + 1/2 x, et donc x = 4 kg

2. Calculons la moyenne : 1+ 1,5 + 2 = 4,5/3 = 1,5. Il leur faut à eux trois 1 heure 30 pour manger le gâteau.

3. Ils sont frère et sœur.

4. Tracez un axe représentant les âges croissants, puis placez-y les noms en fonction des indices. Vous trouverez l'ordre suivant (du plus jeune au plus vieux) : René, Jean, Bernard, Maxime et Paul.

Tests de créativité et d'imagination

Ces tests, très fréquemment utilisés dans les concours d'entrée en écoles d'ergothérapie, visent à mesurer l'originalité et la sensibilité du candidat, sa capacité à analyser, abstraire et relier des éléments d'apparence dissemblables en évitant les lieux communs. Toutes les facultés créatrices concourent à constituer la personnalité.

On peut ainsi vous demander, à partir de l'image d'un fauteuil roulant, de donner 20 idées pour en améliorer le confort, l'utilité et l'esthétique. D'autres tests se présentent sous la forme d'un nombre donné de figures vides à l'intérieur desquelles vous devez dessiner pour raconter une histoire, ou de phrases à compléter au gré de votre inspiration...

On vous propose des figures géométriques (carré, triangle, trapèze, rond...).

Vous devez inclure chaque figure dans un dessin et lui donner un titre.
Il n'existe pas de corrigé type pour ces tests : vous devez faire preuve d'originalité dans les idées et d'habileté dans le graphisme.

Tests d'aptitudes verbales

Ces tests sont élaborés dans le but de mesurer la connaissance de la langue (vocabulaire, orthographe, proverbes, expression...), mais aussi la capacité à raisonner autour d'exercices formulés en termes alphabétiques et non plus numériques.

1 Vocabulaire

Trouvez la définition la mieux appropriée au mot proposé.

1. Capitation
❑ **a.** escroquerie
❑ **b.** omission
❑ **c.** élagage
❑ **d.** censure

2. Gabegie
❑ **a.** escroquerie
❑ **b.** omission
❑ **c.** outrage (à magistrat)
❑ **d.** gaspillage

3. Collusion
❑ **a.** inanition
❑ **b.** carambolage
❑ **c.** entente secrète
❑ **d.** lavement

4. Obvier
❑ **a.** prévenir
❑ **b.** dérouter
❑ **c.** obliger
❑ **d.** diligenter

5. Drastique
❑ **a.** contraignant
❑ **b.** énergique
❑ **c.** relatif au drainage
❑ **d.** très ambitieux

6. Sardonique
❑ **a.** pittoresque
❑ **b.** satanique
❑ **c.** railleur
❑ **d.** éclectique

7. Séculier
❑ **a.** qui existe depuis un siècle
❑ **b.** antédiluvien
❑ **c.** clergé laïc
❑ **d.** herculéen

8. Rhombe
❑ **a.** racine
❑ **b.** tumeur
❑ **c.** losange
❑ **d.** pelle triangulaire

9. Étique
❑ **a.** immoral
❑ **b.** très moral
❑ **c.** très maigre
❑ **d.** peu scrupuleux

10. Guelte
❑ **a.** commission
❑ **b.** chausse
❑ **c.** pantoufle
❑ **d.** policier en civil

11. Butor
❑ **a.** outil de forgeron
❑ **b.** rustre
❑ **c.** carnage
❑ **d.** combat de poulets (Antilles)

12. Munificence
❑ **a.** dénuement
❑ **b.** générosité
❑ **c.** faste
❑ **d.** gloire

13. Contrition
❑ **a.** épouvante
❑ **b.** émoi
❑ **c.** grivèlerie
❑ **d.** repentir

14. Componction
❑ **a.** contrition
❑ **b.** commisération
❑ **c.** gravité affectée
❑ **d.** égoïsme

15. Syncrétisme
❑ **a.** schisme
❑ **b.** fusion
❑ **c.** oblation
❑ **d.** abrutissement

16. Déhiscent
❑ **a.** qui s'étiole
❑ **b.** qui s'ouvre de lui-même
❑ **c.** qui se transmet
❑ **d.** purulent

17. Chtonien
❑ **a.** gigantesque
❑ **b.** tellurique
❑ **c.** décoratif
❑ **d.** relatif aux lutins (gnomes)

18. Gracile
❑ **a.** étourdi
❑ **b.** obèse
❑ **c.** svelte
❑ **d.** ombrageux

►

Suite ▶

19. Tocade ❑ **a.** coup meurtrier ❑ **b.** lubie ❑ **c.** peur ❑ **d.** gifle	**20.** Dolent ❑ **a.** plaintif ❑ **b.** énergique ❑ **c.** fat ❑ **d.** mignon

2 Orthographe

Indiquez si la phrase est correctement (C) ou incorrectement (I) orthographiée. (20 pts)

1. Ils leurs ont donné leurs chaussures :
❑ C ❑ I

2. Ils se sont écrits puis se sont oubliés :
❑ C ❑ I

3. Elles se sont succédé à ce poste :
❑ C ❑ I

4. Elle est toute émue :
❑ C ❑ I

5. Elles sont toutes émues :
❑ C ❑ I

6. Il est à demi-réveillé :
❑ C ❑ I

7. Quelque fous qu'ils soient, et quelles que soient leurs raisons, ils partiront pour ce périple :
❑ C ❑ I

8. Quoiqu'il revienne bientôt, commençons à dîner :
❑ C ❑ I

9. Ils seront trois, voir quatre, à prétendre à ce poste :
❑ C ❑ I

10. Les portes-plumes s'étalaient en vrac sur le pupitre :
❑ C ❑ I

11. Il faut que je vous vois demain :
❑ C ❑ I

12. Ils étaient tantôt assis, tantôt debouts, tantôt accroupis :
❑ C ❑ I

13. Ces travaux sont fatigants :
❑ C ❑ I

14. Il faut faire le moins de fautes possibles :
❑ C ❑ I

15. Il fallait exécuter cette tache sans tarder :
❑ C ❑ I

16. L'orchestre regroupait vingt-et-un violons :
❑ C ❑ I

17. Il fallait bien qu'il partit tôt :
❑ C ❑ I

18. La pieuvre répand son noir d'ancre dans une mer bleu clair :
❑ C ❑ I

19. La plaidoierie de l'avocat fut superbe :
❑ C ❑ I

20. Il faut savoir raison garder :
❑ C ❑ I

3 Anagrammes

Replacez les lettres du mot proposé dans un ordre différent pour former un autre substantif (nom commun singulier ou pluriel) de la langue française à partir de la première lettre donnée.

Exemple : CHIEN : N - - - - (NICHE)

1. SATIN : S - - - -	**6.** CRASSE : R - - - - -
2. SAUCE : S - - - -	**7.** CASIER : C - - - - -
3. ORTIES : S - - - - -	**8.** CLAPET : P - - - - -
4. TIARES : S - - - - -	**9.** GONADES : S - - - - - -
5. SAGINE : G - - - - -	**10.** GOULEES : L - - - - - -

4 Expressions et proverbes

Complétez l'expression par la suite qui convient.

Exemple : Être sourd comme ... (un pot)

1. Être dur comme ...	**11.** Être doux comme ...
2. Courir comme ...	**12.** Être fier comme ...
3. Être clair comme ...	**13.** Être beau comme ...
4. Briller comme ...	**14.** Se réduire comme ...
5. Être riche comme ...	**15.** Être maigre comme ...
6. Se porter comme ...	**16.** Être méchant comme ...
7. Être vieux comme ...	**17.** Dévorer comme ...
8. Être bavard comme ...	**18.** Être fort comme ...
9. S'y prendre comme ...	**19.** Être gai comme ...
10. Être mou comme ...	**20.** Être bête comme ...

CORRIGÉ

1 VOCABULAIRE

1. a ; **2.** d ; **3.** c ; **4.** a ; **5.** b ; **6.** c ; **7.** c ; **8.** c ; **9.** c ; **10.** b ; **11.** b ; **12.** b ; **13.** d ; **14.** a ; **15.** b ; **16.** b ; **17.** b ; **18.** c ; **19.** b ; **20.** a.

2 ORTHOGRAPHE

1. I ; **2.** I ; **3.** C ; **4.** I ; **5.** C ; **6.** I ; **7.** C ; **8.** C ; **9.** I ; **10.** I ; **11.** I ; **12.** I ; **13.** C ; **14.** I ; **15.** I ; **16.** I ; **17.** I ; **18.** I ; **19.** I ; **20.** C.

3 ANAGRAMMES

1. SAINT ; **2.** SCEAU ; **3.** SORTIE ; **4.** SATIRE ; **5.** GAINES ; **6.** RESSAC ; **7.** CRAIES ; **8.** PLACET ; **9.** SONDAGE ; **10.** LOGEUSE

4 PROVERBES

1. un roc ; **2.** un lapin ; **3.** de l'eau de roche ; **4.** un sou neuf ; **5.** Crésus ; **6.** un charme ; **7.** Mathusalem ; **8.** une pie ; **9.** un pied ; **10.** une chiffe ; **11.** un agneau ; **12.** Artaban (ou un pape) ; **13.** un dieu ; **14.** peau de chagrin ; **15.** un clou ; **16.** une teigne ; **17.** un ogre (ou un lion) ; **18.** un bœuf (ou Hercule ; ou un Turc) ; **19.** un pinson ; **20.** chou (ou un âne).

Tests mécaniques

Ces tests font appel au sens pratique du candidat, autant qu'à sa logique. Ils requièrent de bonnes aptitudes technologiques, quelques notions de physique de base (mécanique, cinétique...) et la capacité à dynamiser un schéma statique.

1. Quelle roue fera le plus de tours en 1 minute ?

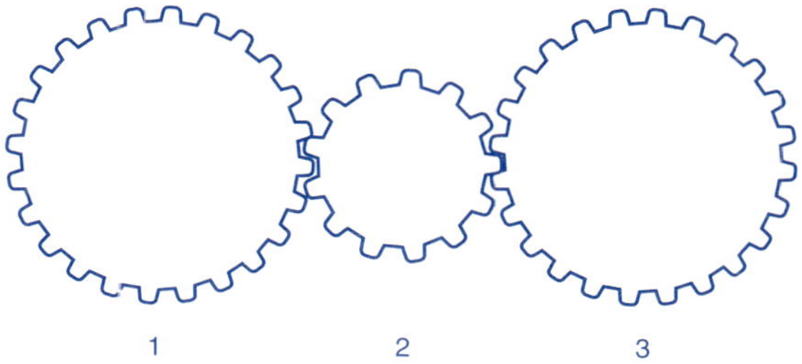

2. En appuyant à l'endroit indiqué par la flèche, où cette pièce de verre fixée au mur a-t-elle le plus de risque de casser ?

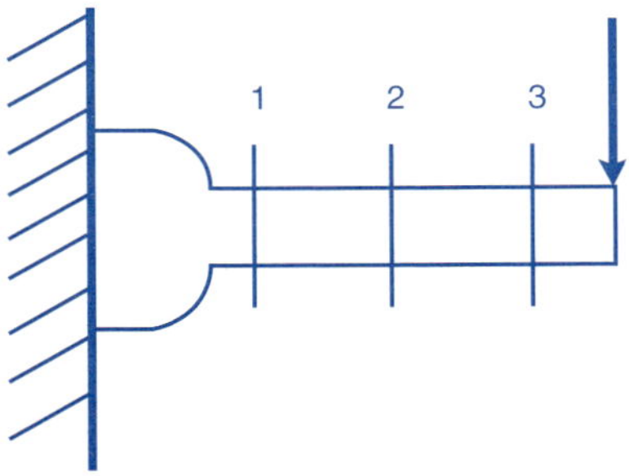

3. Le poids P se déplacera-t-il :

❑ **a.** vers le haut

❑ **b.** vers le bas

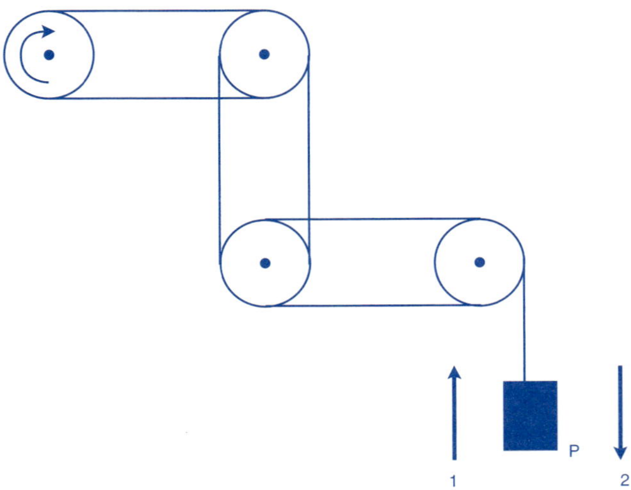

4. Quelle est la meilleure manière de tirer le poids à l'aide d'une corde sur un plan incliné ?

1 2 3

5. Quel est le bac qui se remplira le plus vite ?

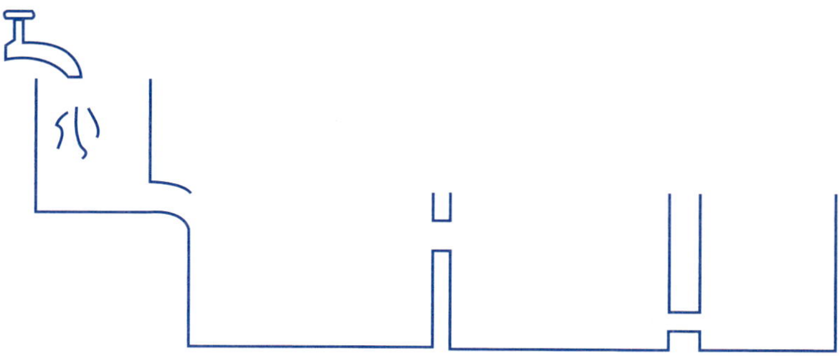

1 2 3 4

CORRIGÉS

1. 2, car c'est celle qui a le moins de dents ; **2.** 1, car c'est à cet endroit que le bras de levier est le plus fort ; **3.** 2 ; **4.** 2 ; **5.** 2.

Tests de logique et d'attention

Un seul exercice peut également vous être proposé. Celui qui suit est long et fait appel à des qualités d'attention et de logique. Il s'agit d'être concentré et rigoureux pour suivre les indications proposées.

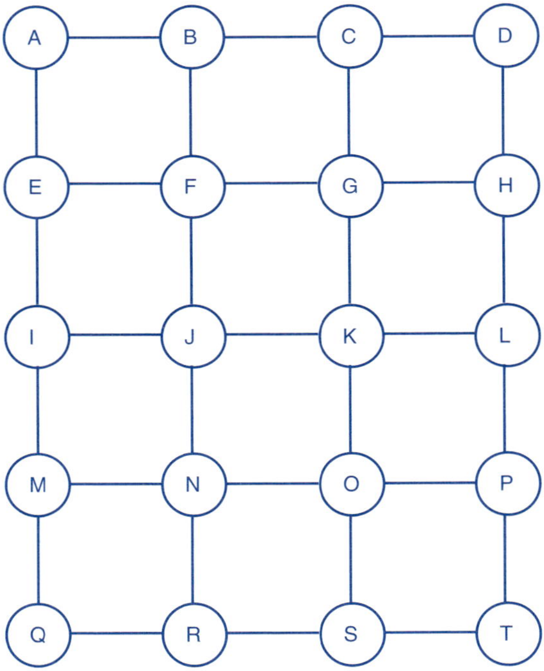

N'oubliez pas que vous n'avez qu'une heure pour le réaliser...

Le schéma symbolise un parcours maritime. On se déplace en voilier et les lettres sont des points de repère pour se diriger. La distance entre deux ronds est de deux kilomètres. À chaque fois, il vous sera demandé la distance que doit parcourir le bateau pour aller d'un point à un autre.

Exemple : de A à C = 4 km

Remarque : on prendra toujours le chemin le plus court.

1

Dans la première partie de l'exercice, on tient compte du vent. Il est symbolisé par des flèches.
Si la flèche est dans le sens du déplacement, on enlève 1 km.
Si la flèche est dans le sens contraire au déplacement, on ajoute 1 km.
Si la flèche est perpendiculaire au déplacement, elle n'influence pas la distance parcourue.

Exemple : de A à H → 5 km

Raisonnement :
AB 2 km - 1 km (la flèche est dans le sens du déplacement, on enlève donc 1 km)
= 1 km + BC 2 km - 1 km (idem)
= 1 km + CD 2 km - 1km (idem)
= 1 km + DH 2 km (la flèche est perpendiculaire au déplacement, elle n'influence pas la distance parcourue)
= 2 km
Total : 1 + 1 + 1 + 2 = 5 km

Cochez la bonne distance.

1. de A à G → ❑ 1 km ❑ 2 km ❑ 3 km ❑ 4 km ❑ 5 km	**5.** de K à S ↓ ❑ 1 km ❑ 2 km ❑ 3 km ❑ 4 km ❑ 5 km
2. de C à H → ❑ 1 km ❑ 2 km ❑ 3 km ❑ 4 km ❑ 5 km	**6.** de N à P ↓ ❑ 1 km ❑ 2 km ❑ 3 km ❑ 4 km ❑ 5 km
3. de N à S ↑ ❑ 1 km ❑ 2 km ❑ 3 km ❑ 4 km ❑ 5 km	**7.** de I à R ↓ ❑ 1 km ❑ 2 km ❑ 3 km ❑ 4 km ❑ 5 km
4. de E à J ← ❑ 1 km ❑ 2 km ❑ 3 km ❑ 4 km ❑ 5 km	**8.** de N à L ↑ ❑ 1 km ❑ 2 km ❑ 3 km ❑ 4 km ❑ 5 km

Suite ▼

9. de G à P →
- ❑ 1 km
- ❑ 2 km
- ❑ 3 km
- ❑ 4 km
- ❑ 5 km

10. de J à O ←
- ❑ 1 km
- ❑ 2 km
- ❑ 3 km
- ❑ 4 km
- ❑ 5 km

11. de F à K →
- ❑ 1 km
- ❑ 2 km
- ❑ 3 km
- ❑ 4 km
- ❑ 5 km

12. de M à S →
- ❑ 1 km
- ❑ 2 km
- ❑ 3 km
- ❑ 4 km
- ❑ 5 km

13. de G à N ↓
- ❑ 1 km
- ❑ 2 km
- ❑ 3 km
- ❑ 4 km
- ❑ 5 km

14. de I à L →
- ❑ 1 km
- ❑ 2 km
- ❑ 3 km
- ❑ 4 km
- ❑ 5 km

15. de D à T ↓
- ❑ 1 km
- ❑ 2 km
- ❑ 3 km
- ❑ 4 km
- ❑ 5 km

16. de D à O ↓
- ❑ 1 km
- ❑ 2 km
- ❑ 3 km
- ❑ 4 km
- ❑ 5 km

17. de A à Q ↓
- ❑ 1 km
- ❑ 2 km
- ❑ 3 km
- ❑ 4 km
- ❑ 5 km

18. de A à J ↓
- ❑ 1 km
- ❑ 2 km
- ❑ 3 km
- ❑ 4 km
- ❑ 5 km

19. de B à N ↓
- ❑ 1 km
- ❑ 2 km
- ❑ 3 km
- ❑ 4 km
- ❑ 5 km

20. de R à P →
- ❑ 1 km
- ❑ 2 km
- ❑ 3 km
- ❑ 4 km
- ❑ 5 km

21. de T à O ↓
- ❑ 1 km
- ❑ 2 km
- ❑ 3 km
- ❑ 4 km
- ❑ 5 km

22. de J à S →
- ❑ 1 km
- ❑ 2 km
- ❑ 3 km
- ❑ 4 km
- ❑ 5 km

▶

suite ▶

23. de P à M ← ❑ 1 km ❑ 2 km ❑ 3 km ❑ 4 km ❑ 5 km	**27.** de O à L ↑ ❑ 1 km ❑ 2 km ❑ 3 km ❑ 4 km ❑ 5 km
24. de T à N ← ❑ 1 km ❑ 2 km ❑ 3 km ❑ 4 km ❑ 5 km	**28.** de Q à O → ❑ 1 km ❑ 2 km ❑ 3 km ❑ 4 km ❑ 5 km
25. de D à F ↓ ❑ 1 km ❑ 2 km ❑ 3 km ❑ 4 km ❑ 5 km	**29.** de I à P → ❑ 1 km ❑ 2 km ❑ 3 km ❑ 4 km ❑ 5 km
26. de L à G ↑ ❑ 1 km ❑ 2 km ❑ 3 km ❑ 4 km ❑ 5 km	**30.** de K à I ← ❑ 1 km ❑ 2 km ❑ 3 km ❑ 4 km ❑ 5 km

2

Dans la seconde partie de l'exercice, on prend en compte non seulement la force du vent, mais aussi celle du courant. Il est également symbolisé par des flèches.

Si la flèche est dans le sens du déplacement, on enlève 1 km.
Si la flèche est dans le sens contraire au déplacement, on ajoute 1 km.
Si la flèche est perpendiculaire au déplacement, elle n'influence pas la distance parcourue.

Vent courant

Exemple : de A à J → → = 4 km

Raisonnement : AE = 2 km (les deux flèches sont perpendiculaires au déplacement, elles n'influencent pas la distance parcourue) + EI = 2 km (idem) + IJ = 2 km - 1km (sens du déplacement du vent) - 1km (sens du déplacement du courant) = 0 km

Total 2 + 2 + 0 = 4 km

	Vent	Courant
1. de B à G	→	↓
❑ 1 km ❑ 2 km ❑ 3 km ❑ 4 km ❑ 5 km		
2. de N à P	↑	→
❑ 1 km ❑ 2 km ❑ 3 km ❑ 4 km ❑ 5 km		
3. de N à L	↑	→
❑ 1 km ❑ 2 km ❑ 3 km ❑ 4 km ❑ 5 km		
4. de I à R	←	↓
❑ 1 km ❑ 2 km ❑ 3 km ❑ 4 km ❑ 5 km		
5. de R à T	↓	→
❑ 1 km ❑ 2 km ❑ 3 km ❑ 4 km ❑ 5 km		
6. de F à O	↓	→
❑ 1 km ❑ 2 km ❑ 3 km ❑ 4 km ❑ 5 km		
7. de H à P	↑	↓
❑ 1 km ❑ 2 km ❑ 3 km ❑ 4 km ❑ 5 km		
8. de D à K	→	↓
❑ 1 km ❑ 2 km ❑ 3 km ❑ 4 km ❑ 5 km		

	Vent	Courant
9. de M à T	↓	→
❑ 1 km ❑ 2 km ❑ 3 km ❑ 4 km ❑ 5 km		
10. de J à R	↓	←
❑ 1 km ❑ 2 km ❑ 3 km ❑ 4 km ❑ 5 km		
11. de K à L	→	↑
❑ 1 km ❑ 2 km ❑ 3 km ❑ 4 km ❑ 5 km		
12. de M à O	←	→
❑ 1 km ❑ 2 km ❑ 3 km ❑ 4 km ❑ 5 km		
13. de R à J	↑	←
❑ 1 km ❑ 2 km ❑ 3 km ❑ 4 km ❑ 5 km		
14. de I à O	→	↓
❑ 1 km ❑ 2 km ❑ 3 km ❑ 4 km ❑ 5 km		
15. de H à J	↑	←
❑ 1 km ❑ 2 km ❑ 3 km ❑ 4 km ❑ 5 km		

Le vent, comme le courant, peut avoir une force plus importante. Dans ce cas, il est symbolisé par deux flèches côte à côte. On enlève ou on ajoute alors deux kilomètres au lieu de 1 kilomètre.

	Vent	Courant		Vent	Courant
16. de J à O ❑ 1 km ❑ 2 km ❑ 3 km ❑ 4 km ❑ 5 km	→→	↑	**21**. de D à J ❑ 1 km ❑ 2 km ❑ 3 km ❑ 4 km ❑ 5 km	↓↓	←
17. de R à M ❑ 1 km ❑ 2 km ❑ 3 km ❑ 4 km ❑ 5 km	←	↓↓	**22**. de E à L ❑ 1 km ❑ 2 km ❑ 3 km ❑ 4 km ❑ 5 km	→	↓↓
18. de G à P ❑ 1 km ❑ 2 km ❑ 3 km ❑ 4 km ❑ 5 km	↓↓	→	**23**. de M à P ❑ 1 km ❑ 2 km ❑ 3 km ❑ 4 km ❑ 5 km	↑↑	→
19. de M à T ❑ 1 km ❑ 2 km ❑ 3 km ❑ 4 km ❑ 5 km	→→	↓	**24**. de B à R ❑ 1 km ❑ 2 km ❑ 3 km ❑ 4 km ❑ 5 km	↑	↓↓
20. de B à L ❑ 1 km ❑ 2 km ❑ 3 km ❑ 4 km ❑ 5 km	↓	→→			

Suite ▼

	Vent	Courant		Vent	Courant
25. de C à M ❑ 1 km ❑ 2 km ❑ 3 km ❑ 4 km ❑ 5 km	←←	↓	**28.** de O à Q ❑ 1 km ❑ 2 km ❑ 3 km ❑ 4 km ❑ 5 km	↓↓	←
26. de D à S ❑ 1 km ❑ 2 km ❑ 3 km ❑ 4 km ❑ 5 km	↓	←←	**29.** de A à N ❑ 1 km ❑ 2 km ❑ 3 km ❑ 4 km ❑ 5 km	↓	→→
27. de F à T ❑ 1 km ❑ 2 km ❑ 3 km ❑ 4 km ❑ 5 km	→→	↓	**30.** de K à P ❑ 1 km ❑ 2 km ❑ 3 km ❑ 4 km ❑ 5 km	←←	↓↓

3

Dans la troisième partie de l'exercice, on ajoute un nouveau paramètre : la direction de la proue.
Si on tourne à 90°, on ajoute 1 km.
Si on tourne à 180°, on ajoute 2 km.

Vent courant
Exemple : de A à F →→ ←← = 5 km

Raisonnement : AE = 2 km (les flèches sont perpendiculaires au déplacement, elles n'influencent pas la distance parcourue) + EF = 2 km (-2 pour le vent, +2 pour le courant) + une rotation à 90° = 1 km
Total 2 + 2 + 1 = 5 km

	Vent	Courant
1. de B à G	→→	↑↑

- ❑ 1 km
- ❑ 2 km
- ❑ 3 km
- ❑ 4 km
- ❑ 5 km

	Vent	Courant
2. de E à L via G	↓⌄	→→

- ❑ 1 km
- ❑ 2 km
- ❑ 3 km
- ❑ 4 km
- ❑ 5 km

	Vent	Courant
3. de R à K	←	↑↑

- ❑ 1 km
- ❑ 2 km
- ❑ 3 km
- ❑ 4 km
- ❑ 5 km

	Vent	Courant
4. de M à P	→→	←

- ❑ 1 km
- ❑ 2 km
- ❑ 3 km
- ❑ 4 km
- ❑ 5 km

	Vent	Courant
5. de I à O	→→	↓↓

- ❑ 1 km
- ❑ 2 km
- ❑ 3 km
- ❑ 4 km
- ❑ 5 km

	Vent	Courant
6. de G à J via E	⌄↓	←←

- ❑ 1 km
- ❑ 2 km
- ❑ 3 km
- ❑ 4 km
- ❑ 5 km

	Vent	Courant
7. de F à P	→→	↓

- ❑ 1 km
- ❑ 2 km
- ❑ 3 km
- ❑ 4 km
- ❑ 5 km

	Vent	Courant
8. de J à P via K	↓↓	→→

- ❑ 1 km
- ❑ 2 km
- ❑ 3 km
- ❑ 4 km
- ❑ 5 km

	Vent	Courant
9. de C à O	←←	↓

- ❑ 1 km
- ❑ 2 km
- ❑ 3 km
- ❑ 4 km
- ❑ 5 km

	Vent	Courant
10. de N à L	→→	↓

- ❑ 1 km
- ❑ 2 km
- ❑ 3 km
- ❑ 4 km
- ❑ 5 km

	Vent	Courant
11. ce M à G via L	↑↑	→

- ❑ 1 km
- ❑ 2 km
- ❑ 3 km
- ❑ 4 km
- ❑ 5 km

	Vent	Courant
12. de T à J via O	←←	↑↑

- ❑ 1 km
- ❑ 2 km
- ❑ 3 km
- ❑ 4 km
- ❑ 5 km

▶

Suite ▼

	Vent	Courant
13. de S à L	↑	→→

- ❑ 1 km
- ❑ 2 km
- ❑ 3 km
- ❑ 4 km
- ❑ 5 km

	Vent	Courant
14. de A à K via F	→→	↓↓

- ❑ 1 km
- ❑ 2 km
- ❑ 3 km
- ❑ 4 km
- ❑ 5 km

	Vent	Courant
15. de H à J via G C K	↓	←←

- ❑ 1 km
- ❑ 2 km
- ❑ 3 km
- ❑ 4 km
- ❑ 5 km

	Vent	Courant
16. de R à G	↑↑	→→

- ❑ 1 km
- ❑ 2 km
- ❑ 3 km
- ❑ 4 km
- ❑ 5 km

	Vent	Courant
17. de Q à L	→→	↑

- ❑ 1 km
- ❑ 2 km
- ❑ 3 km
- ❑ 4 km
- ❑ 5 km

	Vent	Courant
18. de D à E	↑	←←

- ❑ 1 km
- ❑ 2 km
- ❑ 3 km
- ❑ 4 km
- ❑ 5 km

	Vent	Courant
19. de J à D via G	↑↑	→→

- ❑ 1 km
- ❑ 2 km
- ❑ 3 km
- ❑ 4 km
- ❑ 5 km

	Vent	Courant
20. de B à O	↓↓	→→

- ❑ 1 km
- ❑ 2 km
- ❑ 3 km
- ❑ 4 km
- ❑ 5 km

	Vent	Courant
21. de J à T via O	→	↓↓

- ❑ 1 km
- ❑ 2 km
- ❑ 3 km
- ❑ 4 km
- ❑ 5 km

	Vent	Courant
22. de F à T via K	↓↓	→→

- ❑ 1 km
- ❑ 2 km
- ❑ 3 km
- ❑ 4 km
- ❑ 5 km

	Vent	Courant
23. de L à E	↓	←←

- ❑ 1 km
- ❑ 2 km
- ❑ 3 km
- ❑ 4 km
- ❑ 5 km

	Vent	Courant
24. de N à D	↑↑	→

- ❑ 1 km
- ❑ 2 km
- ❑ 3 km
- ❑ 4 km
- ❑ 5 km

▶

Suite ▶

	Vent	Courant		Vent	Courant
25. de P à B via K	←←	↑↑	**28**. de I à S via N	↓	→→
❑ 1 km ❑ 2 km ❑ 3 km ❑ 4 km ❑ 5 km			❑ 1 km ❑ 2 km ❑ 3 km ❑ 4 km ❑ 5 km		
26. de N à T	↑↑	→→	**29**. de C à I via F	↓↓	←←
❑ 1 km ❑ 2 km ❑ 3 km ❑ 4 km ❑ 5 km			❑ 1 km ❑ 2 km ❑ 3 km ❑ 4 km ❑ 5 km		
27. de H à E	←←	→	**30**. de M à L	→→	↑↑
❑ 1 km ❑ 2 km ❑ 3 km ❑ 4 km ❑ 5 km			❑ 1 km ❑ 2 km ❑ 3 km ❑ 4 km ❑ 5 km		

CORRIGÉ

1

1. 4 km ; **2.** 3 km ; **3.** 5 km ; **4.** 5 km ; **5.** 2 km ; **6.** 4 km ; **7.** 4 km ; **8.** 5 km ; **9.** 5 km ; **10.** 5 km ; **11.** 3 km ; **12.** 4 km ; **13.** 4 km ; **14.** 3 km ; **15.** 4 km ; **16.** 5 km ; **17.** 4 km ; **18.** 4 km ; **19.** 3 km ; **20.** 4 km ; **21.** 5 km ; **22.** 5 km ; **23.** 3 km ; **24.** 4 km ; **25.** 5 km ; **26.** 3 km ; **27.** 3 km ; **28.** 4 km ; **29.** 5 km ; **30.** 2 km.

2

1. 2 km ; **2.** 2 km ; **3.** 3 km ; **4.** 5 km ; **5.** 2 km ; **6.** 3 km ; **7.** 4 km ; **8.** 5 km ; **9.** 4 km ; **10.** 2 km ; **11.** 1 km ; **12.** 4 km ; **13.** 2 km ; **14.** 3 km ; **15.** 5 km ; **16.** 3 km ; **17.** 5 km ; **18.** 1 km ; **19.** 1 km ; **20.** 2 km ; **21.** 2 km ; **22.** 3 km ; **23.** 3 km ; **24.** 4 km ; **25.** 3 km ; **26.** 4 km ; **27.** 3 km ; **28.** 2 km ; **29.** 3 km ; **30.** 4 km.

3

1. 5 km ; **2.** 1 km ; **3.** 4 km ; **4.** 3 km ; **5.** 1 km ; **6.** 1 km ; **7.** 3 km ; **8.** 1 km ; **9.** 3 km ; **10.** 4 km ; **11.** 4 km ; **12.** 2 km ; **13.** 3 km ; **14.** 2 km ; **15.** 3 km ; **16.** 1 km ; **17.** 3 km ; **18.** 4 km ; **19.** 2 km ; **20.** 1 km ; **21.** 4 km ; **22.** 2 km ; **23.** 4 km ; **24.** 3 km ; **25.** 2 km ; **26.** 5 km ; **27.** 3 km ; **28.** 4 km ; **29.** 2 km ; **30.** 1 km.

SUJET Créteil

Tests 1 – Logique

En face du « R », mettez votre réponse

1. Cinq personnes se serrent la main, évidemment deux à deux. Combien de poignées de mains sont échangées ? **R :**

2. Quatre paires de chaussettes sont mélangées dans un tiroir dans une chambre sans lumière. Combien faut-il sortir de chaussettes pour être sûr d'avoir une paire assortie ? **R :**

3. Dans une classe, 35 élèves étudient une ou deux langues : 22 l'anglais et 18 l'espagnol. Combien en étudient 2 ? **R :**

4. Quel nombre remplace logiquement le point d'interrogation ?

1-7-6 6-11-5 2-8- ? **R :**

6-4-8 :9 3-5-6 : 7 3-2-7 : ? **R :**

5. Quel nombre continue la série ?

22-19-16-13- ? **R :**

17-18-20-23-17- ? **R :**

6. Quelle lettre continue la série ?

E-D-C-F-I-H- ? **R :**

7. Des cartes numérotées de 1 à 5 sont à placer : le 2 est juste entre le 4 et le 5 ; le 1 n'est pas à côté du 3 et du 4 ; le 4 est plus à droite que le 3.

8. Des cartes numérotées de 1 à 5 sont à placer : il y a deux cartes entre 2 et 3 ; une est entre 3 et 4 ; la 5 est plus à droite que la 3 mais n'est pas à côté.

Tests 2 – Vocabulaire

Choisir le mot adapté à chaque phrase

1. Il a trouvé .... de ce symbole *Réponse sur 1 point*
(l'acceptation ou l'acception)

2. Le fromage a eu un bon .... *Réponse sur 1 point*
(affinage ou affinement)

3. Fallait-il .... cette planche ? *Réponse sur 1 point*
(clouer ou clouter)

4. Le corbeau .... alors que la grenouille .... *Réponse sur 1 point*
(croasse ou coasse)

5. Nous devons ... la production. *Réponse sur 1 point*
(découpler ou décupler)

6. Il faut .... ce médicament dangereux. *Réponse sur 1 point*
(prescrire ou proscrire)

7. Cette personne est sensible à la .... car elle est influençable
(sujétion ou suggestion) *Réponse sur 1 point*

8. Ce moment est . ... car je n'avais plus d'espoir. *Réponse sur 1 point*
(importun ou opportun)

9. Je suis .... lui remettre cette lettre. *Réponse sur 1 point*
(sensé ou censé)

Tests 3– Vocabulaire

4 **Choisissez le synonyme du mot proposé en l'encadrant.**

1. *Altérer*
modifier – modérer – saccager – destituer – amoindrir.

2. *Modestie*
humilité – timidité – médiocrité – discrétion – misère.

3. *Bafouer*
insulter – ridiculiser – calomnier – profaner – souiller.

4. *Fallacieux*
malhonnête – équivoque – insidieux – malveillant – perfide.

5. *Irrationnel*
irréel – utopique – irréductible – fantaisie – déraisonnable.

5 Encadrez le mot qui n'a aucun rapport avec les autres mots : éliminez l'intrus.

1. beau – agréable – séduisant – joli – grand – admirable.
2. intervenir – s'immiscer – traumatiser – entrer en jeu – s'imposer.
3. battre – frapper – cogner – brutaliser – tabasser – vaincre.
4. présomptueux – cultivé – orgueilleux – prétentieux – arrogant.
5. écolier – potache – adolescent – étudiant – élève – collégien.

6 Trouvez le mot qui manque dans les 3 locutions de chacun des exercices.

a. Dans cette aventure, son .... l'a sauvé.
Son .... ne lui profite guère.
Ce médicament nécessite d'autres .... avant d'être commercialisé.

b. Je ne connais pas encore toutes les .... de cette langue.
La .... de ses paroles en font un excellent diplomate.
Ce chien a un flair d'une .... remarquable.

c. Ce vin n'est pas assez ...
Les .... valent mieux que les discours.
En .... de bonnes histoires, il en connaissait de nombreuses.

d. Il était dans un .... de grande déficience.
En fin d'année ce commerçant doit faire un .... des dépenses.
La livraison des secrets de défense est un délit contre la sûreté d'un ....

e. Le .... se déchaîna contre la pièce.
Cet adversaire a un avantage ....
Sa .... systématique le rend insupportable.

Tests 4 – Créativité

Composez un LOGO sous forme de vignette, qui peut être collé sur un pare-brise de voiture ou illustrer une revue professionnelle, pour identifier la profession d'ergothérapeute.
Il doit être dans un carré ou un cercle ou un losange de 12 cm de hauteur et 12 cm de largeur.
Il doit être symbolique et ne pas contenir de mots.

Tests 5

En plaçant dans le bon ordre les mots mis en désordre, recomposez une citation.

1. craint – plus – d'être – aimé – sûr – est – que – il. (Machiavel)

2. et – tu – toi – même – l'univers – connais – toi – connaîtras. (Socrate)

3. serviteur – mauvais – l'argent – maître – est – un – bon – et – un. (Montesquieu)

4. pardonne – vérité – l'erreur – aime – la – et – à. (Voltaire)

5. chemin – chose – projet – long – est – le – du – la – à. (Molière)

Tests 6 – Raisonnement

1. iordforsg ; froid ....

2. aretceigen ; carte ....

3. eniahcuaelbat ; chaîne ....

4. apgeorse ; page ....

5. umplenncae ; plume ....

6. aesvceasu ; vase ....

7. 1352 ; gare ; 5312 ; ....

8. 912453 ; garder ; 2145 ; ....

9. tapage – confusion – page – ....

10. zxyw – vtus – rpqo – nl... ....

Tests 7

Soulignez le mot qui ne va pas avec la suite de mots.

1. consigner – écrire – noter – transcrire – dessiner – inscrire

2. chapitrer – concilier – consoler – brouiller – féliciter

3. bois – bouchon – canot – nénuphar – roseau

4. obscur – méchant – sombre – célèbre – gentil

5. coton – soie – tergal – lin

Tests 8 – Texte synthétique

L'exercice de l'ergothérapie nécessite : créativité, logique, abstraction, esprit critique, concentration.
D'après vous, pourquoi ces aptitudes sont-elles nécessaires vis-à-vis d'un patient ?
Proposez une justification de ces aptitudes en 45 mots au maximum sous peine de nullité de ce test.
Les articles et les pronoms ne comptent pas.

Tests 9 – Problème déductif

1. Madame L. est ergothérapeute dans un service de rééducation fonctionnelle et a déjà 5 rendez-vous de prise de contact avec de futurs patients dans une matinée qui débute à 9 h 30 et se termine à midi.
Or, on lui propose un 6e rendez-vous. Quel créneau horaire peut-elle proposer sachant que les 2 premiers rendez-vous durent chacun une demi-heure, que le 2e commence donc à 10 h et le 3e à 10 h 30 et que le 4e doit durer deux fois plus longtemps que le précédent et le suivant et que le dernier commence à 11 h 45 après le 4e.

2. Quel mot ou nombre complète ces séries ?

1. sales 45714 lasse...........................

2. carton	549216	carton ....
3. dérision	62147435	nier ....
4. 24651224	lentille	514664 ....
5. 942516	masque	24516 ....

Tests 10

L'ergothérapie est une technique d'aide à la personne handicapée, accidentée, malade, ou atteinte de troubles mentaux. Il s'agit d'un métier à exercice polyvalent. Il nécessite une formation médicale, psychiatrique et psychologique, une maîtrise des techniques manuelles d'expression, une disposition à la connaissance des problèmes de santé sur le plan des institutions, de la législation, une expérience approfondie de stages. L'ergothérapeute est appelé à travailler en équipe pluridisciplinaire.

Le texte ci-dessus vous propose une définition de cet art de travail auprès des personnes dans la formation proposée.

1. LISEZ ET RELISEZ-LE ATTENTIVEMENT.

2. OBSERVEZ LES 12 MOTS-CLÉS SUIVANTS :
autonomie – respect – intimité – relationnel – compétences – psychologique – médical – médiation – équipe – secret – synthèse – animation.

En utilisant ces 12 mots dans leur totalité, composez un texte qui ne dépasse pas 36 mots pour proposer une définition de l'*ERGOTHÉRAPIE*.

CORRIGÉ

1 TEST 1 LOGIQUE

1. 10 poignées de mains (4+3+2+1)
2. Il faudra tirer 4 chaussettes si les paires sont identiques ; 8 si elles sont différentes.
3. 10 élèves pratiquent les 2 langues (18 seulement l'anglais, 7 seulement l'espagnol)
4. 6 (8-2) et 6 (3+2+7/2 = 6)

5. 10 (...16-3=13-3=10) et 18 (si on reprend la série dans le même sens) ou 16 (si on l'organise dans l'autre sens)
6. G (si on impute des chiffres aux lettres la série devient évidente)
7. 3/4/2/5/1
8. 3/1/4/2/5

2 TEST 2 VOCABULAIRE

1	Acception
2	Affinage
3	Clouer
4	Croasser
5	Décupler
6	Proscrire
7	Sujétion
8	Opportun
9	censé

3 TEST 3 VOCABULAIRE

1.

1	modifier
2	humilité
3	ridiculiser
4	insidieux
5	déraisonnable

2.

1	grand
2	traumatiser
3	vaincre
4	cultivé
5	adolescent

3.

1	expérience
2	finesse
3	fait
4	état
5	critique

4 TEST 4 CRÉATIVITÉ

On ne saurait proposer ici de réponse type : le test est par définition destiné à repérer la subjectivité du candidat à travers son originalité et la pertinence de ses idées. Soulignons néanmoins la nécessité de scrupuleusement respecter les consignes. La créativité joue avec les règles imposée : elle ne les transgresse pas.

5 TEST 5

1. Il est plus sûr d'être craint que d'être aimé
2. Connais-toi toi-même et tu connaîtras l'univers
3. L'argent est un bon serviteur mais un mauvais maître
4. Aime la vérité mais pardonne à l'erreur
5. Le chemin est long du projet à la chose

6 TEST 6

1	Gros
2	Neige
3	Tableau
4	Rose
5	Canne
6	Sceau
7	Rage
8	Rade
9	Fusion
10	m - k

7 TEST 7

1. Dessiner (n'a rien à voir avec l'écriture).
2. Consoler (n'appartient pas aux couples d'antonymes chapitrer-féliciter et concilier-brouiller).
3. Bois (n'appartient pas à l'univers de l'étang ou d'une pièce d'eau).
4. Sombre (n'appartient pas aux couples d'antonymes obscur-célèbre et méchant-gentil).
5. Tergal (il s'agit d'une fibre synthétique, et non naturelle).

8 TEST 8. TEXTE SYNTHÉTIQUE

Là encore, le candidat reste libre, dans la limite des contraintes imposées par l'exercice, de concevoir le texte qui lui sied le mieux.
On pouvait, à titre d'exemple, proposer le teste suivant :
L'ergothérapeute doit être créatif pour adapter les besoins du patient à l'environnement ; sa logique et son abstraction sont requises dans l'élaboration

des dispositifs techniques qu'il conçoit ; un esprit critique est nécessaire parce qu'il faut savoir se remettre en question ; sa concentration ne doit pas faiblir quand les créations technologiques deviennent complexes.

9 TEST 9 PROBLÈME DÉDUCTIF

1. Agenda : le sixième rendez-vous aura lieu entre 10h45 et 11h15.
En reprenant les données fournies par le texte, on obtenait :
- rendez-vous 1 : 9h30 – 10h ;
- rendez-vous 2 : 10h00 – 10h30 ;
- rendez-vous 3 : 10h35 – 10h45 ;
- rendez-vous 4 : 11h15 – 11h45 ;
- rendez-vous 5 : 11h45 – 12h00.

2. Mot ou nombre qui complète la série...

1	75441
2	594216
3	5421
4	tienne
5	saque

10 TEST 10

Les 12 mots demandés sont soulignés.

L'ergothérapie consiste à utiliser certaines compétences afin de mener les personnes handicapées vers le plus possible d'autonomie. Le métier requiert des aptitudes relationnelles, pour la médiation avec les patients et l'animation des équipes, ainsi qu'un bon esprit de synthèse et une certaine stabilité psychologique. L'ergothérapeute travaille dans le respect de l'intimité du patient et du secret médical.

471322 - (I) - 4,5 - 0SB100° - NOR

ELSEVIER MASSON S.A.S.
62, rue Camille-Desmoulins
92442 Issy-les-Moulineaux Cedex
Dépôt légal : janvier 2011

Achevé d'imprimer en décembre 2010
par Normandie Roto Impression s.a.s.
61250 LONRAI
N° d'impression : 104820

Imprimé en France